Alexandre Amaro

Construir sobre ruínas

Leitura e **escrita** em ambientes de **privação de liberdade**

autêntica

Copyright © 2023 Alexandre Amaro

Todos os direitos desta edição reservados pela Autêntica Editora Ltda. Nenhuma parte desta publicação poderá ser reproduzida, seja por meios mecânicos, eletrônicos, seja via cópia xerográfica, sem a autorização prévia da Editora.

EDITORAS RESPONSÁVEIS
Rejane Dias
Cecília Martins

REVISÃO
Aline Sobreira

DIAGRAMAÇÃO
Christiane Morais de Oliveira

CAPA
Juliana Sarti

Dados Internacionais de Catalogação na Publicação (CIP)
(Câmara Brasileira do Livro, SP, Brasil)

Amaro, Alexandre
  Construir sobre ruínas : leitura e escrita em ambientes de privação de liberdade / Alexandre Amaro. -- Belo Horizonte, MG : Autêntica Editora, 2023.

  Bibliografia.
  ISBN 978-65-5928-241-8

  1. Escrita - Aspectos sociais 2. Leitura - Aspectos sociais 3. Literatura 4. Livros e leitura 5. Prisioneiros - Reabilitação 6. Prisões - Brasil - Aspectos sociais I. Título.

22-134343   CDD-370.115

Índice para catálogo sistemático:
1. Escrita prisional : Práticas educativas : Educação social 370.115

Eliete Marques da Silva - Bibliotecária - CRB-8/9380

GRUPO **AUTÊNTICA**

Belo Horizonte
Rua Carlos Turner, 420
Silveira . 31140-520
Belo Horizonte . MG
Tel.: (55 31) 3465 4500

São Paulo
Av. Paulista, 2.073, Conjunto Nacional
Horsa I . Sala 309 . Bela Vista
01311-940 . São Paulo . SP
Tel.: (55 11) 3034 4468

www.grupoautentica.com.br
SAC: atendimentoleitor@grupoautentica.com.br

Este livro é dedicado aos leitores e leitoras dos presídios brasileiros e aos/às profissionais que defendem a humanização do cumprimento da pena pela trilha da educação.

Havia já muitos anos que não lia nenhum livro, e mal posso reproduzir a singular e perturbadora impressão que senti quando li meu primeiro livro no presídio. Lembro-me bem de que comecei a leitura já de noite, depois que os alojamentos foram fechados, e só a interrompi quando o sol nasceu. Era um exemplar de uma revista. Foi como se um ofegante mensageiro do mundo longínquo tivesse chegado, como se a minha vida repentinamente se reabrisse luminosa diante de mim. Por meio da leitura, eu me esforçava por verificar o quanto me distanciara da existência real.

Dostoiévski, *Recordações da casa dos mortos*

11 **Introdução**

17 CAPÍTULO 1: Leitura e escrita em ambientes de crise

59 CAPÍTULO 2: Educação e liberdade

103 CAPÍTULO 3: Literatura e privação de liberdade no Brasil

153 CAPÍTULO 4: Leitura e remição de pena

191 CAPÍTULO 5: O projeto Rodas de Leitura

231 **Considerações finais**

237 **Referências**

251 **Agradecimentos**

Introdução

Publicado no livro póstumo *Últimos sonetos*, de Cruz e Sousa, o poema "Cárcere das almas" traduz a sensação de aprisionamento a que todos estamos submetidos na vida. A alma, elemento caro à estética simbolista, vive incondicionalmente presa ao corpo, e somente o "chaveiro do Céu" pode libertá-la desse tormento, abrindo-lhe as "portas do Mistério". A vida atribulada e sofrida do poeta, incompreendido e desprezado em sua curta existência, traduz-se em poemas que abordam o desconforto da condição humana, em um contexto de pessimismo filosófico. Cruz e Sousa capta esse sentimento e o sintetiza em imagens de sofrimento, tortura, angústia, sufocamento e dor:

> Ah! Toda alma num cárcere anda presa
> Soluçando nas trevas, entre as grades
> Do calabouço olhando imensidades,
> Mares, estrelas, tardes, natureza.
>
> Tudo se veste de igual grandeza
> Quando a alma entre grilhões as liberdades
> Sonha e, sonhando, as imortalidades
> Rasga no etéreo Espaço da Pureza.
>
> Ó almas presas, mudas e fechadas
> Nas prisões colossais e abandonadas
> Da Dor no calabouço, atroz, funéreo!

> Nesses silêncios solitários, graves,
> Que chaveiro do Céu possui as chaves
> Para abrir-nos as portas do Mistério?

(Cruz e Sousa, 1995, p. 188)

A ideia central de "Cárcere das almas" é a limitação da experiência humana, condicionada ao aprisionamento de uma essência grandiosa e potente em um corpo decadente e precário. Somente o sonho permite ao homem o vislumbre da liberdade, traduzida no poema em imagens sugestivas, como "Mares, estrelas, tardes, natureza".

A temática do aprisionamento e dos modos de subjetivação da experiência prisional está presente em obras da literatura brasileira e em vários exemplos da literatura universal. Esses *escritos do cárcere* formam um conjunto de narrativas, poemas, cartas, diários e uma grande quantidade de gêneros derivados. Boa parte da produção escrita durante ou após a passagem por um ambiente prisional encontra também na música um veículo de expressão, traduzindo-se em letras de canções e raps.

A maioria dos escritores que viveram a experiência da reclusão – fosse em hospícios, sanatórios ou prisões – menciona, com maior ou menor intensidade, a presença – ou a ausência – do livro e a relação com a escrita em seu cotidiano. Assim ocorreu, por exemplo, com autores da literatura universal, como Marquês de Sade, Antonin Artaud, Fiódor Dostoiévski, Oscar Wilde e Primo Levi. No plano nacional, podemos listar Tomás Antônio Gonzaga, Graciliano Ramos, Lima Barreto, Maura Lopes Cançado e Waly Salomão, escritores vítimas da privação da liberdade, por razões diversas. Há ainda compositores, como Caetano Veloso, Gilberto Gil, Torquato Neto, Sérgio Sampaio, e uma variedade de pessoas que, pelo contato com o livro e a leitura – ou pela simples necessidade de expressão –, tornaram-se memorialistas, ficcionistas, poetas ou cancionistas e construíram uma obra a partir – e, às vezes, por causa – dessa experiência.

Seja para o escritor que perdeu a liberdade, seja para o recluso que se iniciou na aventura com a palavra, a expressão artística é um ato de resistência à objetificação e à atemporalidade da vida entremuros. A leitura e a escrita podem ser formas de descrever, simbolizar ou transcender essa realidade, funcionando como um instrumento de autopreservação ou de expansão da subjetividade em um espaço de segregação e violência.

Este livro é o resultado da pesquisa de doutorado com a qual estive envolvido entre 2017 e 2021. A ideia original da investigação surgiu da atividade como mediador de leitura, que realizei em duas unidades prisionais da região metropolitana de Belo Horizonte, de abril a dezembro de 2018, como voluntário do projeto Rodas de Leitura, uma iniciativa do Serviço Social Autônomo (SERVAS) do Governo de Minas Gerais. O impacto dessa experiência educacional orientou meu objeto de estudo e me obrigou a aprofundar a investigação em uma área até então pouco explorada. Durante nove meses, pude registrar dados, ouvir relatos e anotar impressões dos participantes, a partir da leitura e análise das obras de Carla Madeira (*Tudo é rio*) e de Ricardo Aleixo (*Pesado demais para a ventania*). O propósito, ao final dessa etapa, era retornar aos presídios como pesquisador e professor, dar continuidade à investigação, entrevistar os participantes, oferecer oficinas de escrita e de leitura e avaliar os números do programa junto aos gestores prisionais. No entanto, o encerramento do projeto Rodas de Leitura e, posteriormente, o advento da pandemia de covid-19 inviabilizaram minha reentrada no sistema prisional, acarretando mudanças no direcionamento da pesquisa.

A partir daí, busquei analisar obras de autores que viveram a privação de liberdade e o surgimento de programas de remição da pena, além de aspectos da história da prisão e da criação das normas favoráveis ao trabalho, ao estudo e à leitura. O conceito-chave de "leitura em espaços de crise", elaborado pela pesquisadora francesa Michèle Petit, a partir da observação de programas educacionais ao redor do mundo, constituiu o marco teórico inicial do trabalho. Petit analisou exemplos de leitores em situação de vulnerabilidade social, tais como refugiados, moradores de rua, menores abandonados, crianças e mulheres vítimas da guerra ou de violência doméstica. A partir de sua teoria, abordei a prisão como um "espaço de crise", um ambiente de segregação, de violência física/simbólica e despersonalização dos indivíduos. A hipótese principal considerava que a promoção da leitura nesse universo constituía um estímulo ao imaginário, à reorganização da temporalidade e à elaboração de um "ponto de apoio para lidar com o mundo aqui e agora" (PETIT, 2010, p. 76).

No primeiro capítulo, "Leitura e escrita em ambientes de crise", abordo essas questões a partir da análise do surgimento das prisões, fruto da necessidade de racionalização do cumprimento das penas, a partir do século XVIII. Além do enfoque histórico, procuro elucidar como essa instituição total (GOFFMAN, 2015) transitou da condição provisória com que foi concebida para o ambiente definitivo de controle dos indesejados da sociedade (FOUCAULT, 2014). Entender a prisão como um ambiente de crise permite avaliar como práticas educativas podem atuar na minimização de seus efeitos perversos. A fim de exemplificar esses conceitos, concluo o capítulo analisando a história de Luiz Alberto Mendes, um presidiário condenado a mais de 30 anos de prisão, que encontrou na leitura e na escrita uma maneira de ressignificar seu passado e reordenar seu presente por meio da literatura. *Memórias de um sobrevivente* é um dos mais importantes documentos sobre a prática da leitura em um ambiente de privação de liberdade. Nele, o autor analisa as razões que o levaram a se envolver com o crime, desnudando a falência do sistema prisional brasileiro na tentativa de recuperar criminosos. O encontro com sujeitos leitores na cadeia e a construção de uma rotina como escritor abriram um novo horizonte para sua vida no período pós-prisão.

O segundo capítulo, "Educação e liberdade", focaliza a história da progressão da pena pelo estudo, desde as primeiras experiências com a remição pelo trabalho até o surgimento de leis específicas para a regulamentação de práticas educativas em presídios. A parte inicial enfoca a Casa de Correção e Detenção do Rio de Janeiro pela ótica do cronista João do Rio, que, em seu livro *A alma encantadora das ruas*, dedicou um capítulo à rotina de presos e presas. O escritor carioca descreve os costumes e analisa o perfil psicológico dos apenados que se aglomeravam na prisão construída para ser o símbolo da reforma prisional brasileira do século XIX. Suas crônicas são um importante documento estético e literário sobre a história da prisão no Brasil, a partir da implantação de um sistema inspirado nos modelos estadunidenses e europeus. Em seguida, abordo os eventos que propiciaram a implantação de projetos educativos na América Latina e, mais especificamente, no Brasil, com o advento de normas que culminaram na Lei de Execução Penal (LEP). Por fim, analiso a importância da escrita como forma de estruturação dos indivíduos encarcerados, a partir das narrativas e dos textos memorialísticos produzidos por homens e mulheres participantes de oficinas de criação literária em espaços prisionais.

A experiência de escritores que registraram sua passagem pelo cárcere por meio da expressão poética, memorialística e musical é o assunto do terceiro capítulo. O propósito foi entender o papel que a leitura e a escrita desempenharam no enfrentamento dessas situações-limite, por autores de épocas e locais distintos. As histórias de Tomás Antônio Gonzaga, preso por seu suposto envolvimento na Conjuração Mineira, em 1789; de Graciliano Ramos, recluso na Casa de Detenção (e, posteriormente, no Presídio da Ilha Grande), em virtude da perseguição política da Ditadura Vargas; de Waly Salomão, detido por 18 dias no Complexo do Carandiru, por porte de maconha; e dos rappers Dexter e Afro-X, do grupo 509-E, condenados por latrocínio, também no Carandiru, resultaram em obras literárias que refletiram os traumas, os medos, as descobertas e as revelações sobre a vida no cárcere. A relação desses escritores com as leituras de formação bem como o contato com os livros no cotidiano do cárcere foram fundamentais para entendermos a representação do ambiente prisional, com seus códigos e seus tensionamentos.

No quarto capítulo, apresento os marcos legais específicos para a remição de pena pela leitura e discuto os avanços e retrocessos de projetos motivados por normas como a Recomendação n.º 44 do Conselho Nacional de Justiça (CNJ), primeiro documento a sistematizar essa prática nos presídios brasileiros. As mediações realizadas por educadores ou pesquisadores autorizados ao contato com os sujeitos leitores constituem um tópico à parte para a investigação, assim como a discussão sobre o direito à literatura no ambiente prisional. A conclusão do capítulo é dedicada à abordagem da Resolução n.º 391/2021, do CNJ, que atualiza a norma para atividades pedagógicas complementares em presídios, incorporando sugestões de especialistas em educação prisional.

No quinto e último capítulo, focalizo o projeto Rodas de Leitura, implantado em Minas Gerais, na esteira de iniciativas de promoção da leitura em presídios no Brasil. A partir da comparação com programas desenvolvidos em outros estados, analiso os avanços, as lacunas e o legado do projeto, que serviu de parâmetro para ações que ainda hoje ocorrem em unidades prisionais do estado. O trabalho que desenvolvi com as obras *Tudo é rio*, de Carla Madeira, e *Pesado demais para a ventania*, de Ricardo Aleixo, em dois presídios de Minas Gerais, é apresentado a partir das anotações do caderno de campo e das gravações em áudio dos encontros, destacando-se os aspectos da recepção das obras e o resultado da conversa dos autores com os participantes.

O título deste livro se inspira em um dos poemas analisados com o público carcerário durante a leitura da obra de Aleixo. "Poética" (ALEIXO, 2018, p. 79) se compõe do jogo entre as palavras "construir" e "ruir", significantes que se relacionam em uma dinâmica visual na composição poética. Inspirado nos versos da canção "Fora da ordem", de Caetano Veloso ("Aqui tudo parece/que é ainda construção/e já é ruína"), Aleixo depreende da própria forma da palavra "construir" seu oposto semântico "ruir", metalinguagem do processo de elaboração estética que o poeta traduz em sua composição. A ideia é tomada de empréstimo, aqui, para se refletir sobre a leitura e a escrita na prisão, ações educativas realizadas em meio a esse espaço refratário a todo e qualquer apelo de humanização dos indivíduos.

Construir sobre ruínas implica considerar a instabilidade como componente do processo de elaboração. Não se trata tão somente de utilizar os escombros como sustentação de um novo edifício, mas de insistir em erguê-lo em meio ao desmoronamento e à instabilidade. Práticas educativas em espaços prisionais – sobretudo atividades alternativas, como projetos de leitura – traduzem a essência dessa metáfora, por atuarem a favor da constituição de sujeitos em meio ao aniquilamento estrutural característico da máquina carcerária. Toda a força dissuasiva do sistema punitivo opera sobre os atores, antes, durante e depois da montagem da cena educacional nas prisões, limitando suas ações, a fim de reforçar sua condição provisória, estrangeira e extemporânea. A instituição criada com a finalidade de punir os indesejados da sociedade rechaça todo e qualquer projeto que estimule a autonomia, a fabulação e o senso crítico, salvo as ações que tratem apenas de encenar artificialmente tais estímulos, em projetos concebidos como ferramentas de docilização dos corpos e das mentes dos apenados.

Resistir a esse sistema demanda organização, esforço, paciência e diálogo entre os sujeitos da educação prisional – professores, pedagogos, assistentes sociais, psicólogos, apenados, familiares, gestores prisionais e agentes penitenciários. Projetos de leitura ancorados na legislação que se consolidou no Brasil de 2011 a 2021 constituem instrumentos dessa resistência, maneiras de conceber novos modos de permanência e possíveis formas de mobilidade do imaginário de homens e mulheres submetidos à mortificação da realidade das prisões.

Capítulo 1
Leitura e escrita em ambientes de crise

Ler o mundo à volta

> *Extra*
> *Resta uma ilusão*
> *Extra*
> *Abra-se cadabra-se a prisão*
> Gilberto Gil, "Extra"

O conto "A escrita do Deus", de Jorge Luis Borges, narra a história de Tzinacan, um mago asteca aprisionado durante o processo colonizador espanhol. Tzinacan vive em um cárcere profundo em forma de hemisfério, dividido ao meio por uma parede. Na base dessa parede, uma janela com grades permite vislumbrar a cela ao lado, onde há um tigre. Uma vez por dia, nos momentos em que o carcereiro abre o alçapão superior para fornecer comida e água aos dois prisioneiros, o personagem pode enxergar o animal, única visão possível nesse mundo de escuridão e isolamento. Tzinacan sabe que passará o resto dos seus dias nessa prisão e preenche o tempo rememorando os conhecimentos da cultura asteca, como "a ordem e o número de algumas serpentes de pedra ou a forma de uma árvore medicinal" (BORGES, 1992, p. 88).

Entre essas lembranças, o prisioneiro recorda-se de uma das tradições religiosas de seu povo, uma sentença mágica escrita no primeiro dia da criação e deixada em algum lugar do mundo. De acordo com a mitologia asteca, no fim dos tempos, um eleito decifraria essa sentença e teria o poder divino da recriação de sua cultura. Como a colonização espanhola significou o fim de sua civilização, Tzinacan rememora cenas e espaços já vislumbrados, como as montanhas ou o firmamento, onde essa sentença pudesse ter sido escrita, lembrando-se, por fim, do tigre como um dos atributos do deus Qaholom. A partir daí, uma vez por dia, quando a luz entrava pela abóbada, o mago observava as listras do animal, na tentativa de decifrar uma possível inscrição divina: "Dediquei longos anos a aprender a ordem e a configuração das manchas. Cada cega jornada me concedia um instante de luz, e assim pude fixar na mente as negras formas que riscavam o pelo amarelo. Algumas incluíam pontos, outras formavam raias transversais na face interior das pernas; outras, anulares, se repetiam. Talvez fossem um mesmo som ou uma mesma palavra. Muitas tinham bordas vermelhas" (p. 89).

Uma noite, em um sonho do qual não conseguia acordar, o personagem foi tomado por uma espécie de alumbramento que lhe deu a capacidade de compreensão do absoluto, resumido no breve e limitado instante do seu presente. Esse dom, que lhe permitiu ver "infinitos processos que formavam uma só felicidade" (p. 91), trouxe consigo a revelação da sentença divina inscrita no corpo do tigre. Era uma sequência de 14 palavras capazes de libertá-lo do cárcere de pedra, trazer de volta as pirâmides destruídas, arrasar os invasores espanhóis e restaurar o império do povo de asteca, caso fossem pronunciadas. O personagem, no entanto, opta pelo silêncio, pois, de posse de tamanho poder, não se lembra mais de sua frágil identidade humana: "quem entreviu o universo, quem entreviu os ardentes desígnios do universo não pode pensar num homem, em suas triviais venturas ou desventuras, mesmo que esse homem seja ele" (p. 91). Assim, esquecido de si mesmo e pleno da potência criadora do deus, Tzinacan passa os seus dias deitado na escuridão da cela, pois agora ele sabe. E esse saber, adquirido pela interpretação da escrita do corpo do tigre, é tudo.

No conto de Borges, o conhecimento é uma potência. O longo processo de decifração de um mistério resulta em uma força capaz de transformar o mundo. As ideias de liberdade e prisão não se traduzem mais na existência de um calabouço, de um prisioneiro ou de um algoz. Ser livre é *saber*, e a consciência dessa condição basta para que o personagem decida permanecer onde está, pois não há mais cárcere, cultura ou identidade que o possam aprisionar, após o contato com a *revelação*. Saber e poder estão sintetizados na recusa e no silêncio de quem não se limita mais ao corpo, ao espaço e ao tempo.

Essa reconfiguração das noções de liberdade e de aprisionamento expande a reflexão sobre os limites do conhecimento e da ação do homem. Estar liberto ou encarcerado não se condiciona mais à existência de celas, grades e muros, mas à capacidade de desvendar e ressignificar o mundo. O poder revelador da escrita no corpo do tigre só se realiza quando decifrado pela leitura de Tzinacan, e essa revelação é o bastante para que o personagem esteja livre dos limites do cárcere, dos homens e de si mesmo.

O conto "A escrita do Deus" oferece uma importante reflexão sobre temas como aprisionamento, leitura, interpretação e liberdade. A reclusão reduz o encarcerado à atemporalidade, desacelera e confunde o fluxo dos dias, impondo-lhe uma espécie de morte em vida. O exercício do pensamento presente na prática memorialística e interpretativa constitui uma recusa a essa condição acrônica e apática, ampliando a mobilidade do pensamento de quem vive entre grades. A distância entre o realismo mágico de Jorge Luis Borges e a condição real de pessoas reclusas em espaços de privação no Brasil e no mundo não nos impede de pensar o conto como uma alegoria da leitura e do apelo ao imaginário em situações de enclausuramento.

A ficção diz muito sobre a realidade, ao encenar os medos, as dores e os desejos do homem, pois opera, no plano simbólico, os mecanismos de dinamização desses afetos. Pensar a prática de leitura em ambientes de reclusão é uma maneira de refletir sobre o papel do imaginário como instrumento da libertação existencial do homem, um modo de sublimar as limitações inerentes a espaços de tensionamento, como hospitais, hospícios e presídios. Mais do que substituta da realidade, a fabulação torna-se um ponto de apoio para a compreensão dessa mesma realidade.

Em *A arte de ler ou como resistir à adversidade*, Michèle Petit aborda a questão da leitura em situações de crise. O propósito da autora é analisar a presença do livro em condições extremas, quando há pouco espaço para a imaginação. Petit mapeia e estuda projetos desenvolvidos em ambientes de miséria, guerra e segregação, locais em que a esperança é escassa, onde o excesso de realidade massacra o sonho: "programas em que a leitura ocupa um lugar fundamental estão atualmente sendo realizados em diferentes regiões do mundo que são cenário de guerras ou de violências, crises econômicas intensas, êxodos de populações ou catástrofes naturais" (PETIT, 2010, p. 25).

Antropóloga, pesquisadora do Laboratório de Dinâmicas Sociais e Recomposição dos Espaços, do Centre National de la Recherche Scientifique, na França, Michèle Petit investiga, desde os anos 1990, a relação entre o sujeito e o livro. A autora estuda a leitura em zonas rurais e na periferia de centros urbanos, com ênfase na pesquisa sobre o papel das bibliotecas públicas na luta contra processos de exclusão e segregação. Com esse propósito, busca identificar e estabelecer conexões com projetos ao redor do mundo, especialmente na França e em países da América Latina, onde morou quando jovem. Por meio de entrevistas com os idealizadores, os mediadores e o público-alvo desses trabalhos, Petit analisa a função da leitura no processo de construção/reconstrução de sujeitos fragmentados por mecanismos de exclusão no mundo contemporâneo. Propor essa prática em tais contextos pode parecer inviável, tamanha é a demanda pela subsistência, ou, antes, pela sobrevivência. No entanto, em vários países, multiplica-se a presença de ONGs, institutos, fundações ou mesmo iniciativas isoladas de voluntários que incentivam a leitura para crianças, jovens e adultos nesses espaços.

Um dos projetos abordados pela pesquisadora é A Cor da Letra, desenvolvido no Brasil, que leva a leitura a hospitais pediátricos, favelas ou grupos de jovens em situação de vulnerabilidade; Petit também analisa ações como a de Eva Janovitz, que trabalha com leitura em voz alta em comunidades marginalizadas em Oaxaca, no México; propostas como a de Paola Roa, que organiza semanalmente um clube de leitores para jovens em tratamento de dependência química no Hospital Santa Clara, em Bogotá, Colômbia; ou ainda o Leer Juntos, iniciativa de duas professoras espanholas de Ballobar, leste de Aragão, que promovem tertúlias, grupos de discussão literária, encontros para trocas de livros etc.; entre muitas outras atividades de valorização do livro em áreas de tensão. Diante da urgência causada pela fome, pelo sofrimento e pelo vício, o ato de ler pode ser interpretado como um modo de alienação da realidade. No entanto, em tais meios, essa é uma das poucas possibilidades, se não a única, de reconstrução da subjetividade de indivíduos traumatizados pela miséria ou pela violência. Se a ficção não representa propriamente a salvação desses sujeitos, pelo menos pode oferecer uma ferramenta para que suportem e ressignifiquem a brutalidade do seu mundo.

O conceito de "leitura em espaços de crise" é uma das chaves para o desenvolvimento desta investigação. Para definir esse conceito, podemos considerar que:

> Uma crise se estabelece de fato quando transformações de caráter brutal – mesmo se preparadas há tempos – [...] tornam extensamente inoperantes os modos de regulamentação, sociais e psíquicos, que até então estavam sendo praticados. Ora, a aceleração das transformações, o crescimento das desigualdades, as disparidades, a extensão das migrações alteraram ou fizeram desaparecer os parâmetros nos quais a vida se desenvolvia, vulnerabilizando homens, mulheres e crianças, de maneira obviamente bastante distinta, de acordo com os recursos materiais, culturais, afetivos de que dispõem e segundo o lugar onde vivem (PETIT, 2010, p. 25).

São exemplos de grupos vulnerabilizados as populações em situação de rua, os moradores de guetos e bolsões de miséria, os catadores de material reciclável, os menores abandonados, os indivíduos com sofrimento mental, as pessoas privadas de liberdade, entre outras minorias situadas em uma realidade social e economicamente desigual. Ações de estímulo ao contato dessas pessoas com o livro estão presentes em alguns estados brasileiros, isoladamente, carentes da aplicação de uma política nacional voltada especificamente para esses grupos.

Ao longo dos primeiros anos do século XXI, pensou-se na construção de um plano nacional de leitura como fomento de ações inclusivas para o setor. Como exemplo, vale resgatar o Viva Leitura, prêmio que valorizou, de 2005 a 2016, iniciativas de promoção dessa prática. Nascido no contexto das comemorações do Ano Ibero-Americano da Leitura, em 2005, o prêmio Viva Leitura impulsionou as discussões sobre o Plano Nacional do Livro e da Leitura (PNLL), que motivou centenas de encontros nos anos posteriores, em busca da construção de um plano de governo para a área:

> Participaram desses debates representantes de todas as cadeias produtivas do livro – editores, livreiros, distribuidores, gráficas, fabricantes de papel, escritores, administradores, gestores públicos e outros profissionais do livro –, bem como educadores, bibliotecários, universidades, especialistas em livro e leitura, organizações da sociedade, empresas públicas e privadas, governos estaduais, prefeituras e interessados em geral (SNBP, 2021, [s.p.]).

As discussões travadas em torno desse tema culminaram na elaboração da Lei n.º 13.696/2018, que instituiu a Política Nacional de Leitura e Escrita, com diretrizes básicas da política pública para as áreas do livro e das bibliotecas. Na última edição do prêmio Viva Leitura (2016), foram agraciadas, dentre as 1.467 inscrições, quatro ações voltadas, respectivamente, para pessoas em situação de rua, pais de alunos de áreas de vulnerabilidade, mulheres privadas de liberdade, além de crianças e adolescentes vítimas de abuso e violência sexual. A categoria "Biblioteca Viva" premiou o projeto Tornar Visíveis os Invisíveis, iniciativa da Biblioteca Pública Municipal Avertano Rocha, de Belém do Pará, que, ao dispensar a obrigatoriedade de comprovação de residência, permitiu que moradores de rua tivessem acesso ao acervo:

> "Eles não acreditavam no convite. Ficavam jogados. Evitavam falar com a gente. Andavam sujos. Alguns drogados ou bêbados. Mas sempre que tinha atividade, eles tomavam banho, se arrumavam, ficavam bem e começavam a entrar no prédio. Antes, só ficavam no jardim. Depois, começaram até a assistir filmes lá dentro e participar das oficinas", lembra Terezinha Maria de Jesus da Conceição Lima, mais conhecida como Teca Lima, chefe de referência e acervo da biblioteca (BRASIL, 2016, [s.p.]).

Em parceria com o Centro de Referência Especializado para População em Situação de Rua (Centro POP), o projeto utilizou os R$ 25.000,00 do prêmio na aquisição de um acervo a partir da demanda dos próprios moradores de rua: "Mudou um pouco de tudo na minha vida. Tirei todos os meus documentos (no Centro POP). Faço atividades. Pinto quadros. Vou à biblioteca" (Brasil, 2016, [s.p.]), declara Welinson Douglas, de 31 anos, cuja preferência são livros de história, sobre a cultura do Pará e sobre personagens do folclore brasileiro.

A categoria "Escola Promotora da Leitura" premiou a Escola Municipal Leocádia Felizardo Prestes, de Porto Alegre, Rio Grande do Sul, com o projeto Pacto para a Leitura – Formação de Pais Leitores, desenvolvido desde 2014. Voltada para pais e mães de alunos moradores de uma área de grande vulnerabilidade social da capital gaúcha, a iniciativa buscou capacitar esses indivíduos a dividir o hábito de ler com os filhos no ambiente doméstico. Idealizado pelas professoras Cláudia Sepé e Sandra Holleben, o projeto não só aumentou o interesse dos pais pelos livros como também gerou um maior envolvimento daqueles com a escola: "Os pais do projeto já fizeram leituras de histórias nas salas de aula da escola. [...] Esses pais entraram de uma forma tão intensa na rotina da escola que eles começaram a ler para outras crianças dentro do espaço escolar", conta Cláudia. "É uma rede que se retroalimenta, sai da escola, mas volta para a escola" (Brasil, 2016, [s.p.]).

Na categoria "Territórios da Leitura", o trabalho vencedor utiliza o livro no auxílio ao tratamento de traumas de crianças e adolescentes vítimas de abuso e violência sexual, bem como de mulheres vítimas de agressão moral e psicológica. O Literatura Cura, desenvolvido pelo Instituto Chamaeleon, Organização da Sociedade Civil de Interesse Público (OSCIP) de Brasília, ofereceu oficinas de contação de histórias, produção de textos, criação de poesia e dramatização, atividades realizadas com o acompanhamento de psicólogos e pedagogos.

Por fim, o projeto À Flor da Pele foi o escolhido na categoria "Cidadão Promotor de Leitura". Sob coordenação de Marli Silveira, essa iniciativa busca resgatar a criatividade e promover a humanização e o desenvolvimento intelectual de detentas do Presídio Regional de Santa Cruz do Sul, no Rio Grande do Sul. Oficinas de produção de textos narrativos e poéticos, rodas de leitura e saraus foram atividades desenvolvidas com as mulheres em privação de liberdade.

Esses são exemplos de promoção do livro e do ato de ler em ambientes de crise no Brasil, nos últimos cinco anos. Com a sucessão de governos desde o *impeachment*/golpe contra a presidenta Dilma Rousseff, em 2016, premiações como o Viva Leitura foram extintas, restando poucas iniciativas como essa. A leitura ainda é considerada uma atividade supérflua por alguns governos, relegada ao segundo plano quando se vislumbra o desenvolvimento do país. Isso porque é impossível mensurar o real impacto que os projetos vencedores do prêmio Viva Leitura tiveram na vida dos seus participantes. Afinal, a dignidade de um morador de rua ao se sentir acolhido em uma biblioteca não altera os números do PIB nem influencia os índices dos programas internacionais de avaliação de estudantes. O mesmo se pode dizer sobre o incentivo para o envolvimento dos pais na leitura compartilhada com os filhos, ou sobre o livro como auxiliar na cura de traumas, ou ainda como um meio que permite transcender os muros de uma prisão.

Considerando a carência de apoio e investimentos para estudantes regulares de educação básica, a oferta de alternativas a grupos vulneráveis se faz bem mais precária. Como pensar, portanto, em projetos de difusão da leitura nesses espaços senão como um gesto de resistência a essa mesma força que expele e oprime sujeitos marginalizados?

> A leitura pode garantir essas forças de vida? O que esperar dela – sem vãs ilusões – em lugares onde a crise é particularmente intensa, seja em contextos de guerra ou repetidas violências, de deslocamentos de populações mais ou menos forçados, ou de vertiginosas recessões econômicas? Em tais contextos, crianças, adolescentes e adultos poderiam redescobrir o papel dessa atividade na reconstrução de si mesmos e, além disso, a contribuição única da literatura e da arte para a atividade psíquica. Para a vida, em suma (PETIT, 2010, p. 21-22).

Se o ato de ler desloca o homem de um cotidiano massificante e estéril, num ambiente de crise, esse mesmo ato tem o poder de romper e expandir os limites físicos e simbólicos que restringem a ação dos indivíduos. Michèle Petit constatou que, para além de uma finalidade meramente terapêutica, os agentes promotores da leitura em espaços de crise consideravam o seu trabalho como "algo da ordem cultural, educativa e, por certos aspectos, política" (p. 28). Na América Latina, um dos continentes onde se desenvolveu sua pesquisa, os mediadores são "pessoas engajadas em lutas sociais e para quem o acesso à cultura, ao conhecimento, à informação constitui um direito excessivamente desprezado. Assim como a apropriação da Literatura" (p. 28). Por isso, projetos como os vencedores do Viva Leitura buscam inverter essa lógica, promovendo a prática para grupos com pouquíssima mobilidade social, econômica e cultural, e operando nos limites extremos dessa exclusão, pois o que está em jogo, afinal, é o direito dos cidadãos à educação, ao conhecimento e à cultura.

No ensaio "O direito à Literatura", Antonio Candido aborda o fato de que, para o senso comum, os direitos humanos se restringem ao acesso aos bens básicos, como saúde, educação e moradia, quando deveriam incluir também o acesso à arte e à literatura, já que "o esforço para incluir o semelhante no mesmo elenco de bens que reivindicamos está na base da reflexão sobre os direitos humanos" (CANDIDO, 1995, p. 240). Por essa razão, o incentivo à leitura em ambientes de crise é uma oportunidade de lutar contra a desumanização e a objetificação dos indivíduos. Resgatar o humano presente em meio à brutalidade e à violência é uma tarefa difícil, extrema, mas que se afigura como uma possibilidade de reentrada dos excluídos na sociedade. Reafirmando a reflexão presente na obra de Antonio Candido, Michèle Petit também insiste na ideia da cultura como um direito:

> Cada um de nós tem direitos culturais: o direito ao saber, mas também o direito ao imaginário, o direito de se apropriar dos bens culturais que contribuem, em todas as idades da vida, à construção ou à descoberta de si mesmo, à abertura para o outro, ao exercício da fantasia, sem a qual não há pensamento, à elaboração do espírito crítico. Cada homem e cada mulher têm direito de pertencer a uma sociedade, a um mundo, através daquilo que produziram aqueles que o compõem: textos, imagens, nos quais escritores e artistas tentam transcrever o mais profundo da experiência humana (PETIT, 2013, p. 23-24).

Sabemos, porém, que há uma distância enorme entre a existência de um direito e seu efetivo exercício, sobretudo em sociedades individualistas e carentes de justiça social, como a brasileira. Numa época em que os direitos humanos são taxados como "privilégio de bandidos" ou política "politicamente correta" de grupos progressistas – como se se tratasse de uma questão meramente ideológica –, a luta pelo acesso de minorias à cultura se torna mais árdua e dependente de ações da sociedade civil. Por isso, é importante a investigação sobre projetos de difusão da leitura e da escrita para grupos que se situam fora dos circuitos institucionalizados, iniciativas que contribuem para essa construção ou descoberta de si, passo imprescindível para o resgate da humanidade presente em cada indivíduo situado à margem da sociedade. De posse dessa ferramenta de interpretação do mundo, o homem restaura sua capacidade de simbolizar, reconstruir e reorientar suas ações.

No conto "A escrita do Deus", os dois caminhos para que o personagem Tzinacan tente superar os limites da prisão são a memória e a leitura. A reconstituição do passado permite que o mago asteca não se perca na loucura do calabouço, e esse exercício de resgate é o que o mantém vivo, pois ele acredita que, sem a magia, jamais poderá se libertar desse claustro de privação e tortura: "Perdi o número dos anos que estou na treva; eu, que uma vez fui jovem e podia caminhar nesta prisão, não faço outra coisa senão aguardar, na postura de minha morte, o fim que os deuses me destinam. Com a longa faca de pedernal abri o peito das vítimas e agora não poderia, sem magia, levantar-me do pó" (BORGES, 1992, p. 87).

Se a memória o mantém vivo, a interpretação dos códigos lhe oferece a potência da libertação. A existência do tigre na cela contígua à de Tzinacan constitui a única possibilidade para a decifração da sentença mágica deixada no mundo pelo deus Qaholom, e é sua obsessão em encontrá-la que faz com que os anos de prisão tenham um propósito. "Um homem é, afinal, suas circunstâncias" (p. 90), afirma o personagem, e somente ao bendizer o espaço caótico de sua pena, após acordar de um sonho torturante e infinito, é que o mago se torna capaz de entender a escrita do deus nas listras do tigre e adquirir a potência libertadora: "Assim fui vencendo os anos, assim fui entrando na posse do que já era meu" (p. 88). Após incorporar a sabedoria advinda do exercício da leitura, Tzinacan se contenta em permanecer em silêncio, um silêncio pleno do poder de transformação da realidade, como foi dito na abertura deste capítulo.

Essa potência silenciosa de significação e transformação é o que faz da interpretação uma atividade tão necessária, sobretudo quando se tolhe no homem sua liberdade de ir e vir. Nos encontros, em que se compartilha a experiência do livro, e, principalmente, na solidão da leitura individual, muitos sujeitos privados de liberdade tornam-se capazes de adquirir esse poder que os faz transcender seu tempo, ampliar seu espaço e ressignificar sua história.

A prisão como um espaço de crise

> *O problema então não era ensinar-lhes alguma coisa, mas ao contrário, não lhes ensinar nada para se estar bem seguro de que nada poderão fazer saindo da prisão.*
> Michel Foucault. *Microfísica do poder*

O conto "Câmara e Cadeia", presente no livro *Contos de aprendiz*, de Carlos Drummond de Andrade, faz menção a um tipo comum de construção no período colonial, que aglutinava o poder da lei e os indivíduos criminosos num mesmo edifício. A cena se passa na Casa de Câmara e Cadeia, durante uma sessão em que os políticos discutem a criação de novos impostos, a fim de aumentar a arrecadação do município. A arquitetura do edifício ilustrava a preponderância das leis sobre quem se atrevia a desrespeitá-la, já que o andar superior abrigava os legisladores, e no nível inferior ficavam os detentos. Em *História das prisões no Brasil* (MAIA; SÁ NETO; COSTA; BRETAS, 2017), alguns artigos fazem menção a esse tipo de construção, como a cadeia de Recife, que, à semelhança das "vilas e cidades do Império luso, [...] funcionava no mesmo prédio da Câmara Municipal [...]. O edifício original tinha dois pavimentos: o térreo onde ficavam as prisões (as chamadas enxovias) e o primeiro andar onde estavam as instalações da Câmara" (SÉ NETO, 2017, v. 2, p. 84). No conto de Drummond, a disposição do espaço é semelhante: "Dois andares na fachada principal, três na dos fundos – a casa estava assentada sobre uma ladeira, e aquele era um dos pontos de vista mais altos da cidade. [...] Galinhas ciscavam [...] minuciosamente junto às paredes da casa, chegando até às grades – pois lá embaixo, ao nível do chão, era a cadeia, onde os presos se distraíam jogando-lhes sobras de comida ou pequeninas coisas que as assustavam" (ANDRADE, 1987, p. 43).

> Entre os cinco vereadores presentes na cena inicial, havia um professor, um comerciante, um militar, um farmacêutico e um fazendeiro. O primeiro, Valdemar, era o único a defender as demandas da comunidade, e não os interesses de classe; era também aquele que se sensibilizava com a situação dos presos nas celas: "Como fazer leis e cobrar impostos pisando sobre presos? perguntava a si mesmo. A cadeia é a parte condenada da Câmara. Ao entrar, a gente não olha para a enxovia. Tem constrangimento, ou talvez medo, de perceber o que se passa lá dentro, naquela imundície. É certo que tudo corre por conta do Governo do Estado, que não pensa em construir uma cadeia decente. Mas podemos concordar com essa vergonha?" (ANDRADE, 1987, p. 43).

A condição precária dos apenados na narrativa de Drummond coincide com a descrição de uma das cadeias públicas do Rio de Janeiro no século XIX, que, de acordo com o historiador Carlos Eduardo M. Araújo, "tinha suas grades voltadas para rua. A terrível situação dos prisioneiros era exposta aos transeuntes. Sujos, maltrapilhos e famintos – esta era a imagem dos presos que não contavam com mais ninguém a não ser os irmãos da Misericórdia" (ARAÚJO, 2017, p. 225-226).

A exposição pública dos homens detidos visava atemorizar o cidadão comum que, em seu cotidiano, deparava com a miséria e o horror da vida entre grades. Por outro lado, o contato entre a população e os presos permitia a interação entre esses dois lugares simbólicos, o da reclusão e o da liberdade. Tratava-se de uma herança colonial que ainda persistia em algumas cidades do interior do Brasil: "Mais do que tentar instruir este público, havia uma tentativa de marcar as diferenças entre os que estavam dentro e fora da prisão. [...] Exibir o prisioneiro significava também exibir as condições de encarceramento" (BRETAS, 2017, p. 189). No conto, fica evidente essa convivência entre o *dentro* e o *fora*:

> Valdemar nascera na cidade e desde menino se habituara ao espetáculo dos presos. Faziam objetos de taquara, madeira, desenhos de areia colorida sobre vidro. Com as mãos nas grades, contemplavam os escassos transeuntes que desciam a ladeira. Viam eternamente as mesmas árvores, fitavam a mesma serra. E cantavam. Não era proibido conversar com eles, através dos ferros. Pareciam alegres quando alguém parava para dar uma prosa (ANDRADE, 1987, p. 43).

O dilema de consciência do personagem o leva a questionar a lógica de uma construção que aproximava figuras tão distantes na hierarquia social da cidade. Enquanto os seus pares debatiam sobre a criação ou o veto a impostos por interesses de grupo – pois representam os poderes instituídos –, Valdemar refletia sobre os privilégios de classe e a exclusão social naquela pequena sociedade: "Sempre houve presos. Os meninos achavam aquilo natural. Mas agora, já homem, Valdemar via-os de maneira diferente. Sabia da miséria deles, e achava estranho, ou quando menos desagradável, estar ali fruindo a paisagem e o ventinho, quando debaixo de seus pés homens humilhados se amontoavam confusamente, na semiescuridão, na umidade" (p. 43).

Nesse momento da narrativa, os vereadores são surpreendidos pela entrada intempestiva de um dos detentos na sala de reunião. Tratava-se de um jovem de 25 anos, preso por homicídio, que conseguira escapar de uma das celas da parte inferior do edifício. Atônitos pela ameaça iminente, os pares de Valdemar se amontoaram atrás de uma mesa, enquanto este último, vindo da sacada do prédio, aproximou-se e estabeleceu um diálogo com o fugitivo. Dá-se, então, um embate de palavras entre um representante do poder instituído e um indivíduo fora da lei:

> – Vamos sentar um pouco, disse Valdemar, aproximando-se e batendo de leve no ombro do preso.
> Sentaram-se, em meio ao espanto dos outros.
> – Engraçado, tem dois anos que não sei o que é cadeira. Macio, hein?
> [...]

– Agora me diga uma coisa. Sabe que não é direito isso que você fez? O outro riu sacudindo os ombros.
– Ah, moço, se o senhor vivesse naquele chiqueiro... Não é só porcaria. É uma porção de coisas. Por mais que a gente trabalhe, o tempo não passa. Então de noite, no escuro, nem se avalia [...]. É tudo embolado. Roupa, suor, pé, barriga. Então parece que até as faltas se misturam, e eu já nem sei mais os erros que carrego nas minhas costas... Além do meu, é claro (p. 57-58).

Ao colocar os vereadores e o preso no mesmo plano, o conto de Drummond desconstrói a hierarquia entre lugares sociais e políticos e aproxima os pares antagônicos que habitavam o edifício, isentos da mediação do poder policial. Na verdade, há mesmo uma inversão dessa lógica, pois, afora o vereador Valdemar, os demais se sentiam completamente vulneráveis e ameaçados diante da presença do foragido. Este, por sua vez, parecia se divertir com o momento inusitado: "De resto, a cena parecia regida pelo acaso, e haveria no preso a tendência de se confiar nos vaivéns desse acaso. Antes de fugir, queria ele, quem sabe? zombar daqueles homens importantes" (p. 59).

O escritor focaliza a Itabira de seu tempo de juventude com o olhar crítico do adulto e propõe, segundo José Miguel Wisnik (2018, p. 148-149), "um acerto de contas com o passado dentro de um cenário itabirano descrito com minúcia fiel. Trata-se da mesma rua do casarão familiar da infância, que fundava seu prestígio [...] na proximidade com a matriz, por um lado, e com a Câmara e a cadeia, por outro". O conto de Drummond, que apresenta também elementos de crônica, denuncia a condição dos presos na Itabira do início do século. A precariedade da prisão e os maus-tratos aos detentos se evidenciam na fala do presidiário foragido, espécie de porta-voz do sofrimento dos que habitavam a parte inferior do prédio: "Os outros ficaram [...]. A maioria está doente por causa da comida (é uma lavagem de porcos) e por falta de exercício. Não quiseram me acompanhar. E eu não teimei com eles" (ANDRADE, 1987, p. 45). A voz silenciada do subsolo ecoa na sala principal do edifício, em diálogo com o vereador mais sensível à condição precária em que viviam os presos. No tempo suspenso desse acontecimento, todo um modelo de controle e gerenciamento de indivíduos é exposto e denunciado, evidenciando o jogo de forças constitutivo daquela pequena sociedade. O breve momento em que essas forças se equiparam desfaz a simbologia de uma arquitetura, trazendo para a superfície o mal recalcado no subsolo da prisão:

> – E já que você saiu, o que é que vai fazer agora?
> [...]
> – Então o senhor não sabe o que vai fazer um cristão quando fica livre da grade? Que faz um passarinho fora da gaiola? (p. 47).

Valdemar tenta cumprir seu papel de representante da lei, argumentando que, quando um passarinho não sabe mais voar, é pego de novo; porém, quando decide levar o rapaz de volta para a cela, este se desvencilha e escapa pelos fundos do edifício: "– Não me encoste! gritou o preso, dando um pulo e tirando do bolso alguma coisa que apertava na mão. Essa carinha limpa não me engana. Tudo é igual! E chega de conversa! Adeus, minha gente..." (p. 47).

Mais que um simples cenário a ser explorado literariamente, a Casa de Câmara e Cadeia do conto de Drummond apresenta elementos importantes para a reflexão sobre a cadeia como um espaço pretensamente ordenador, regenerativo e seguro, mas que se mostra caótico, decadente e precário. A arquitetura alegórica do prédio, modelo da sobreposição da lei ao crime, é desmontada pelo simples ato de um indivíduo transpor esses limites e desestabilizar o teatro dos homens do andar de cima – do edifício e da sociedade. O urbanismo moderno deslocará a prisão – assim como outros espaços indesejados – para as margens da cidade, distante das estruturas de poder e de seus representantes.

A justaposição de espaços antagônicos, com maior ou menor distanciamento físico, é constitutiva da realidade urbana e nos permite refletir sobre o que Foucault definiu como as "heterotopias". Esses "outros lugares" só podem ser pensados em relação ao que consideramos ser espaços comuns e reconhecíveis em nosso estar no mundo. E estão "destinados, de certo modo, a apagá-los, neutralizá-los ou purificá-los" (FOUCAULT, 2013b, p. 20). Para o filósofo francês, cada grupo humano delimita e elabora, nos espaços que ocupa, lugares diferentes, ou contraespaços:

> As crianças conhecem perfeitamente esses contraespaços, essas utopias localizadas. É o fundo do jardim, com certeza, é com certeza o celeiro, ou, melhor ainda, a tenda de índios erguida no meio do celeiro, ou é então – na quinta-feira à tarde – a grande cama dos pais. É nessa grande cama que se descobre o oceano, pois nela se pode nadar entre as cobertas; depois essa grande cama é também o céu, pois se pode saltar sobre as molas; é a floresta, pois pode-se nela esconder-se; é a noite, pois ali se pode virar fantasma entre os lençóis; é, enfim, o prazer, pois no retorno dos pais, se será punido (p. 20).

A presença dessas "utopias localizadas" no universo infantil não as define como elaborações meramente lúdicas e restritas a essa fase da existência. Uma sociedade adulta também se organiza a partir da justaposição de ambientes incompatíveis, permitindo e incentivando o convívio dessas espacialidades múltiplas, "lugares reais fora de todos os lugares. Há, por exemplo, os jardins, os cemitérios, os asilos, as casas de tolerância, há as prisões, as colônias de férias do Clube Mediterrâneo, e tantos outros" (p. 20). Note-se que uma heterotopia implica noções de deslocamento, desvio e evasão, movimentos realizados, às vezes, deliberadamente, ou de forma obrigatória. Viver pressupõe deslocar-se por "um espaço quadriculado, recortado, matizado, com zonas claras e sombras, diferenças de níveis, degraus de escada, vãos, relevos, regiões duras e outras quebradiças, penetráveis, porosas" (p. 19).

Entre várias categorias, o filósofo diferencia as "heterotopias de crise", espaços que acolhiam pessoas em crise biológica – adolescentes na puberdade, mulheres menstruadas ou em trabalho de parto –, das "heterotopias de desvio", ambientes que abrigavam indivíduos cujo comportamento variava em relação à média ou à norma exigida – casas de repouso, clínicas psiquiátricas e prisões. Foucault situa estas últimas entre as heterotopias ligadas "à passagem, à transformação, ao labor de uma regeneração" (p. 26).

Pensar a prisão como um contraespaço instiga a reflexão sobre a relação ambígua que se estabelece com esses territórios quebradiços e sinuosos, que geram simultaneamente a repulsa e a curiosidade na população exterior aos seus muros. O estranhamento causado, nos dias de hoje, pela história de uma construção como a Casa de Câmara e Cadeia se dá exatamente pela justaposição entre instâncias tão díspares da estrutura de poder de uma cidade, que fazia confluírem o legislador e o condenado, o cidadão de direitos e o indesejado social, o transeunte livre e o criminoso encarcerado. O distanciamento físico entre as penitenciárias e os centros urbanos apartou os olhares e os afetos – perdão, ódio, desejo, curiosidade, vingança etc. – que vinculavam os indivíduos, no contato cotidiano entre a rua e as grades. Essa troca fazia conviverem o dentro e o fora, possibilitando um contato que presentificava o corpo, as palavras e a existência do ser delituoso, fato que, se não lhe afiançava a compaixão compulsória, ao menos o tornava mais real, acessível e humano. Atualmente, muito dos sentimentos de indiferença, medo e ódio por qualquer indivíduo atrás dos muros de um presídio – seja um criminoso condenado, seja um preso temporário – advém dessa assepsia urbana que apartou os espaços de cumprimento da pena do convívio cotidiano das cidades.

Esse novo enquadramento manteve – à semelhança do que ocorreu também com os cemitérios e os hospícios – a prisão como um espaço fora do espaço, situado em um tempo também fora do tempo, palco de ações de cunho religioso e educativo, local de pesquisa nas áreas da saúde, da sociologia, da psicologia etc., "utopia localizada" da ilusão ambivalente dos homens em sua busca de purgar o mal, seja pelo flagelo, seja pela regeneração dos criminosos.

Os níveis e as condições de encarceramento são um bom parâmetro para se avaliar a saúde social, política e econômica de uma sociedade. A observação e a análise de um sistema prisional como o brasileiro põem à mostra as dissonâncias da constituição de um povo, suas assimetrias e sua complexidade. Isso porque a prisão reflete a lógica moral que rege o comportamento e os juízos, ao mesmo tempo que denuncia a seletividade dos processos de segregação em um país:

> As prisões são muitas coisas ao mesmo tempo: instituições que representam o poder e a autoridade do Estado; arenas de conflito, negociação e resistência; espaços para a criação de formas subalternas de socialização e cultura; poderosos símbolos de modernidade (ou a ausência dela); artefatos culturais que representam as contradições e tensões que afetam as sociedades; empresas econômicas que buscam manufaturar tanto bens de consumo como eficientes trabalhadores; centros para a produção de distintos tipos de conhecimentos sobre as classes populares; e, finalmente, espaços onde amplos segmentos da população vivem parte de suas vidas, formam suas visões do mundo, entrando em negociação e interação com outros indivíduos e com autoridades do Estado (BRETAS, 2017, p. 189).

A Casa de Câmara e Cadeia do conto de Drummond traz um símbolo que atravessa os séculos e permanece como uma representação dessa instituição construída com o intuito de proteger a sociedade. A permanência e o funcionamento desse tipo de construção precária, no contexto retratado pelo escritor mineiro, só demonstram o quão atrasada estava a reforma prisional brasileira no início do século XX.

Criada inicialmente como um local de passagem, em que acusados de crimes aguardavam a conclusão do julgamento – que poderia resultar em multa, degredo, suplício físico ou morte –, a prisão tornou-se o espaço exclusivo do cumprimento da pena privativa de liberdade, após as reformas judiciais promovidas pelo Iluminismo, no século XVIII. A modernização das leis e das formas de punição aboliu os flagelos públicos, esfolamentos e suplícios que vigoravam no Antigo Regime. O castigo se deslocou da violência sobre o corpo dos condenados para incidir sobre o seu direito à liberdade, ação indireta e simbólica de compensação pelo crime cometido. "Pois não é mais o corpo, é a alma. À expiação que tripudia sobre o corpo deve suceder um castigo que atue, profundamente, sobre o coração, o intelecto, a vontade, as disposições", comenta Foucault em *Vigiar e punir* (2014, p. 21). Com isso, a pena de aprisionamento passa a ter outras finalidades que não apenas castigar o condenado:

> Michelle Perrot afirma que, em fins do século XVIII, a prisão vai se transformando no que é hoje, assumindo basicamente três funções: "punir, defender a sociedade isolando o malfeitor para evitar o contágio do mal e inspirando o temor ao seu destino, corrigir o culpado para integrá-lo à sociedade, no nível social que lhe é próprio".[1] Até então, o sistema prisional se baseava mais na ideia do castigo do que na correção ou recuperação do preso (MAIA; SÁ NETO; COSTA; BRETAS 2017, p. 13).

O tempo de permanência nesse espaço, anteriormente limitado, passou a durar anos, décadas ou a vida inteira de uma pessoa. Assim, toda uma arquitetura penitenciária teve de ser pensada para se otimizar os métodos de controle e submissão dos apenados ao olhar atento do poder policial. Em 1791, o filósofo utilitarista Jeremy Bentham idealizou o método do panóptico, uma estrutura de vigilância total, em que o preso poderia ser observado 24 horas por dia, a partir de uma torre central com visão de 360 graus. Concebida no contexto das reformas prisionais, a criação de Bentham, mais que uma estrutura da arquitetura prisional, ofereceu-se como um modelo para a economia de controle e vigilância em quaisquer espaços, fossem presídios, escolas, hospícios, hospitais, conventos etc. Segundo seu inventor, o panóptico ofereceria algumas vantagens, fosse pela pequena quantidade de inspetores exigidos, uma vez que um número de prisioneiros "maior do que jamais foi alojado em uma única casa pode ser inspecionado por uma única pessoa, pois há uma diminuição do trabalho de inspeção sem que seu rigor seja diminuído" (BENTHAM *et al.*, 2019, p. 31); fosse pelo fato de que os próprios subguardas, subinspetores, empregados ou subordinados de qualquer tipo estariam "sob o mesmo e irresistível controle do guarda-mor ou inspetor-mor, da mesma forma que os prisioneiros ou outras pessoas a serem governadas" (p. 31).

O panóptico se oferecia, portanto, como

---

[1] O texto de Perrot aqui citado é *Os excluídos da história: operários, mulheres e prisioneiros* (Rio de Janeiro: Paz e Terra, 1988).

um princípio geral de construção, o dispositivo polivalente de vigilância, a máquina óptica universal das concentrações humanas. É bem assim que Bentham o entende: com apenas algumas adaptações de detalhe, a configuração panóptica servirá tanto para prisões quanto para escolas, para as usinas e os asilos, para os hospitais e as *workhouses*. Ele não tem uma destinação única: é a casa dos habitantes involuntários, reticentes ou constrangidos (MILLER, 2019, p. 90).

A pena de privação de liberdade almejou um modo mais racional de punição, que atendesse aos princípios morais, religiosos e filosóficos do Século das Luzes: "o ato de punir passa a ser não mais uma prerrogativa do rei, mas um direito de a sociedade se defender contra aqueles indivíduos que aparecessem como um risco à propriedade e à vida" (MILLER, 2019, p. 12). A ideia era permitir que o homem se transformasse a partir da própria vontade, bastando estar apartado do meio em que praticou algum crime e recluso pelo tempo necessário a sua recuperação. Para isso, além do isolamento individual, seriam necessários a prática do trabalho e o aprendizado religioso, meios para a aquisição de uma consciência moral que habilitariam o criminoso a retornar à sociedade.

A aplicação desses princípios, no entanto, não se deu de modo linear e universal nem sem o tensionamento inerente ao tema da reclusão forçada. Poucas foram as penitenciárias europeias que se adaptaram imediatamente ao sistema celular de Bentham, e a massa dos presidiários permaneceu cumprindo sua pena em cadeias precárias e insalubres. Mais do que um espaço para a recuperação dos criminosos, a prisão cumpria o papel de controle social, adequado à consolidação do capitalismo e em harmonia com os princípios iluministas. Segundo Foucault (2014, p. 214): "O crescimento de uma economia capitalista fez apelo à modalidade específica do poder disciplinar, cujas fórmulas gerais, cujos processos de submissão das forças e dos corpos, cuja 'anatomia política', em uma palavra, podem ser postos em funcionamento por meio de regimes políticos, de aparelhos ou de instituições muito diversas" (MILLER, 2019, p. 12).

Dentre essas instituições – hospícios, hospitais, escolas, conventos, quartéis e demais estruturas disciplinares –, a prisão é a que melhor traduz a lógica de uma sociedade de controle. Erving Goffman nomeou "instituições totais" os estabelecimentos sociais que submetem pessoas a níveis rígidos de controle de mobilidade, pensamento e expressão. Se toda instituição pressupõe uma rotina formalmente administrada, as instituições totais se caracterizam por conterem uma barreira com o mundo externo e "por proibições à saída que muitas vezes estão incluídas no esquema físico – por exemplo, portas fechadas, paredes altas, arame farpado, fossos, água, florestas ou pântanos" (GOFFMAN, 2015, p. 16). O autor lista cinco tipos de instituição com características próprias e um alvo específico entre os indivíduos que não se ajustam à sociedade:

> Em primeiro lugar há instituições criadas para cuidar de pessoas que, segundo se pensa, são incapazes e inofensivas; nesse caso estão as casas para cegos, velhos, órfãos e indigentes. Em segundo lugar há locais estabelecidos para cuidar de pessoas consideradas incapazes de cuidar de si mesmas que são também uma ameaça à comunidade, embora de maneira não-intencional; sanatórios para tuberculosos, hospitais para doentes mentais e leprosários. Um terceiro tipo de instituição total é organizado para proteger a comunidade contra perigos intencionais [...] (cadeias, penitenciárias, campos de prisioneiros de guerra, campos de concentração). Em quarto lugar há instituições estabelecidas com a intenção de realizar de modo mais adequado alguma tarefa de trabalho [...]: quartéis, navios, escalas internas, campos de trabalho, colônias. [...] Finalmente, há os estabelecimentos destinados a servir de refúgio do mundo [...]: abadias, mosteiros, conventos e outros claustros (p. 16-17).

A função do aprisionamento como método de *docilização dos corpos* (FOUCAULT, 2014, p. 133), surgida nessa transição entre o Antigo Regime e o Estado Moderno, permanece até os dias de hoje, quando seres "indesejáveis" são apartados do meio social como forma de se proteger um sistema de acumulação. A associação entre modos de produção e regimes de punição, aliás, foi desenvolvida por dois teóricos citados por Foucault – Georg Rusche e Otto Kirchheimer –, que evidenciaram como "na Idade Média as punições se restringiam a multas e penitências, enquanto na Renascença as mutilações e exílios visavam ao controle dos proletários. Durante as práticas mercantilistas, as punições organizariam a exploração exigida pelo Estado e na fase de ascensão do capitalismo, que coincidiria com a do Iluminismo, teríamos a pena de prisão como entendemos hoje" (MAIA; SÁ NETO; COSTA; BRETAS, 2017, p. 16).

O espaço prisional, originalmente destinado aos que ameaçavam a vida e a propriedade, tornou-se também o depósito desses "indesejáveis" da sociedade, prostitutas, bêbados, vadios, mendigos e loucos. Em nome de uma ordem não apenas econômica e social, mas também moral, passou-se a reter massas cada vez maiores de pessoas, pois o cárcere tornou-se uma estrutura conveniente e necessária a um sistema baseado no trabalho e no acúmulo de bens, um sistema excludente e desigual. Em *Crime e sociedade*, Gresham Sykes (1969, p. 44) destaca:

Desde que as aspirações materiais do indivíduo são pesadamente influenciadas pelos grupos sociais aos quais ele pertence ou com os quais ele se identifica, o meio ambiente social entra no conjunto como uma força potente na motivação para cometer crimes contra a propriedade – e, como salientou Merton, uma sociedade que continuamente estimula o sonho do sucesso material, mas bloqueia as avenidas de legítimas realizações, é sobrecarregada com um problema crônico de privação relativa.

Essa "privação relativa", associada ao estímulo do acesso a bens materiais, criou uma defasagem social que, ainda hoje, traduz-se no alto índice de pessoas presas por crimes contra a propriedade (no Brasil, somam quase 40% do total de pessoas encarceradas, segundo dados do Levantamento Nacional de Informações Penitenciárias – Infopen) (LEVANTAMENTO..., 2014). Ainda sobre essa relação entre criminalidade e modos de produção, Marx (1945, v. 3 *apud* LUDMER, 2002, p. 9-10) discute a *utilidade* do delinquente no mercado derivado da prática de ilegalidades: "

> o criminoso não só produz crimes, mas também leis penais [...]; produz, além disso, o conjunto da polícia e a justiça criminal, fiscais, jurados, carcereiros etc.; e essas diferentes linhas de negócios, que formam igualmente muitas categorias da divisão social do trabalho, desenvolvem diferentes capacidades do espírito humano, criam novas necessidades e novos modos de satisfazê-las.

Ainda de acordo com o filósofo:

> Enquanto o crime subtrai uma parte da população supérflua do mercado de trabalho e assim reduz a concorrência entre os trabalhadores – impedindo até certo ponto que os salários caiam abaixo do mínimo –, a luta contra o crime absorve outra parte dessa população. Portanto, o criminoso aparece como um desses "contrapesos" naturais que produzem um balanço correto e abrem uma perspectiva total de ocupações "úteis".

A instituição do crime – e todos os saberes, normas e efeitos socioeconômicos derivados de sua existência – cumpre uma função objetiva, pois aglutina noções de punição e de regulação social. A existência do delinquente e do delito, bem como de um espaço em que se possa punir seus efeitos, funciona como um índice sociocultural que, segundo Josefina Ludmer, "não só pode servir para diferenciar, separar e excluir, mas também para relacionar o estado, a política, a sociedade, os sujeitos, a cultura e a literatura. Como bem sabiam Marx e Freud, é um instrumento crítico ideal porque é histórico, cultural, político, econômico, jurídico, social e literário *ao mesmo tempo*:

é uma dessas *noções articuladoras* que estão em ou entre todos os campos" (LUDMER, 2002, p. 11, grifos da autora).

O delito e sua punição são categorias sociais que, simultaneamente, explicitam e ocultam. O que fica à mostra é o exemplo do mal a ser purgado com a privação da liberdade e todas as demais consequências desse modelo. O que se esconde são os desvios inatingíveis por instrumentos legais, seja pela conivência, seja pela negligência do Estado com os que têm condições materiais e jurídicas de se proteger. Em outras palavras: a existência da prisão e de prisioneiros aplaca a vontade punitiva de um extrato social, que se vê livre para praticar seus próprios delitos, fora do radar de uma justiça social e sob a proteção de uma justiça economicamente seletiva.

O modelo prisional resultante das reformas iluministas foi replicado nos Estados Unidos – onde sofreu adaptações – e em países da América Latina. O projeto do panóptico, importado pelos estadunidenses, consagrou dois modelos de execução de pena: o sistema da Pensilvânia, que "propunha o isolamento completo dos presos durante o dia, permitindo que trabalhassem individualmente nas celas; e o sistema de Auburn que isolava os presos apenas à noite, obrigando-os ao trabalho grupal durante o dia, sem que pudessem se comunicar entre si" (MAIA; SÁ NETO; COSTA; BRETAS, 2017, p. 14). Considerados desumanos pela pressão imposta sobre os apenados, esses modelos fracassaram, ainda que seus princípios tenham sido copiados em outros países. Em meados do século XIX, surgiram na Europa os chamados sistemas progressivos, em que o preso podia reduzir sua pena com bom comportamento. Com isso, uma nova perspectiva de aprisionamento passou a existir: "o preso, por bom comportamento, receberia *vales* que significariam a redução da pena e a melhoria de sua condição dentro do presídio. Os sistemas progressivos tiveram as primeiras experiências em Valência, em 1835, em Norfolk, em 1840, e na Irlanda, em 1854" (p. 15, grifo dos autores).

No Brasil, ao longo do século XIX, foram construídas casas de correção e de detenção que, ao mesclarem padrões estrangeiros à realidade local, buscaram modernizar nosso sistema prisional. Rio de Janeiro, São Paulo, Recife e Fortaleza foram cidades que implementaram novos modelos penitenciários, cada uma a sua maneira. Porém, o ritmo lento da construção, associado ao aumento da criminalidade, resultava na defasagem entre o projeto original e seu resultado no contexto da inauguração desses presídios. Quando concluídas, as construções já estavam ultrapassadas e necessitavam de adaptações que só potencializavam sua precariedade, como aconteceu com a Casa de Correção e Detenção do Rio de Janeiro:

Planejada nos anos 1830 pela Sociedade Defensora da Liberdade e Independência Nacional e baseada no modelo do panóptico, nunca foi concluída. A primeira ala foi inaugurada em 1850, tornando-se a Casa de Correção. A segunda foi construída alguns anos depois e reorganizada como outra prisão, a Casa de Detenção, enquanto as outras alas nunca foram construídas. Desde o começo, muitos condenaram o desenho arquitetônico, e aqueles que trabalharam lá foram especialmente críticos quanto ao terreno onde as construções foram erguidas (BRETAS, 2017, p. 190).

A tentativa de modernização dos presídios no Brasil atendia ao mesmo anseio europeu e estadunidense de romper com a barbárie do Antigo Regime. No entanto, em um país de economia escravocrata, qualquer ideia de modernidade era falha. Por isso, essa onda de reconstrução do modelo prisional no Brasil resultou em estruturas híbridas que não cumpriam "suas promessas de higiene, trato humanitário aos presos e eficácia para combater o delito, bem como de regeneração dos delinquentes" (AGUIRRE, 2017, p. 42). Nossa modernidade prisional nasceu ultrapassada e assim permanece até hoje, quando muitas de nossas cadeias seguem sendo depósitos de seres humanos, tratados como o refugo da sociedade.

O fato é que, desde que a privação de liberdade deixou de ser um estágio do cumprimento da pena para se tornar o fim mesmo de qualquer condenação – com exceção dos países onde ainda há penas de morte, degredo ou punição física –, a prisão continua a ser uma instituição controversa, precária e incapaz de corrigir ou regenerar os criminosos. Ainda hoje, o ambiente prisional se caracteriza pela opressão, pelo controle e pela disciplina sobre os corpos. Uniformes, números, cabelos raspados, ausência de adereços etc. tendem a transformar homens e mulheres presos em seres brutos e objetificados. A recusa a esse tratamento impessoalizado resulta em sanções, tortura e morte, seja pela lei do Estado, seja pelos próprios códigos de conduta dos apenados. Isso torna a prisão um ambiente duplamente ameaçador e exige do encarcerado uma capacidade de negociação e de assujeitamento a que nem todos os indivíduos são capazes de se submeter.

O resultado são rebeliões, fugas, torturas, linchamentos e demais eventos trágicos que apenas evidenciam a falência de um modelo de penalização de criminosos em todo o mundo. Os índices de reincidência na criminalidade provam que a cadeia corrompe numa proporção inversa à capacidade de regenerar os homens. Já nos anos 1950, Gresham Sykes (1969, p. 65) destacava: "numerosos estudos indicam que mais do que 50% de infratores presos cometem novos crimes depois de postos em liberdade. Em resumo, nossos métodos penais (e particularmente o aprisionamento) são considerados como um lamentável fracasso".

Na atualidade, as políticas de combate às drogas têm superlotado as cadeias em países como os Estados Unidos e o Brasil, onde a população carcerária mais que dobrou nos últimos 15 anos. A ausência de objetividade em se diferenciar o usuário do traficante faz com que a polícia prenda uma quantidade enorme de jovens, sobretudo moradores da periferia social e econômica dos grandes centros, em ambos os países. Esse encarceramento em massa é empreendido por governos que usam o discurso do combate ao crime para garantir votos de eleitores amedrontados com o alarmismo e a ameaça. Estamos de acordo com Zygmunt Bauman (2005, p. 67) em sua crítica: "a vulnerabilidade e a incerteza humanas são as principais razões de ser de todo poder político. E todo poder político deve cuidar da renovação regular de suas credenciais".

Em *A nova segregação: racismo e encarceramento em massa*, a advogada defensora dos direitos humanos Michelle Alexander afirma que a Lei de Drogas, surgida nos anos 1980, representou uma resposta conservadora às conquistas da luta pelos direitos civis nos Estados Unidos. Ao estabelecer penas altas para a posse de quantidades ínfimas de drogas como o crack (extremamente disseminado nos guetos de população negra), a nova legislação fez explodir o número de presos nas cadeias estadunidenses:

> O percentual de detenções ligadas a drogas que resultaram em condenações à prisão (em vez de dispensas, serviços comunitários ou liberdade assistida) quadruplicou, resultando num *boom* de construção de prisões nunca antes visto. Em duas décadas, entre 1980 e 2000, o número de pessoas encarceradas nas prisões dos Estados Unidos saltou de mais ou menos 300 mil para 2 milhões. No final de 2007, mais de 7 milhões de estadunidenses – ou 1 em cada 31 adultos – estavam atrás das grades ou em liberdade assistida ou condicional (ALEXANDER, 2007, p. 111).

De acordo com a legislação de alguns estados estadunidenses, indivíduos condenados a penas de privação de liberdade perdem direitos fundamentais como financiamentos para habitação e educação, benefícios assistenciais e, até mesmo, o direito ao voto: "São privados dos direitos civis e humanos supostamente conquistados pelo Movimento dos Direitos Civis, incluindo os direitos ao voto, a servir como jurado e a não sofrer discriminação no emprego, o acesso à educação e benefícios públicos básicos como alimentação e moradia" (p. 20).

Esse modelo foi exportado para países de todo o mundo e obteve grande aceitação entre camadas conservadoras e amedrontadas da classe média capitalista, em virtude de *slogans* como "Tolerância Zero", ou "Lei e Ordem", extremamente eficazes para mentalidades suscetíveis a esse tipo de simplificação da realidade. É com base na política do medo e na posse das credenciais para prender e matar que o Estado penal age em boa parte das democracias do mundo. O sociólogo Loïc Wacquant destaca que "o desenvolvimento de um Estado penal para responder às desordens suscitadas pela desregulamentação da economia, pela dessocialização do trabalho assalariado e pela pauperização relativa e absoluta de amplos contingentes do proletariado urbano, aumentando os meios, a amplitude e a intensidade da intervenção do aparelho policial e judiciário, equivale a (r)estabelecer uma verdadeira ditadura sobre os pobres" (WACQUANT, 2001, p. 12).

Para o pesquisador francês, a opção por um Estado penal em lugar de um Estado de bem-estar social atende a um projeto político de controle, com consequências diretas sobre as camadas mais pobres da população. O neoliberalismo estadunidense teve enorme eficácia na implantação desse modelo de segregação da pobreza, resposta jurídica, política e econômica às conquistas dos movimentos pelos direitos civis dos anos 1960 e 1970. Segundo Wacquant (2001, p. 10), o tratamento penal da miséria "visa às parcelas mais refratárias do subproletariado e se concentra no curto prazo dos ciclos eleitorais e dos pânicos orquestrados por uma máquina midiática fora de controle, diante da qual a Europa se vê atualmente na esteira dos Estados Unidos".

Essa penalização direcionada, que opera em espaços periféricos, definindo *a priori* o perfil do cidadão a ser excluído, traduz o conceito foucaultiano de "biopoder", a ação do Estado que decide quem pode viver e quem deve morrer. Essa seletividade se manifesta por meio do racismo, que, segundo Achille Mbembe (2018, p. 18), "é acima de tudo uma tecnologia destinada a permitir o exercício do biopoder, este velho direito soberano de matar". Para o filósofo camaronês, "na economia do biopoder, a função do racismo é regular a distribuição da morte e tornar possíveis as funções assassinas do Estado" (MBEMBE, 2018, p. 18). Essa mesma lógica permite ao Estado decidir quem pode estar fora e quem deve estar dentro das prisões, esse depósito do refugo humano, "concebidas de modo muito mais explícito como um mecanismo de exclusão e controle. [...] De forma explícita, o principal e talvez único propósito das prisões não é ser apenas um depósito de lixo qualquer, mas o depósito final, definitivo" (BAUMAN, 2005, p. 108).

O Brasil ocupa o terceiro lugar em números absolutos de encarceramento no mundo, atrás apenas de Estados Unidos e China. Se considerarmos as 338 pessoas presas por 100 mil habitantes, o país atinge o 26º lugar entre 222 países e territórios, taxa de encarceramento maior que o dobro da média mundial. Essa posição traduz algumas defasagens e distorções da sociedade brasileira, bem como revela aspectos de nossa formação social, econômica e cultural. Segundo os dados do Infopen, em junho de 2019, o total de pessoas encarceradas no Brasil chegou a 773.151, superando em quase 47 mil o número de junho de 2016. Dados do CNJ, no entanto, dão conta de que essa população "já ultrapassa os 812 mil presos, dos quais cerca de 35% estão em situação provisória, ou seja, não possuem condenação judicial.[2] Mais da metade é composta por jovens de 18 a 29 anos, e 64% do total de presos são negros" (MARTINHO, 2020, [s.p.]). A superpopulação carcerária no Brasil segue uma tendência do mundo ocidental e cresce a um ritmo de 8,3% ao ano. Considerando esse ritmo de crescimento, o número de presos pode chegar a 1,5 milhão em 2025, confirmando a posição do Brasil entre os países que mais encarceram no mundo.

Com um déficit de vagas de 312.125, o Brasil tem 78% dos estabelecimentos penais com mais presos que a sua capacidade máxima, com destaque para o estado do Amazonas, cuja taxa de ocupação é de 484% (MARTINHO, 2020, [s.p.]). Segundo Juliana Borges (2018, p. 81), "entre 1995 e 2010, o Brasil foi o segundo país com maior variação de taxa de aprisionamento do planeta, ficando apenas atrás da Indonésia, um regime marcadamente repressivo em relação à política de drogas, inclusive com penalização por morte". Diante de um quadro tão alarmante, considera-se que sejam poucas as ações para reduzir os números do encarceramento, apesar do esforço dos tribunais de justiça dos estados em implementar audiências de custódia, a fim de evitar prisões provisórias. Outras opções utilizadas com esse mesmo propósito são o monitoramento eletrônico e a aplicação de penas alternativas, como a prestação pecuniária, a perda de bens e valores, a prestação de serviços à comunidade ou a entidades públicas, a interdição temporária de direitos ou a limitação do fim de semana para indivíduos que tenham sido condenados a menos de quatro anos de pena. No entanto, em vista dos números apresentados, fica

---

[2] Em 2022, dados atualizados dão conta de mais de 909 mil presos e, entre estes, 44,5% estão em situação provisória. Disponível em: https://carceraria.org.br/combate-e-prevencao-a-tortura/eleicoes-2022-apenas-3-dos-presos-provisorios-pode-votar. Acesso em: 24 jan. 2023.

evidente que o efeito dessas medidas é inócuo, já que elas não impedem que o Brasil tenha mais que dobrado sua população carcerária entre 2005 e 2019.

A prisão é a representação das muitas crises que acometem a sociedade brasileira. O perfil de sua população – composta em sua maioria por jovens, negros e pobres – não traduz a multiplicidade étnica e socioeconômica do país: "Entre os presos, 61,7% são pretos ou pardos. Vale lembrar que 53,63% da população brasileira têm essa característica. Os brancos, inversamente, são 37,22% dos presos, enquanto somam 45,48% na população em geral" (BRASIL, 2018a, [s.p.]). Esse fato é um indicador da desigualdade do aprisionamento no Brasil, pois, quanto menor é a diversidade social, racial, etária e econômica dos apenados, maior é a evidência da seletividade da aplicação das leis no país.

Esses são fatores que permitem pensar o cárcere como um espaço de crise onde a educação – e, mais especificamente, a leitura e a escrita – pode ser de grande benefício para o contingente carcerário. Apesar da baixa escolaridade,[3] da falta de bibliotecas e da inexistência de uma cultura do livro nesses ambientes, levantamentos atuais dão conta de que pessoas presas no Brasil leem nove vezes mais que a média da população livre (ESTUDOS..., 2019). A dedução óbvia de que isso ocorre porque os reclusos têm mais tempo livre desconsidera essa realidade precária das prisões no Brasil. Foram os projetos de incentivo à leitura atrelados à progressão da pena que modificaram essa relação dos detentos com a leitura, ao oferecerem um benefício objetivo àqueles que se dispusessem a ler livros e comprovar essa experiência por meio de uma resenha ou de prova oral. A promulgação da Lei n.º 12.433/2011 estabeleceu a remição da pena por estudo, e, a partir de então, iniciativas em prol da educação em ambientes prisionais do Brasil ganharam impulso:

> Art. 126. O condenado que cumpre a pena em regime fechado ou semiaberto poderá remir, por trabalho ou por estudo, em parte do tempo de execução da pena.
> §1º A contagem de tempo referida no caput será feita à razão de:
> I – 1 (um) dia de pena a cada 12 (doze) horas de frequência escolar – atividade de ensino fundamental, médio, inclusive profissionalizante, ou superior, ou ainda de requalificação profissional – divididas, no mínimo, em 3 (três) dias (BRASIL, 2011).

---

[3] Segundo o relatório Infopen-2016, mais da metade (51%) dos detidos com informações de escolaridade têm o ensino fundamental incompleto, 6% são alfabetizados sem cursos regulares e 4% são analfabetos.

Essa alteração da Lei de Execução Penal (LEP) permitiu iniciativas de incentivo à leitura em presídios e penitenciárias de todo o Brasil. Algumas experiências importantes nesse sentido foram desenvolvidas: no Paraná (2009), estado pioneiro na implantação de projetos nessa direção, a criação do Remição pela Leitura, desenvolvido na penitenciária Federal de Catanduvas; no Pará (2016), a realização do Resgatando a Dignidade pela Leitura; no Espírito Santo (2017), a implantação do Virando a Página; no Distrito Federal (2018), a criação do Ler Liberta; entre vários outros exemplos ao redor do país.

O depoimento de Fernando Meira, um dos detentos participantes do documentário *Remição*, de Eli Torres e Daniel Santee, é emblemático nesse sentido: "É muito bom que o indivíduo tenha o trabalho, é muito bom que o indivíduo tenha escola, pra ele ter o que perder, pra ele ter no que se agarrar, ele não pode perder essa esperança de ir embora. [...] Surgiu a remição por leitura de livro... Quantos ficam disputando na fila pra ler um livro... Quem desses indivíduos algum dia se interessou por um livro?" (REMIÇÃO, 2013).

Apesar desse avanço, há uma carência de projetos voltados para a população carcerária brasileira, pois boa parte dos cidadãos nutre preconceitos – alimentados por atores políticos de viés conservador – que estigmatizam os presos como não cidadãos, uma espécie de subclasse de homens e mulheres que não devem ter acesso a nenhum direito. Com isso, cadeias superlotadas expõem a crueldade de um sistema em que a ameaça e o medo são sinais constantes sobre a vida desses sujeitos. Presídios, penitenciárias e demais locais de reclusão ou cumprimento de pena são espaços de "violência permanente e generalizada" (PETIT, 2010, p. 20-21), que operam processos de despersonalização dos indivíduos, em sua maioria oriundos de outros ambientes de tensão, como favelas, guetos, periferias e demais espaços à margem das grandes cidades. Será sempre complexo pensar em ações educacionais que contemplem esse público, sobretudo se governos e sociedade civil não se esforçarem para além do que se define nos textos da lei. Se nem os direitos fundamentais dos detentos são cumpridos – menos de 13% das penitenciárias brasileiras possuem bibliotecas e acesso à educação –, não há como esperar que o Estado seja capaz de ofertar atividades alternativas de aprendizado a esse público.

O educador Marc De Maeyer (2006, p. 55) afirma que, "mesmo que [...] não tenha nenhum efeito sobre a reincidência, o direito à educação na prisão deve ser mantido e preservado. A educação não deve jamais ser instrumentalizada. É um direito simplesmente. Não devemos explicar ou convencer". Essa mesma ideia é reiterada pelos pesquisadores Ana Cláudia Ferreira Godinho e Elionaldo Fernandes Julião, quando afirmam:

> Se a educação é um direito, então não podemos condicioná-la a uma função ou missão, seja ela qual for (reformar o caráter dos indivíduos, sua conduta moral, seu comportamento no cotidiano da cadeia ou mesmo aumentar suas condições de execução de tarefas simples em postos de trabalho precários e mal remunerados). Ao contrário, a garantia deste direito justifica-se simplesmente por fazer parte da garantia das condições indispensáveis para que um ser humano viva e se desenvolva em suas capacidades, necessidades e sonhos – sim, sonhos, todos temos direito a sonhar e criar no âmbito da imaginação novas formas de viver, pensar, agir e interagir no mundo (GODINHO; JULIÃO, 2019, p. 85).

É necessário, portanto, inventar espaços de troca em tais ambientes de crise, para, com isso, "ajudar pessoas a se construírem, a se descobrirem, a se tornarem um pouco mais autoras de suas vidas, sujeitos de seus destinos, mesmo quando se encontram em contextos sociais desfavorecidos" (PETIT, 2013, p. 31).

Literatura e sobrevivência

> [Fiquei] meio assombrado com os dois livros que o Enio (da Silveira) mandou, porque eram livros terríveis (O bebê de Rosemary, de Ira Levin, e O estrangeiro, de Albert Camus). Mas ler, ao mesmo tempo, era uma saída. Era uma coisa que podia acontecer. Diferentemente de tudo mais. De eu acreditar na minha vida, de eu poder bater punheta ou de eu chorar, eu podia ler e isso era diferente. Embora os livros me assombrassem, ler era uma espécie de salvação.
> Caetano Veloso. *Narciso em férias.*

A presença do livro e o incentivo à leitura e à escrita em ambientes de privação de liberdade oferecem possibilidades de reordenamento de um cotidiano de violência explícita ou velada. É importante ressaltar que o simples ato de ler não torna a pessoa aprisionada um novo indivíduo nem o exime dos atos que o levaram à cadeia, mas viabiliza um novo relacionamento com a realidade, de forma menos previsível e limitada. Narrativas, poemas, crônicas, textos teatrais ou filosóficos estabelecem pontes com a vivência de outros personagens em outros tempos e espaços. Esse contato com o imaginário permite vislumbrar algo fora do ciclo de ações determinadas pela disciplina penitenciária: horários rígidos, gestos vigiados, automatismo, objetificação.

Muito antes de o estudo e a leitura se tornarem um instrumento para a remição da pena, iniciativas isoladas sempre buscaram incentivar o contato de pessoas reclusas com a palavra escrita. O projeto Talentos Aprisionados foi um desses intentos que permitiram o desenvolvimento de potencialidades de pessoas privadas de liberdade nas áreas da literatura, da música, das artes plásticas e do teatro. Idealizada pela atriz Sophia Bisilliat, a ação "desenvolveu programas educativos e culturais conduzidos por especialistas em artes como o Grupo Vertigem (teatro), David Dalmau (artes plásticas) e Fernando Bonassi (literatura)" (BISILLIAT, 2003, p. 258). Bisilliat, que desde os anos 1980 se dedicava a ministrar oficinas teatrais no presídio do Carandiru, em São Paulo, incentivou a carreira de artistas como os rappers Dexter e Afro-X (509-E) e o escritor Luiz Alberto Mendes.

Autor de um dos mais contundentes depoimentos literários sobre o universo prisional brasileiro, Mendes passou 31 anos e 10 meses preso, entre a infância e a idade adulta. Dos porões dos juizados de menores ao presídio do Carandiru, sua história encerra a saga de milhares de crianças que, nos anos 1960, ganhavam a vida nas ruas, praticando pequenos furtos, usando ou vendendo drogas e aterrorizando a população dos grandes centros urbanos. *Memórias de um sobrevivente* é um relato de vida em que o autor busca entender sua trajetória errática, desde a ruptura com o núcleo familiar até o ingresso no universo do crime. Segundo Fernando Bonassi, que escreve a apresentação do livro, trata-se de "um relato ao mesmo tempo seco e extremamente poético da trajetória de um jovem na selva urbana brasileira em formação nos anos 1960 e início dos 70, o curto período de liberdade na vida de Luiz" (BONASSI, 2009, p. 8).

Publicado em 2001, o livro de Mendes se soma a outras obras de teor confessional – relatos, memórias e testemunhos – que traduzem a vida de pessoas à margem do universo social brasileiro. A voz daqueles que viveram – e interpretaram – a violência das periferias urbanas ou de seu prolongamento em espaços prisionais conduz a narração de *Memórias de um sobrevivente* e de obras como *Letras de liberdade*, de autores diversos (2000); *Pavilhão 9*, de Hosmany Ramos (2001); *Enjaulado*, de Pedro Paulo Negrini (2002); *Sobrevivente André du Rap*, parceria do rapper com Bruno Zeni (2002); *Vidas no Carandiru*, de Humberto Rodrigues (2002); *Cela forte mulher*, de Antonio Carlos Prado (2003); entre outros. No plano da ficção, nesse mesmo contexto, são publicados *Cidade de Deus*, de Paulo Lins (1997), e *Capão Pecado*, de Ferréz (2000).

Em "Dialética da marginalidade", João Cézar de Castro Rocha identifica nesse conjunto – ao qual se somam filmes, séries de TV e letras de rap – uma *poética da sobrevivência*, síntese de um estilo de definição imprecisa, cujo "impulso principal era testemunhar a sobrevivência em meio a condições mais adversas, fosse no cárcere, fosse na periferia" (ROCHA, 2004, [s.p.]). O crítico retoma o conceito inaugurado por Antonio Candido (1970) em "Dialética da malandragem", quando se pensou a formação social brasileira a partir do antagonismo – e de sua precária conciliação – entre norma e ruptura, dilema sintetizado na figura do malandro.

Na estética dessas obras, João Cezar identifica uma nova imagem do Brasil, que substituiria a antinomia da "dialética da malandragem e a ordem relacional" pelo oposto da "dialética da marginalidade e a ordem conflituosa":

> O modelo da dialética da marginalidade pressupõe uma nova forma de relacionamento entre as classes sociais. Não se trata mais de conciliar diferenças, mas de evidenciá-las, recusando-se a improvável promessa de meio-termo entre o pequeno círculo dos donos do poder e o crescente universo dos excluídos. Nesse contexto, o termo marginal não possui conotação unicamente pejorativa, representando também o contingente da população que se encontra à margem, no tocante aos direitos mais elementares, sem dispor de uma perspectiva clara de absorção, ao contrário do malandro (ROCHA, 2004, [s.p.]).

Em livros como o de Luiz Alberto Mendes, uma voz em primeira pessoa organiza e apresenta – mais que simplesmente *representa* – a dinâmica e os conflitos da coletividade na qual se insere. Os códigos da violência física e simbólica que se abate sobre esses sujeitos – bem como seus modos de resistência – são interpretados pela escrita não mediada de quem vive – e sobrevive – no limite da barbárie. O texto literário viabiliza a expressão direta com marcas formais e temáticas da crueza de um universo geralmente submetido a filtros em outros modos de expressão. A chave conceitual de João Cezar de Castro Rocha problematiza, por exemplo, a apropriação da estética marginal em adaptações da literatura para o cinema e para a TV, como ocorreu com o romance *Cidade de Deus*. Tanto a película homônima quanto a série televisiva *Cidade dos homens* imprimem, segundo o crítico, uma "infantilização do foco narrativo", um modo de atenuar e tornar mais palatável o conflito exposto na escrita literária: "da perspectiva de Buscapé, cria-se entre o espectador e as causas do descontrole da violência uma série de mediações interessadas: o olhar do fotógrafo, a própria câmera fotográfica, seu desejo de escapar da Cidade de Deus. Esses inúmeros filtros tornam matéria de espetáculo a insuportável realidade da favela dominada pelo narcotráfico" (ROCHA, 2004, [s.p.]).

A dialética da marginalidade propõe, ao contrário, a interpretação não mediada dos mecanismos da exclusão a que uma parcela da população está submetida; sua proposta é a compreensão do dilema coletivo do brasileiro que habita a periferia de espaços físicos, sociais, econômicos e culturais do país. Nesse sentido, seu movimento explicita e exacerba as contradições constitutivas da sociedade brasileira, que se traduzem na aventura de pessoas como Luiz Alberto Mendes, cuja biografia sintetiza parte desse dilema coletivo.

Nascido na periferia de São Paulo, em 1952, filho de um pai alcoólatra e de uma mãe impotente diante da violência do marido, Mendes cresceu em um ambiente conturbado, sofrendo cotidianamente espancamentos e humilhações. Os primeiros parágrafos do livro já nos dão a dimensão do cenário familiar e educacional de sua infância:

> Dona Eida, minha mãe, dizia que até os seis anos eu era um santo. Meu pai, seu Luiz, dizia que eu era débil mental. Disso lembro bem. Diziam que me colocavam sentado em qualquer cadeira e ali eu permanecia durante todo o tempo. Quieto. Sem sair nem reclamar.
> Depois, fui para a escola. Dizem que de santo virei diabo. Lembro da primeira professora, de régua em punho, exigindo disciplina. E não obtinha, pelo menos não de mim. Enfiava a régua sem dó, ao menor descuido. Odiei escola, odiei professores (MENDES, 2009, p. 9).

A família e a escola são dois ambientes importantes para a formação dos saberes e valores de uma criança. A negação do afeto nesses espaços pode influir no caráter de um indivíduo, a ponto de inviabilizá-lo para o convívio social. Mendes destacou em entrevistas que as marcas da violência em sua infância definiram o adulto que ele se tornou: "Quando garoto, acreditava que as coisas eram dos outros enquanto eu não conseguia tomá-las, e, se as tomasse sem me garantir, a minha vida se complicaria. [...] Não sei dizer um período da minha infância em que tenha pensado diferente, talvez eu tenha nascido assim... Gostava do errado, cheguei a ser fã de terrorista – sem limite! O homem é resultado do meio, e eu não conhecia outra maneira de adquirir bens" (MENDES, 2010, posição 511).

Ao mesmo tempo que afirma ter "nascido assim", o autor menciona o determinismo do meio como um fator que o levou à prática de contravenções desde a infância. A leitura de *Memórias de um sobrevivente* deixa claro que os desvios de comportamento do protagonista, sobretudo em seu período de formação, explicavam-se pela falta de estrutura familiar e pela ação perversa do pai. Seu estilo rebelde é, a princípio, comum em crianças e jovens em busca de afirmação; no entanto, seu comportamento deriva para outros modelos, menos previsíveis para sua idade: "Era fã incondicional de Elvis Presley, juntamente com minha mãe. Assim como era fã do Bandido da Luz Vermelha, do Bando do Fusca, destaques nos noticiários policiais. Admirava os assaltantes de banco que começavam a surgir em São Paulo. Julgava-os da maior coragem" (MENDES, 2009, p. 36).

A escrita memorialística de Mendes se organiza por períodos curtos que sintetizam impressões, sentimentos, medos e demais afetos. Em ritmo pausado, o autor equilibra as emoções, evita o transbordamento, mensura com precisão as sensações do passado, mesmo diante de memórias traumáticas, como a do pai o obrigando a buscar a cinta com que seria flagelado:

> Já tremendo, acovardado, quebrado em minha vontade, trazia a cinta o mais lentamente possível. Suas cintas estavam todas arrebentadas de tanto ele me bater com elas. Começava a bater e eu a gritar, se ele descuidasse das portas e as deixasse abertas, Dinda entrava e avançava em cima dele, para me defender. Ele a chutava e tornava a me bater. Depois, já cansado, ia bater nela no quintal. Aquilo me doía mais que a surra. Corria para a casinha da cadela, e ela, esquecida já do que apanhara, ficava me lambendo os vergões, qual pudesse suavizá-los. Dinda, sem dúvida, foi o melhor amigo de minha infância (MENDES, 2009, p. 12).

A crueldade da ação do pai tem como contraponto a proteção e a companhia da cadela Dinda, uma cena ao mesmo tempo aterrorizante e comovente, descrita sem apelo nem excesso pelo narrador. A pesquisadora Denise Carrascosa (2015, posição 2530) destaca que "a tortura corporal como exercício de um poder de extrema intensidade sobre o sujeito é um tema constante nos escritos de Luiz Alberto Mendes". Esse poder a que o pai sadicamente submete a criança prosseguirá incidindo sobre o seu corpo nos porões dos juizados de menores, nas celas da Fundação Estadual para o Bem-Estar do Menor (Febem), nas delegacias e presídios por onde Mendes passar. Suas *Memórias* sintetizam a experiência de uma geração de crianças de rua torturadas pela polícia, cobaias das técnicas de interrogatório que os órgãos de repressão utilizariam mais tarde sobre os presos políticos:

> Só hoje sei que é muito mais fácil suportar uma surra geral do que sofrer tortura. Dói mais fisicamente, mas é muito menos danoso no nível psicológico. Quando judiavam muito de um de nós, vigiavam-no para não lhe dar chances de denunciar. [...] Se denunciássemos a tortura a nossos pais, em geral não fariam nada. E, se fizessem, denunciassem a tortura, difícil acreditar que isso redundasse em alguma punição para os PMs. Tortura era uma instituição no país, praticada nos mais altos escalões da nação (MENDES, 2009, p. 100).

Da infância e adolescência nos centros de recuperação e juizados de menores até a idade adulta nas delegacias e penitenciárias, a vida de Luiz Alberto Mendes foi uma sucessão de transgressões e enfrentamentos do poder policial e judiciário. As temporadas de reclusão geravam um breve desejo de regeneração, logo desmentido, quando, em liberdade, podia voltar a praticar crimes. A cada nova prisão, a gravidade das suas infrações aumentava, até que, preso por assalto à mão armada, aos 19 anos, inicia seu longo período de reclusão no presídio do Carandiru, a partir de 1972. Ali, conhece o cotidiano de um complexo prisional, das celas comuns às solitárias, dos dias de calmaria às rebeliões, da parceria com os detentos à necessidade de se defender dos inimigos.

O conceito de sobrevivência, inscrito desde o título da obra, dá a medida de uma história vivida sempre no limite, sob a ameaça constante desse poder que subjuga os que não se submetem à lei. A trajetória do autor-personagem é permeada por essa lógica que vincula desvio, castigo, sofrimento e reincidência, numa circularidade que se esgota quase sempre com a aniquilação do ser desviante. Nesse sentido, sobreviver é ter a possibilidade de se colocar à parte desse ciclo, ainda que se permaneça no ambiente de ameaça. Tal atitude demanda inteligência, sensibilidade, reflexão e uma boa parcela de sorte na busca de ressignificar a própria existência.

Por outro lado, sobreviver também implica realizar as negociações com as forças opressoras, como forma de se autopreservar em meio à violência e à barbárie. É o que o escritor Primo Levi denomina a "zona cinzenta", em que habitavam os sobreviventes dos campos de concentração nazistas, um território impreciso em que se estabeleceram pactos de convivência e colaboração com o inimigo em nome da manutenção da própria existência.

Em *Escritos da sobrevivência*, João Camillo Penna desenvolve esse conceito a partir dos relatos do escritor italiano e das considerações filosóficas de Giorgio Agamben, no artigo "O que resta de Auschwitz" (PENNA, 2013, p. 26). A experiência de Levi como prisioneiro desse campo de concentração é retratada na escrita de *É isto um homem?*, obra em que elabora temas importantes para se refletir sobre a realidade de ambientes de violência e segregação. No cotidiano de horror de Auschwitz, os homens se dividiam entre os "submersos" e os "salvos". A atitude destes últimos deixa claro que "apenas através do 'jeitinho' [...] expresso em vantagens materiais e tolerância dos poderosos, era possível sobreviver. E só quem sobrevivia eram aqueles que obtinham algum tipo de proeminência. As diversas formas dessa proeminência caracterizarão o que Primo Levi chama de 'zona cinzenta' de ambiguidade moral" (PENNA, 2013, p. 58).

Sobreviver no contexto do campo de concentração significava aceitar os pactos com o inimigo, participando do jogo perverso, em busca de uma sobrevida. Os que morriam eram aqueles que recusavam ou se encontravam fracos demais para negociar, os que abdicaram da vida por não quererem a sobrevivência a qualquer custo. Havia um preço a ser pago em troca de manter-se vivo, e esse preço era alto, pois suprimia qualquer noção de moral, solidariedade, altruísmo ou fraternidade. Para definir os "submersos", Agamben desenvolve o conceito de "vida nua", citando Walter Benjamin, para descrever o "grau zero da vida, a necessidade em estado puro" (PENNA, 2013, p. 60). Primo Levi resume assim a questão: "Nós, sobreviventes, somos uma minoria anômala, além de exígua: somos aqueles que, por prevaricação, habilidade ou sorte, não tocamos o fundo. Quem o fez, quem fitou a górgona, não voltou para contar" (LEVI, 2016, p. 51).

Se não usou de prevaricação, Luiz Alberto Mendes teve habilidade para negociar com guardas, diretores, advogados, como um modo de manter sua integridade física e mental durante os anos de prisão:

> E me adaptei a viver na cadeia, o que tinha de melhor na cadeia eu usufruía, se chegava um grupo ou qualquer curso diferente, eu estava no meio. Eu era escriturário da reforma, então andava na cadeia toda. Eu tinha acesso à educação, aos advogados, ao diretor. É a questão de "fazer espaço". Eu não sabia fazer isso, mas aprendi na cadeia a montar espaços. Na verdade, assimilei para poder conviver com os guardas, com o diretor, com os advogados, com outras pessoas, porque eu via que meus companheiros não tinham essa capacidade, essa estrutura (MENDES, 2019, p. 138).

Essa habilidade de construir espaços de sobrevivência configura um mecanismo de autopreservação em ambientes de crise. Se os traumas familiares, as escolhas pessoais equivocadas, a tortura policial e a violência do meio marginal tornaram-no um ser brutalizado, incapaz para a vida em sociedade, fez-se necessário encontrar uma zona de permanência dentro da cadeia. Essa relação entre guardas e presos, longe de se pautar apenas pelo conflito e pela brutalidade, dá o tom do equilíbrio necessário à existência de um espaço prisional. O sociólogo Gresham Sykes (1969, p. 87) já dissera que "a estrutura formal da instituição penal está sujeita a um número de influências rompidas". Com base nesse princípio, Marcos Paulo P. Costa afirma:

> No regime imposto pela prisão, o detento busca um *modus vivendi*, de equilíbrio, pois todas as ações empreendidas pelo Estado, até as de cunho social, reforçam a falta de liberdade. A liberdade do preso é limitada e ele sempre procura ampliá-la. Uma boa relação com os guardas amplifica o alcance da mobilidade do detento, tornando-se, assim, um complexo padrão de relação social. No correr do dia, são construídas relações íntimas e estreitas entre sentenciados e guardas (COSTA, 2017, p. 143).

O contrário disso é a regra comum para a maioria dos jovens de periferia que permanece na vida do crime: a morte dentro ou fora do presídio. Numa das cenas mais importantes do livro, ainda no tempo de sua passagem pelo Recolhimento Provisório de Menores (RPM), nos anos 1960, Mendes narra a história dos "rebeldes da marcha", 12 garotos que se recusaram a cumprir a ordem de um subtenente para marcharem, "tipo ordem unida do exército" (MENDES, 2009, p. 129). Após serem castigados com uma surra de borracha, os jovens foram recolhidos à solitária, sem colchões nem cobertores, isolados do resto dos presos. O destino de cada um deles traduz o sentido e a importância do conceito de sobrevivência para Luiz Alberto Mendes: "Todos os que estavam naquele xadrez e os outros que completavam os doze rebeldes foram mortos pela polícia, com exceção do Brasinha, que foi morto na Casa de Detenção, a facadas. Sou o único sobrevivente. Aliás, quase todos os que conheci ali na triagem foram mortos pela polícia. Não conheci um só que tivesse se regenerado, os que não estão mortos estão por aí, nas cadeias" (p. 132).

A evidência do destino trágico desses jovens, pela impossibilidade de regeneração dentro do sistema prisional, faz-nos indagar o que levou o autor a se salvar e construir espaços de convivência na prisão, diante da dupla ameaça representada pela polícia e pelos próprios apenados. A resposta passa pelo roteiro imprevisível que levou Luiz Alberto Mendes a ter contato com livros e com leitores que lhe deram instrumentos para reorientar sua trajetória em meio ao caótico ambiente prisional.

Um episódio importante vai influir na história do protagonista e revelar os tortuosos caminhos que podem levar um indivíduo a se salvar do destino previsível de quem cumpre pena nos presídios brasileiros. Nos jogos de poder que regem as relações entre presos, para se defender de uma ameaça de estupro, Mendes mata um rival, crime que agrava a sua pena e o faz sofrer sanções disciplinares. Trancado na solitária, a temível cela-forte – local onde os limites físicos e mentais dos reclusos são testados –, conhece Henrique Moreno, por meio de uma comunicação rudimentar pelos encanamentos do esgoto. Utilizando-se desse sistema, os presos conseguiam conversar, bem como enviar e receber encomendas – cigarros, maconha, papel, caneta –, que chegavam por uma linha amarrada a uma pilha de rádio. Moreno, preso por assalto a bancos e por latrocínio, era um leitor afeito a gêneros como romance e poesia e conhecedor da obra de filósofos. Durante horas de conversa, o amigo discorre sobre suas leituras e sobre a importância das narrativas para seu imaginário e para o enriquecimento de seus recursos expressivos. Após deixarem o regime da cela-forte, Moreno envia ao futuro escritor "uma pilha de livros, cadernos com poesias e textos dele, papéis, canetas" (p. 384). A partir daí, motivado pela influência do amigo leitor, Mendes passa a dedicar de oito a 10 horas por dia aos livros, construindo uma experiência intelectual e estética jamais prevista em sua trajetória de vida:

> Ler tornou-se um vício. Li todas as obras de Dostoiévski, Tolstói, Górki, John Steinbeck Cronin, Scott Fitzgerald, e livros de Guy de Maupassant, Françoise Sagan, Leon Uris, Walter Scott, James Michener, Harold Robbins, Morris West, Irving Wallace, Irving Stone, Irwin Shaw, Henry James, Stendhal, Balzac, Victor Hugo, Somerset Maugham, Virgínia Woolf, Arthur Hailey, Sinclair, Lewis, Henry Miller, Hemingway, Norman Mailer, Robert Ludlum, etc. (p. 385-386).

O autor se interessa também pela escrita e passa "a compor poesias, produzir textos, discutir ideias de profundidade" (p. 386). A literatura permitiu ao então presidiário rever sua própria história, repensar seu passado, indagar sobre os motivos que o levaram à condição marginal em que se encontrava: "Tornei-me um feixe de perguntas cujas respostas procurava.

E era uma puta de uma dificuldade, principalmente por não ter com quem conversar sobre minhas dúvidas. E no estágio que eu alcançara, não dava pra aceitar respostas comuns ou fáceis" (p. 386).

A partir dessa experiência, Luiz Alberto ingressa em cursos de educação a distância, conclui o ensino médio e torna-se o primeiro presidiário a frequentar uma faculdade no estado de São Paulo. A transição entre o mundo do crime e a carreira de escritor não será linear nem sem atropelos. Entre diversas recaídas e outras temporadas na cela-forte, aos 36 anos, Mendes inicia a escrita de sua biografia, numa tentativa de acertar as contas com o passado. *Memórias de um sobrevivente* é o resultado desse processo difícil, não linear e incerto do contato com a leitura em um ambiente de crise. O estímulo ao imaginário, o exercício da reflexão e o trabalho com a linguagem canalizaram a energia transgressiva acumulada em anos de vida marginal. A participação no projeto Talentos Aprisionados, nos anos 1980, permitiu que sua obra viesse a público, o que deu impulso à atividade literária, após ser solto por ter cumprido mais de 30 anos de sua pena.

No já citado *Escritos da sobrevivência*, João Camillo Penna analisa a obra de autores que atravessaram experiências-limite no contato com ambientes de violência e reclusão. Segundo o crítico:

> De modo recorrente, os relatos contêm uma conversão do crime ao trabalho intelectual, pelo aprendizado da leitura, e da convivência com os livros, veiculada por uma relação exterior com um professor ou professora, em função transferencial, por meio de uma atividade epistolar, que vai mobilizar a tradução do crime em escrita do crime. É o que parece descrever, por exemplo, o *Bildungsroman* de Luiz Alberto Mendes, *Memórias de um sobrevivente*, escrito em registro dostoievskiano (PENNA, 2013, p. 154).

A "tradução do crime em escrita do crime" teve o poder de deslocar e reorientar a energia vital de quem estava fadado a morrer na cadeia. A pena total de Luiz Alberto Mendes chegou a somar 133 anos, após o assassinato do rival – o que bastaria para aniquilar qualquer possibilidade de reinserção social fora da prisão. No entanto, após a experiência com o livro e com a escrita, bem como do contato com esses "professores" de dentro e de fora do presídio, Mendes foi capaz de ressignificar a própria história pela escrita de si.

Esse recorte de acontecimentos e vivências, nas quase 500 páginas de *Memórias de um sobrevivente*, dá-nos a medida dessa reelaboração do vivido no escrito. Motivado por um contato fortuito com um amigo leitor, Luiz Alberto Mendes construiu o que Michèle Petit nomeia como uma "margem de manobra", um espaço mínimo onde pôde ver-se, representar-se e reescrever a própria história. Em *Leituras: do espaço íntimo ao espaço público*, a partir do exemplo de uma filha de argelinos, crescida no seio de uma cultura rural, machista e autoritária, Petit avalia a importância do contato com as professoras e com os mediadores de leitura das bibliotecas comunitárias, onde a jovem encontrou um mundo para além das limitações de sua estrutura familiar. A pesquisadora afirma que "talvez, o essencial resida aí, nessa ideia que se repetiu em várias entrevistas: a descoberta de uma alternativa, de uma margem de manobra, de uma abertura, [...] e também, às vezes, de um outro olhar sobre a criança que acabe por lhe dar uma 'força'" (PETIT, 2013, p. 125).

Se na infância a cinta do pai e a régua da professora lhe negaram essa abertura, na idade adulta, pelos encanamentos do esgoto de uma cela-forte, o fio da leitura chegou a Luiz Alberto Mendes, oferecendo-lhe enredos que o instigaram a romper um ciclo de repetições e tensionar sua própria história a partir das histórias dos outros. O resultado desse contato se traduziu em sua construção como leitor e, mais tarde, como o escritor de suas próprias *memórias do cárcere*, que ultrapassaram os muros do Carandiru e chegaram até o mundo externo, a partir da mediação de Fernando Bonassi e do projeto Talentos Aprisionados. Sua escrita, nascida da experiência, é fruto de uma necessidade de releitura da própria história, o que, nesse sentido, confirma as palavras de Jorge Larrosa: "A experiência, e não a verdade, é o que dá sentido à escritura. Digamos, com Foucault, que escrevemos para transformar o que sabemos e não para transmitir o já sabido. Se alguma coisa nos anima a escrever é a possibilidade de que esse ato de escritura, essa experiência em palavras, nos permita liberar-nos de certas verdades, de modo a deixarmos de ser o que somos para ser outra coisa, diferentes do que vimos sendo" (LARROSA, 2014, posição 8).

A questão que se coloca a partir da experiência biográfica e literária de Luiz Alberto Mendes – tomado aqui como um caso que, se não é o único, talvez seja o mais emblemático da literatura brasileira contemporânea – é saber em que medida o resgate de um indivíduo das margens da sociedade pela força da cultura e da educação reconfigura-o como um *sujeito*. Em outras palavras – e aproveitando a indagação lançada por João Camillo Penna no texto introdutório de seu livro –, resta saber: "a cultura pode constituir sujeitos? Não apenas *representar* sujeitos mas *constituí-los*?" (PENNA, 2013, p. 25, grifos do autor).

Essa indagação deve estar sempre no horizonte de quem se dedica à pesquisa sobre a leitura e/ou a escrita em ambientes de crise. Isso porque há um grande risco em se pensar a educação como um modo de *salvação* de indivíduos marginalizados, pois há sempre novas etapas de enfrentamento para quem sai da margem e busca se inserir nos códigos da sociedade pela via da cultura. O conhecimento e o talento da escrita não garantem a mobilidade e o reconhecimento plenos, pois a mesma sociedade que exclui – por ação ou omissão – tende a acolher apenas parcialmente o indivíduo com suas novas credenciais, relembrando-o sempre do estigma de seu passado. Luiz Alberto Mendes mencionava o incômodo que sentia ao ser apresentado em palestras ou entrevistas como ex-presidiário: "Tudo bem, embora seja ex-presidiário, sou ainda escritor, colunista, consultor. Já que o rapaz me intitulava, deveria ter completado as honras. Estou livre há seis anos, vivo de escrever. O problema de atos aparentemente inocentes, como a intitulação pela metade, é a influência do rótulo, que pode resultar à embalagem julgamentos errôneos" (MENDES, 2010, posição 609-617).

Mesmo no meio editorial em que conquistou algum prestígio, Mendes sofreu resistência ao se lançar em gêneros de escrita distintos do biográfico/prisional. Sua legitimação estava circunscrita à forma e ao conteúdo que o associavam à experiência como presidiário-escritor, definição que o limitava a novo tipo de aprisionamento: "eu me encontro em nova fase, e os editores que me publicaram só se interessam pelas minhas biografias. Os críticos dizem que a minha literatura é marginal, eu não entendo. Não concordo. Existe alguma via normal para a gente ser marginal a ela? Criação independe de regras, caso contrário a Literatura não teria saído dos trovadores. Quem sabe, um dia, outro editor se interessa pelos meus contos. Até lá, continuo produzindo" (MENDES, 2010, posição 624).

Ao se inserir em um circuito autorizado da cultura, Mendes depara com o caráter provisório e limitado de sua aceitação como escritor por parte de críticos, editores, leitores e demais sujeitos do mecanismo editorial. A abrangência de sua arte é reduzida, pois o mesmo sistema que o resgata e o projeta para além da prisão não o reconhece fora dos limites rígidos da atuação de um "escritor marginal". Sobre esse aspecto, Denise Carrascosa (2015, posição 154) comenta que,

> para os sujeitos encarcerados e/ou que viveram essa experiência, há um paradoxo da possibilidade da existência de autoria legítima apenas onde se repete uma violência subjetiva. Só se pode falar onde não se pode

viver. Autorizada está apenas a fala do quase morto, do sobrevivente, o seu "testemunho", dispositivo que lhe [sic] constitui como gente, que lhe devolve a uma espécie de existência afirmativa. Ao sair desse lugar, de imediato lhe é retirado o suporte identitário que lhe garante a vida, na medida de um desinteresse flagrante por sua voz.

Trata-se do preço cobrado aos que migram do território da exclusão para o da inclusão, suprimindo as fronteiras socioculturais anteriormente mediadas por agentes autorizados. Ao tratar dessa dinâmica que caracteriza a produção/recepção de manifestações artísticas oriundas de espaços de pobreza no Brasil – filmes, documentários, romances, álbuns musicais –, João Camillo Penna explicita as consequências desse tipo de representação *i-mediata*, que se faz ouvir na primeira pessoa que transita de fora para dentro da cultura autorizada.

> Desse mundo da inclusão emerge um processo de autorização da experiência subjetiva que chancela a vivência experiencial da exclusão, testemunhada pelo incluído e por meio da qual se dá sua inclusão, estabelecendo-se uma prescrição de que o sujeito não só seja o autor ou a testemunha do que conta, como também o ator do que conta ou testemunha. O dispositivo, além de autobiográfico, estabelece fronteiras de competência, autoridade, autenticidade, propriedade: o incluído – e só ele – é dono de uma experiência real, a que ele tem acesso privilegiado e da qual detém o *copyright* autodeclarado. Ao ser incluído, ele se torna ao mesmo tempo sujeito e objeto da cultura, que de passagem o aceita, mas conferindo-lhe uma cidadania precária, que a qualquer momento pode ser retomada. Ocorre uma mudança de episteme entre o mundo da mediação e o da inclusão (PENNA, 2013, p. 276).

A questão colocada anteriormente sobre a constituição do sujeito por meio da cultura fica apenas parcialmente respondida a partir da análise da trajetória de Luiz Alberto Mendes. Se, por um lado, a entrada no universo literário proporcionou a mobilidade artística e social que o habilitou a ser ouvido em outros círculos sociais – universidades, centros de cultura, instituições judiciárias etc. –, por outro, ficou evidente seu silenciamento por parte do sistema literário, deslegitimando-o como escritor, além das estritas fronteiras da biografia prisional. Trata-se, por analogia, de uma liberdade (artística) vigiada – uma vez que o autor depende da cadeia editorial para ter seu trabalho reconhecido –, circunscrita à reprodução dos cenários, enredos e personagens com os quais teve de lidar durante mais de 30 anos de sua existência e que retornam *ad infinitum* nas entrevistas, reportagens e novas encomendas de editores.

Ao contrário do malandro, que, na interpretação de Antonio Candido, seria parcialmente absorvido pelo sistema contra o qual inicialmente se chocou – que se traduz na patente militar do protagonista de *Memórias de um sargento de milícias* –, na "dialética da marginalidade", para retomar o conceito de João Cezar de Castro Rocha, "não se trata mais de conciliar diferenças, mas de evidenciá-las, recusando-se a improvável promessa de meio-termo entre o pequeno círculo dos donos do poder e o crescente universo dos excluídos" (ROCHA, 2004, [s.p.]). Ainda que tenha transitado por espaços sociais, intelectuais e artísticos distintos, ao sujeito periférico restam credenciais provisórias de uma assimilação precária por parte do sistema.

O exemplo de Luiz Alberto Mendes é importante para nortear as indagações deste estudo a respeito da leitura e da escrita em ambientes de crise – seja pela experiência de escritores aprisionados, seja pela presença de projetos de remição de pena em espaços de privação de liberdade. Há que se investigar os diferentes impactos que o acesso à cultura pela via dos livros ocasiona na vida de pessoas reclusas, durante o tempo da prisão e após seu retorno à sociedade. Ainda que a experiência de Mendes seja uma exceção em meio à realidade das mais de 800 mil pessoas presas no país, é necessário entender quais são as coincidências e divergências com a história de outros sujeitos que se tornaram leitores – ou incrementaram sua relação com os livros – durante o cumprimento da pena. Também é importante pensar de que maneira essa experiência significou algo para além da remição da pena e operou algum mecanismo de subjetivação, sendo considerada um "estoque de dispositivos que potencializam a dinâmica das palavras, pensamentos, gestos e atitudes que operacionalizam nossa relação com o mundo e fazem de nós parte desse mundo" (CARRASCOSA, 2015, posição 269). Ou, pelo contrário, em que medida a presença de projetos de leitura, bibliotecas, mediadores etc. apenas reforçou o sentimento de exclusão e impotência diante das defasagens da formação acadêmica, afetiva e social desses indivíduos.

Antes, porém, será necessário compreender como a educação consolidou-se como um direito para pessoas aprisionadas e o quanto projetos como o Talentos Aprisionados e artistas como Luiz Alberto Mendes contribuíram para a afirmação de um discurso a favor da legitimação desse direito. Dos primeiros experimentos com a progressão de pena até o advento de resoluções, recomendações e leis a favor de práticas educativas em prisões, muitos foram os embates em torno da humanização do cumprimento da pena privativa de liberdade. Apesar de, ainda hoje, em virtude de reincidentes problemas de estrutura, os espaços prisionais serem considerados "escolas do crime", muitos foram – e ainda são – os esforços pela garantia dos direitos básicos para aqueles que os habitam. E, nesse sentido, o acesso ao livro e a possibilidade de remição da pena pela leitura são conquistas importantes para a ressignificação do espaço de crise que configura a prisão.

Capítulo 2
Educação e liberdade

O repórter João do Rio e o lado de dentro

Nos textos reunidos em *A alma encantadora das ruas* (1908),[4] coletânea de crônicas de João do Rio – pseudônimo do escritor João Paulo Alberto Coelho Barreto –, o autor carioca, discípulo de Oscar Wilde, elabora um elogio da rua, espécie de retrato impressionista dos cenários urbanos do Rio de Janeiro do início do século XX. Ele percorre a cidade como um *flâneur*, tentando captar a psicologia urbana, presente nos múltiplos espaços em que a cidade se divide.

Um desses espaços, ao qual dedica o capítulo "Onde às vezes termina a rua", é a Casa de Correção e Detenção do Rio de Janeiro, inaugurada 50 anos antes. Ali, João do Rio conversa com homens e mulheres presos, entrevista assassinos, ladrões, crianças apreendidas, vadios e desordeiros, em busca da composição de um mosaico dos tipos humanos que habitavam esse templo da criminologia moderna. Interessa aqui registrar os relatos de um escritor que adentrou um ambiente tão representativo da consolidação do discurso prisional moderno, ambiente que será palco das primeiras experiências de progressão de pena no Brasil.

Importante destacar que o olhar do repórter-cronista reproduz em grande medida o pensamento positivista e as teorias deterministas da segunda metade do século XIX, seus preceitos e suas fórmulas sobre o comportamento

---

[4] Escritas entre 1904 e 1907, as crônicas que integram o livro foram publicadas inicialmente na *Gazeta de Notícias* e na *Revista Kosmos*, do Rio de Janeiro.

delituoso. Em "Crimes de amor", ele se inspira em uma máxima bem ao gosto desse discurso, reproduzida pelo oficial que o introduz no ambiente prisional: "o assassino por amor é o único delinquente que confessa o crime" (Rio, 2008, p. 196). A partir dessa premissa, João do Rio entrevista Salvador Firmino, 63 anos, que matou a esposa, Silvéria, por não aceitar o término do relacionamento; Abílio Sarano, um barbeiro que atirou no assediador da mulher e acertou-a por engano; o jovem Alfredo Paulino, 18 anos, que matou a esposa, Adélia, por ciúmes de um amigo; e, por fim, Herculana, "negra roliça de dentes afiados, com um sorriso alvar a iluminar-lhe a cara" (p. 199), que degolou o amante de 23 anos enquanto ele dormia.

Como um repórter em contato com um ambiente inacessível ao grande público, João do Rio percorre as galerias da Casa de Detenção, onde habitam "desde os defloradores de senhoras de dezoito anos até os ladrões assassinos" (Rio, 2008, p. 203). A descrição dos detalhes – olhares, sorrisos, gestos, roupas (ou a ausência delas), tatuagens etc. – compõe o quadro alucinante e tenebroso do cotidiano do presídio. A decadência do ambiente e a promiscuidade do contato entre perfis distintos de criminosos são objeto da denúncia presente na crônica "A galeria superior":

> Encontro ao lado de respeitáveis assassinos, de gatunos conhecidos, na tropa lamentável dos recidivos, crianças ingênuas, rapazes do comércio, vendedores de jornais, uma enorme quantidade de seres que o desleixo das pretorias torna criminosos. Quase todos estão inclusos, ou no artigo 393 (crime de vadiagem), ou no 313 (ofensas físicas). Os primeiros não podem ficar presos mais de trinta dias, os segundos, sendo menores, mais de sete meses. Os processos, porém, não dão custas, e as pretorias deixam dormir em paz a formação da culpa, enquanto na indolência dos cubículos, no contacto do crime, rapazes, dias antes honestos, fazem o mais completo curso de delitos e infâmias de que há memória. Chega a revoltar a inconsciência com que a sociedade esmaga as criaturas desamparadas (p. 205).

Essa descrição da cadeia como uma "escola do crime" é uma denúncia atemporal, presente em boa parte da literatura sobre a prisão no Brasil. João do Rio vai além e faz questão de ressaltar a seletividade com que se aprisionam os "desprotegidos da sorte, trabalhadores humildes" e se ignoram os crimes de senhores respeitáveis "cujo *sport* preferido é provocar desordens" (p. 206, 205).

A crônica "O dia das visitas" cria um panorama dos tipos humanos em meio ao evento mais esperado por quem cumpre pena em uma prisão.

O cronista destaca os aspectos bizarros da cena: "Um cheiro especial, misto de fartum de negros e de perfumes baratos, de suores de mulheres e de roupa suja, enerva, dá-nos visões de pesadelo, crispações de raiva" (p. 209). A multidão de mulheres, crianças e velhos se espreme na entrada da Detenção, em busca de alguns minutos próximo aos maridos, pais e filhos presos. Junto a eles, uma missionária protestante e uma irmã de caridade levam a mensagem religiosa para esse ambiente de decadência, ameaça e medo. O modo sensacionalista e artificial como desenha o cenário e os personagens atende aos princípios do decadentismo, tão em voga no contexto estético das primeiras décadas do século XX. A descrição é crua, carregada de um olhar de superioridade e elitismo que marca a escrita de João do Rio em vários momentos do livro, traço contraditório de um autor que prezava e vivia intensamente o contato direto com as pessoas no ambiente urbano.

A poesia dentro dos muros é o tema da crônica "Versos de presos". João do Rio coleciona quadras escritas pelos prisioneiros da Casa de Detenção e analisa os principais temas dessa "literatura prisional". A observação sobre a ambivalência do caráter dos apenados nos dá a medida da complexidade com que o autor depara ao focalizar o ambiente da cadeia: "Há sempre dois homens em cada detento – o que cometeu o crime e o atual, o preso. Os atuais são perfeitamente humanos" (p. 214). E a humanidade desses indivíduos se expressa na escrita literária das quadras, gênero de grande apelo popular no contexto da publicação de *A alma encantadora das ruas*:

> Ora, este país é essencialmente poético. Não há cidadão, mesmo maluco, que não tenha feito versos. Fazer versos é ter uma qualidade amável. Na detenção, abundam os bardos, os trovadores, os repentistas e os inspirados. São quase todos brasileiros ou portugueses, criados na malandragem da Saúde. A média poética é forte. Desordeiros perigosos, assassinos vulgares compõem quadras ardentes, e há poetas de todos os gêneros, desde os plagiários até os incompreensíveis (p. 218).

Versos de tendência simbolista, rimas eróticas, textos nacionalistas, heroicos ou de protesto, paródias, repentes e poemas de cunho político dão uma amostra da variedade temática das quadras colecionadas por João do Rio em sua incursão pelo universo do presídio. Numa época anterior ao rádio e à TV, quando o cinema ainda engatinhava e a principal expressão da palavra era a escrita, o autor elabora o perfil dos artistas populares que habitavam a Detenção: "São naturalmente repentistas, tocadores de violão, cabras de serestas e, antes de tudo, garotos, mesmo aos 40 anos. O malandro brasileiro é o animal mais curioso do universo, pelas qualidades de indolência, de sensualidade, de riso, de vivacidade de espírito" (p. 218). Note-se uma das primeiras definições do perfil do malandro, personagem que, décadas mais tarde, será criador e protagonista do samba, gênero que confluiu palavra e melodia e marcou a história da música brasileira. Sobre essa transição, João Camillo Penna (2013, p. 20, grifo do autor) destaca que a história do samba nasce "da transformação do malandro penalizável em malandro-sambista profissional *decente* da cultura".

Em "As quatro ideias capitais dos presos", João do Rio reflete sobre o apego dos reclusos da Casa de Detenção à ideia de monarquia, à crença em Deus, ao papel da imprensa e ao sonho de liberdade. As impressões do repórter-cronista nascem do trabalho de observação do cotidiano da cadeia, durante as diversas visitas que realizou ao principal presídio da capital brasileira. Na segunda década da República, as reformas políticas, urbanas e sociais visavam inserir o Brasil na modernidade ocidental e consagrar o novo sistema de governo. A reforma do sistema prisional, fruto dos avanços científicos na área da recém-criada criminologia, fazia parte desse esforço de atualização do país.

Em suas entrevistas, João do Rio constata, no entanto, o apego anacrônico dos presidiários ao ideal monárquico e à tradição anterior a 1889: "um mistério que só poderá ter explicação no próprio sangue da raça, sangue cheio de revoltas e ao mesmo tempo servil; sangue ávido por gritar 'não pode!' mas desejoso de ter a certeza de um senhor perpétuo" (Rio, 2008, p. 223), Esse paradoxo se traduz no símbolo da coroa imperial tatuado no braço ou no peito da imensa maioria dos detentos. A religiosidade é outro componente intrigante do caráter dos criminosos destacado pelo autor, que analisa figuras como Carlito ou Cardosinho, que "fazem o sinal da cruz ao levantar da cama para matar um homem horas depois"; ou Serafim Bueno, um criminoso repugnante que "tem uma fé surda no milagre e em Nosso Senhor"; ou ainda Afonso Coelho, que escreve cartas fervorosas em busca de regeneração, ao mesmo tempo que faz planos constantes de fuga da Detenção (p. 228, 228 e 230). Esse aspecto ambíguo do criminoso comum, que ao mesmo tempo nega e teme os preceitos divinos, dá uma medida dessa complexidade de tipos humanos constatada por João do Rio em suas crônicas.

A imprensa e sua reverberação dos acontecimentos do mundo do crime são também uma das obsessões dos habitantes do presídio, segundo o cronista. Ao mesmo tempo temerosos e desejosos de ler suas próprias histórias nos jornais, os criminosos se agitam toda vez que um repórter adentra a Detenção: "Uns esticam papéis, provando inocência; [...] outros escondem-se, receando ser conhecidos, e é um alarido de ronda infernal, uma ânsia de olhos, de clamores, de miséria..." (p. 224). Se a fama no mundo do crime é uma mácula na história do indivíduo, ao mesmo tempo é um sinal de respeito e de admiração entre os pares da Detenção. Por isso, o mesmo preso que pede para não ser citado nas reportagens no dia seguinte espera ansioso para "ver negrejar no papel poderoso a sua celebridade" (p. 225).

A última ideia fixa da população da Casa de Detenção do Rio de Janeiro é a liberdade. Seja dentro do domínio da lei, seja por métodos clandestinos e ilegais, "a ideia constante de todos os detentos é escapar, ficar livre, burlar a prisão, apanhar novamente a liberdade" (p. 225). Somada à fama no crime, à proteção divina e à submissão a um senhor, a liberdade comporia o mundo ideal para um presidiário, onde "um rei perpétuo governaria os vassalos, por vontade de Deus. Os vassalos teriam a liberdade de cometer todos os desatinos, confiantes na proteção divina, e a imprensa continuaria impassível no seu louvável papel de fazer celebridades. Seria muito interessante? Seria quase a mesma coisa que os governos normais – apenas com diferença da polícia na cadeia, como medida de precaução" (p. 226).

A crítica final demonstra que o ideal republicano aplicado ao tratamento da população carcerária não surtia o efeito desejado no contexto da escrita de João do Rio. As quatro ideias fixas dos presos, mais que um simples ideal, representavam práticas cotidianas que evidenciavam a falência da lei, da religião e da imprensa em corrigir e reintegrar os cidadãos à sociedade, no cenário histórico brasileiro do início do século XX.

A última das seis crônicas do capítulo "Onde às vezes termina a rua" é dedicada ao pavilhão feminino da Casa de Detenção. "Mulheres detentas" descreve o cotidiano de 58 presidiárias divididas em três celas, uma das quais funcionando como enfermaria. O quadro é apresentado com o mesmo apelo decadentista presente em outras passagens de *A alma encantadora das ruas*: "Há caras vivas de mulatinhas com olhos libidinosos dos macacos, há olhos amortecidos de bode em faces balofas de aguardente, há perfis esqueléticos de antigas belezas de calçada, sorrisos estúpidos navalhando bocas desdentadas, rostos brancos de medo, beiços trêmulos, e no meio dessa caricatura do abismo as cabeças oleosas das negras, os narizes chatos, as carapinhas imundas das negras alcoólicas" (p. 227).

O enfoque grotesco, mais que um expediente estético, expressa um discurso avesso à criminalidade feminina. João do Rio reproduz a mentalidade patriarcal que limita a mulher à ótica romântica das virtudes – pureza, amabilidade, meiguice, doçura etc. – e reage com violência aos desvios de comportamento daquelas que a conjuntura histórica obrigava à marginalidade. Nesse contexto pós-abolição, forjam-se índices dos discursos racista, machista e misógino que consolidaram, ao longo das décadas, o olhar da sociedade sobre o perfil-padrão de mulheres envolvidas com o crime – ainda que, em seu contexto, os crimes se limitassem, basicamente, à prostituição e ao alcoolismo. João do Rio ressalta o exotismo dos corpos tatuados – ora excessivamente magros, ora inchados pela bebida –, a linguagem codificada das gírias e a atitude desafiadora e ousada das mulheres da Detenção. Mais que nas crônicas sobre os homens presos, há um estranhamento do narrador diante da visão dessas mulheres, representado por expressões como "massa abjeta", "venenosas parasitas", "aspecto bárbaro", "ar selvagem". A despeito de ser negro e homossexual, João do Rio reafirma toda uma engrenagem discursiva do poder opressor de homens brancos na recém-inaugurada república brasileira, mais um traço do paradoxo que será uma marca característica da biografia e da obra do autor carioca.

A surpresa final se dá pela presença de uma professora de escola pública em meio às demais presas, fato que leva o cronista a exclamar: "– Deus misericordioso! Que fatalidade sinistra arremessara aquele pobre ente inteligente, descendente de uma família honesta, à tropilha de uma colônia correcional?" (p. 232). O anticlímax dessa expectativa do autor vem da fala de um dos guardas, que revela uma outra face da presa Maria José Correia: "– Deixa de lambança, Maria. Todos te conhecem. Saiba V. Sa que é popular nos quiosques da Estrada de Ferro Central. Vai às cinco da manhã, e só deixa de beber quando os quiosques fecham. Antigamente servia-se da barriga para dizer que estava grávida e ser bem tratada na delegacia. Agora não há mais disso. É uma alcoólica mais malcriada que qualquer outra" (p. 232).

Numa época em que alcoólatras eram enviados a presídios – ou a hospícios, como ocorrerá com o escritor Lima Barreto –, o destino da professora se soma a uma triste estatística de aprisionamento em um contexto de forte influência do cientificismo. Várias passagens do livro fazem alusão à moderna ciência criminal, que buscava identificar, classificar e categorizar pessoas predispostas ao crime. Ao mencionar uma detenta que assassinou o próprio bebê, João do Rio afirma: "Ao vê-la, lembra-se a gente das teorias dos criminalistas passados e principalmente das ideias de Maudsley sobre o crime e a loucura" (p. 230). Em outra crônica, "Os tatuadores", o escritor comenta o preconceito da sociedade contra os desenhos na pele e destaca: "A sociedade, obedecendo à corrente das modernas ideias criminalistas, olha com desconfiança a tatuagem" (p. 68). Segundo essas pesquisas, o criminoso nato seria insensível à dor, o que justificaria seu gosto pelos desenhos e escritos no corpo. Nota-se, nas passagens, um tom ao mesmo tempo reverente e crítico diante do modismo das correntes científicas europeias voltadas para o estudo do delito e de quem o praticava.

A criminologia e a penologia chegaram ao Brasil na década de 1880 e tiveram seu auge entre 1900 e 1930:

> A ciência e, de forma proeminente, a medicina começaram a exercer uma grande influência no projeto dos regimes carcerários, na implementação de terapias punitivas e na avaliação da conduta dos presos. Revistas médicas e criminológicas, teses universitárias, conferências internacionais e, especialmente, a implementação de gabinetes de investigação dentro das prisões ofereciam a imagem de elites ávidas por estudar o "problema social" do delito e por colocar em prática soluções que, embora produzidas em nome da ciência, se esperava serem aceitas pela sociedade como um todo (AGUIRRE, 2017, p. 55).

Baseados no positivismo de Cesare Lombroso, médico psiquiatra responsável pelo argumento científico da criminologia, esses estudos procuravam identificar características morfológicas que justificassem a relação entre o delito e o criminoso. A teoria de Lombroso sobre os estigmas da criminalidade vinculava práticas delinquentes a fatores biológicos, como formato do crânio, volume das mandíbulas, assimetria facial, desigualdade das orelhas etc., associados a marcas de hereditariedade, como pele, olhos e cabelos escuros. Segundo esses estudos, o crime seria algo atávico, determinante do comportamento desses indivíduos, o que justificaria sua segregação da sociedade, antes mesmo de terem cometido o ato delituoso.

É evidente que a criminologia do século XIX constituía um artifício científico para classificar negros e mestiços como uma sub-raça, predestinada à marginalidade e à decadência. Na escrita de João do Rio, percebem-se os ecos desse discurso cientificista:

> Quando algum desconhecido passa, deixam tudo, precipitam-se, alguns nus, outros em ceroulas, e há como um panorama sinistro e caótico – negros degenerados, mulatos com contrações de símios, caras de velhos solenes, caras torpes de gatunos, cretinos babando um riso alvar, agitados delirantes, e mãos, mãos estranhas de delinquentes, finas e tortas umas, grossas algumas, moles e tenras outras, que se grudam aos varões de ferro com o embate furioso de um vagalhão (RIO, 2008, p. 204).

A descrição física bestializada, o destaque para a degeneração associada à raça e os traços de loucura e delírio visam compor um perfil grotesco dos criminosos, índice da decadência presente em teorias dos criminalistas do século XIX. Novamente, as palavras de João do Rio atendem ao discurso do Poder que vigora em seu tempo, reproduzindo os preceitos de um cientificismo criminal seletivo e racista. Ao mesmo tempo, o escritor aponta uma crítica social como justificativa para o encarceramento, ao destacar como o determinismo do meio também influencia na perpetuação do crime na vida desses indivíduos: "a detenção é a escola de todas as perdições e de todas as degenerescências. O ócio dos cubículos é preenchido pelas lições de roubo, pelas perversões do instinto, pelas histórias exageradas e mentirosas" (p. 206).

Esse apelo ambíguo para as motivações dos crimes é mais forte na composição das personagens femininas da crônica "Mulheres detentas", quando o autor destaca as "mulatinhas com olhos libidinosos de macacos", as "flores magníficas do jardim do crime" ou o fato de que "a maioria das detentas, mulatas ou negras, fúfias da última classe, é reincidente, alcoólica ou desordeira" (p. 227). Em associação a esse apelo racial animalizado, o autor ressalta que, no entanto:

> Essas mulheres estão na detenção por coisas fúteis, coisas que cometem diariamente até à cólera final dos inspetores tolerantes ou a vingança de algum soldadinho apaixonado. São moradoras do morro da Favela, das ruelas próximas ao quartel general, dos becos que deságuam no Largo da Lapa, das Ruas da Conceição, S. Jorge e Núncio. Quase sempre brigavam por causa de uma "tentação" que tentava e pretendia satisfazer as duas. Outras atiraram-se à cara dos apaixonados num desespero de bebedeira (p. 227).

Obra fundamental para o estudo das contradições constitutivas da sociedade brasileira durante a transição política, social, urbana e econômica da virada dos séculos XIX para o XX, *A alma encantadora das ruas* é um documento estético e histórico sobre, entre outros temas, o ambiente prisional no Brasil. João do Rio transita entre espaços marginalizados em busca do desvendamento da face ignorada da capital do país, com seus mendigos, loucos, prostitutas, operários, marinheiros, vendedores ambulantes, rufiões e criminosos. Para além da superficialidade dos tipos humanos, o escritor focaliza a complexidade de uma população excluída do projeto de modernização republicana e traz à tona os dilemas dessa face escondida da cidade, de que a Casa de Detenção é o maior símbolo.

Ao longo do século XX, muitos foram os documentos produzidos sobre espaços de privação de liberdade no Brasil, de testemunhos a romances, de reportagens a trabalhos acadêmicos – que incluem pesquisas médicas, jurídicas, sociológicas etc. O interesse pela investigação criminológica, surgida no século anterior, desdobrou-se em estudos de caráter mais abrangente, que superaram o cientificismo determinista de Lombroso e resultaram em obras que procuraram refletir sobre a complexidade do sistema prisional brasileiro. Paralelamente a esses estudos, textos de caráter biográfico, como cartas, diários e memórias, compõem um registro da experiência do encarceramento e contribuem para a constituição de uma "literatura prisional", reveladora de um cotidiano inacessível ao olhar externo às prisões. Esses relatos nos permitem entrever os jogos de poder, as trocas físicas e simbólicas, os tênues limites entre a lei e o crime, enfim, toda uma rede de relações, transações, tensionamentos e distensões que regem a dinâmica de espaços de aprisionamento.

Atualmente, pesquisadores, voluntários e profissionais de áreas como a medicina, a psicologia, o direito, a sociologia e a educação realizam a mediação entre o mundo externo e esses espaços incomunicáveis, separados pelo rígido regime da administração penitenciária. A possibilidade de se estabelecer contato com as pessoas desse universo – agentes prisionais, gestores e detentos – pode (e deve) se transformar em objeto de reflexão e pesquisa, contribuindo para a crítica sobre o encarceramento no Brasil. Esse papel de mediação exercido pelo repórter-cronista João do Rio, no início do século XX, legou-nos um retrato imprescindível da Casa de Correção e Detenção, sem o qual não teríamos detalhes tão ricos do cotidiano daquele ambiente.

A compreensão da complexidade de um sistema que refletia (e ainda reflete) os dilemas da formação social brasileira também será indispensável para a construção dos mecanismos de recuperação e ressocialização do seu público. A Casa de Detenção foi o palco dos primeiros experimentos de progressão da pena por meio do trabalho, uma das etapas necessárias para a (re)conquista da liberdade dos condenados. Os quase 100 anos que separam a escrita de "Onde às vezes termina a rua" e a publicação da Lei de Execução Penal (Lei n.º 7.210/1984) serviram para consolidar iniciativas de remição da pena pelo trabalho, pelo estudo e, mais recentemente, pela leitura. Para entendermos a importância desta última no espaço de crise da prisão, é necessário entender de que maneira a progressão/remição da pena se consolidou como um direito do apenado no Brasil e em outros países do mundo.

O direito ao trabalho, ao estudo e à leitura

Desde que o encarceramento foi instituído como um sistema de punição, em substituição aos métodos do Antigo Regime, toda uma tecnologia de controle começou a ser elaborada, em busca de uma otimização da execução da pena de privação de liberdade. Nos séculos XVIII e XIX, o trabalho e a religião foram os instrumentos principais dos reformadores, na busca de reabilitar indivíduos – ou, tão somente, torná-los adaptados durante o cumprimento da pena. Com o advento do panóptico de Bentham, buscou-se a vigilância total dos aprisionados, o que resultou em um sistema tão aterrorizante quanto o do Antigo Regime: "tanto o sistema da Pensilvânia quanto o de Auburn seriam criticados pela desumanidade no tratamento dos prisioneiros, os quais, muitas vezes, terminaram enlouquecendo por não suportarem a pressão psicológica imposta pelo isolamento" (MAIA; SÁ NETO; COSTA; BRETAS, 2017, p. 13).

Os experimentos iniciais com alternativas de progressão surgiram na Europa, nas primeiras décadas do século XIX. O estímulo à participação do preso na transformação de sua pena foi uma das tentativas de aperfeiçoar um sistema que já nascia com sinais de pouca eficácia. Com regras de progressão, o trabalho regular e o bom comportamento poderiam ocasionar melhores condições de permanência ou até mesmo culminar no livramento condicional. A divisão prescrita nos códigos modernos, com regimes punitivos diferenciados – fechado, semiaberto e aberto –, surgiu de um aprimoramento desse modelo, com origem em países como Espanha, Inglaterra, Irlanda e Estados Unidos. Ao atuar na vontade do sujeito encarcerado, essa gradação incentivou uma reordenação da relação com o ambiente prisional com vistas à regeneração que o habilitaria ao retorno à vida em sociedade.

Dentre os sistemas progressivos europeus, destaca-se o modelo idealizado pelo capitão da Marinha Real inglesa Alexander Maconochie. O denominado Mark System, instituído na Prisão da Ilha de Norfolk, na Austrália, em 1840, estabeleceu três períodos para o cumprimento da pena, que se iniciava com o isolamento celular completo, com atividades laborais durante o dia; após se atingirem quatro marcas ou vales, migrava-se para o segundo período, com isolamento noturno e trabalho em comum; ao se conquistarem novos vales, por bom comportamento, seguia-se para o terceiro período, que resultava em livramento condicional (NOVO, 2018).

Na mesma perspectiva de modernização do cumprimento da pena, o sistema progressivo irlandês incluiu uma etapa intermediária entre o segundo e o terceiro período do Mark System, adicionando a fase do trabalho externo, "que preparava o preso para o futuro livre com a obtenção do *ticket of leave* (liberdade condicional)" (Novo, 2018, [s.p.]). Essas duas experiências de progressão da pena estimularam iniciativas em outros continentes, com destaque para o Sistema de Elmira, no estado de Nova York. Seletivo e exigente, admitia apenas jovens entre 16 e 30 anos, que recebiam vales "em razão da evolução no trabalho, boa conduta, instrução moral e religiosa" (Novo, 2018, [s.p.]). A disciplina militar e o ambiente de segurança máxima contribuíram para o insucesso do modelo, incompatível com o novo discurso de execução penal.

Precursor dos modelos inglês, irlandês e estadunidense, o Sistema de Montesinos (1835) foi o projeto mais radical de instituição da progressão de pena no século XIX. Idealizada pelo coronel Manuel Montesinos e Molina, diretor do presídio de Valência, na Espanha, essa experiência se caracterizou pela busca de um exercício humanitário na prisão. Dentre suas peculiaridades, destacaram-se: a abolição do regime celular, a redução dos castigos e a afirmação da autoridade moral, a missão pedagógica, a instituição de um código interno com um regulamento para os reclusos, a prática do trabalho remunerado como reabilitação da pena, a ausência de cadeados nas celas, a concessão de saídas temporárias e a liberdade condicional como recompensa pelo bom comportamento. A eficiência do modelo de Montesinos foi tão elevada que resultou em conflitos com a sociedade local, em virtude da competição com fabricantes e artesãos. Boa parte dos princípios criados pelo diretor se confirmaram como práticas eficazes, funcionando até hoje como iniciativas de ressocialização de pessoas privadas de liberdade.

O século XX viu florescer novos padrões de gestão do aprisionamento, inspirados nessas experiências de progressão de pena. Em 1930, a prisão de Borstal, na Inglaterra, foi pioneira no modelo de regime penitenciário aberto, quando "um grupo de jovens presos se deslocou para um acampamento na cidade de Nottinghamshire e lá construiu uma moradia para eles e para os que viessem posteriormente. Os próprios presos concebiam a moradia como prisão" (Novo, 2018, [s.p.]). Modelos contemporâneos de prisão gerida com a colaboração dos apenados, a exemplo da Associação de Proteção e Assistência aos Condenados (APAC), inspiraram-se em sistemas como o de Borstal.

No contexto brasileiro das primeiras décadas do século XIX, a tentativa de atualização do sistema punitivo esteve sempre em conflito com a herança escravocrata, em que regras de aprisionamento se pautavam pelo castigo e pela vingança. Disciplina e trabalho, associados à prática religiosa, formavam o tripé de um projeto de modernização em crônica defasagem com a realidade. Isso porque poucas eram as prisões com condições de implantar sistemas progressivos voltados para a ressocialização dos indivíduos. As Ordenações Filipinas, conjunto de leis do Império Português, cujas disposições vigoraram no Brasil de 1603 até o advento do Código Criminal de 1830, não previam a regeneração dos condenados em seus princípios. Leila Mezan Algranti destaca que, "enquanto o velho mundo assistia ao fim dos suplícios [...], na sociedade escravista brasileira não só permaneciam os castigos corporais, como também eram acirrados" (ALGRANTI, 1988, p. 36). Para Gizlene Neder, "a história da justiça criminal efetivou sua prática ideológica muito mais enfatizando uma ideia exaltada de trabalho e disciplina do que propriamente por uma ação judicial que visasse à recuperação ou à ressocialização, pela integração à sociedade" (NEDER, 2017, p. 95). O trabalho obrigatório, quando instituído pelo Estado em algumas prisões, atendia ao discurso modernizante de regeneração, mas, ao mesmo tempo – e principalmente –, tinha como finalidade suprir a necessidade de mão de obra desse mesmo Estado.

Os primeiros movimentos no sentido de regenerar e ressocializar os presos, no Brasil, surgiram em meados do século XIX, com a construção de prisões compatíveis com o discurso liberal europeu, como ocorreu com a Casa de Correção e Detenção do Rio de Janeiro e demais instituições que proliferaram pelas principais capitais brasileiras. Objeto das incursões do repórter-cronista João do Rio, a Casa de Correção pretendia servir de modelo prisional ao país:

> Proposta por políticos, juristas e médicos para servir como um avanço em relação às práticas punitivas predominantes nas primeiras décadas do século XIX e se transformar em referência para a regeneração dos indivíduos criminosos por meio do trabalho, da religião e da educação, a Casa de Correção do Rio de Janeiro – e também as demais criadas nas províncias brasileiras – enfrentou um difícil processo de adequação aos debates jurídico-penais que proliferaram por todo o século XIX na Europa e Estados Unidos e, por outro lado, à própria realidade brasileira, que sofria profundas transformações com o crescimento das cidades e as mudanças nas relações de trabalho, principalmente a partir da década de 1870 (SANT'ANNA, 2017, p. 286).

Construída de 1833 a 1850, essa prisão-modelo se resumiu a dois edifícios, a Casa de Correção propriamente dita e a Casa de Detenção, reservada a presos que aguardavam julgamento de crimes de menor gravidade. Na intenção de reformar indivíduos por meio do trabalho e da disciplina, foi utilizada a mão de obra dos próprios apenados em sua construção: "Nesse sentido, as mudanças na forma de punir se inseriam em um conjunto de ideias liberais europeias, pertencentes ao campo da escola clássica do direito penal, que tinha em Cesare Beccaria – autor de *Dos delitos e das penas*, publicado pela primeira vez em 1764 – um precursor" (p. 291). Em um tempo em que falta de trabalho era sinônimo de vadiagem – prática que constituía ato criminoso, desde o Código Criminal de 1830 –, a prisão passou a ser vista como um espaço de segregação de um contingente humano indesejado:

> No discurso das elites, especialmente dos médicos e bacharéis, no espaço das ruas se reproduziam os futuros delinquentes, prostitutas, degenerados, vagabundos, bêbados, desordeiros, anormais e "loucos de todos os gêneros". Nesse meio, fazia-se necessário reprimir, identificar e enclausurar essas pessoas consideradas nocivas à sociedade e dotadas de grande potencial para procriar futuros desajustados sociais. Temiam-se não só as práticas de roubos, saques e assassinatos, mas também a transmissão de inúmeras doenças. Era importante elaborar leis, códigos e criar instituições voltadas para vigiar e identificar esses indivíduos (MIRANDA, 2017, p. 286).

De forma limitada e inconstante, os idealizadores da Casa de Correção propuseram-se a (re)formar os apenados, capacitando-os para atividades de "carpintaria, alfaiataria, encadernação e sapataria [...] defendendo a aprendizagem de um ofício especializado para os homens ali detidos" (p. 298). A noção em jogo é a da *utilidade* do indivíduo na sociedade, pensamento que traduzia a lógica de um capitalismo incipiente no contexto brasileiro. O aprendizado de uma profissão se impunha sobre "massas de trabalhadores que migraram para a cidade e não eram absorvidos pelas manufaturas ou ainda indivíduos que se recusavam a trabalhar. Para todas essas categorias, a punição era o trabalho" (SANT'ANNA, 2017, p. 296).

Somente em 1890, no entanto, o Código Penal da República "implantou a opção da progressão do cumprimento da pena, começando pelo isolamento celular, trabalho obrigatório e, como último estágio, o livramento condicional para presos que apresentassem bom comportamento" (p. 307). O trabalho, assim, passa a ser uma etapa obrigatória para a conquista da liberdade aos que almejassem progredir durante a punição. Tal modelo, ainda que voltado para a evolução gradativa do cumprimento da pena e a consequente recuperação do criminoso, resultava, muitas vezes, no agravamento do ímpeto transgressor e na reincidência nas práticas delituosas. Isso porque as condições físicas, a superlotação e a violência estrutural do nascente sistema prisional brasileiro impediam uma aplicação linear das etapas previstas no Código Penal.

Crítico desse modelo de progressão, o jurista Augusto Thompson destaca que, esquematicamente, o circuito do condenado pode ser assim apresentado: prisão comum → penitenciária de segurança em regime rigoroso → penitenciária de segurança em regime menos rigoroso → penitenciária semiaberta → livramento condicional. Porém, considerando as condições desumanas das prisões comuns, onde se inicia o trajeto carcerário; a dureza do regime penitenciário (isolamento inicial completo, privação da comunicação etc.); bem como as dificuldades para manter o bom comportamento ante o estado de ameaça, disputa e corrupção, a tendência era que os condenados acentuassem os desvios de comportamento que os haviam levado à punição, em vez de recuperarem ou construírem valores éticos e morais durante o cumprimento da pena. Para Thompson: "O sistema progressivo é algo assim como um médico que, diagnosticando no cliente um certo grau de enfermidade (pequeno, médio ou alto), começa o tratamento cuidando de agravar a doença até obter a morte do dito paciente e, depois de deixá-lo enterrado durante algum tempo, para maior certeza do óbito, lança-se à tarefa de conseguir a cura do... cadáver" (THOMPSON, 1980, p. 145).

O trabalho prisional passou a ser pensado como um direito – e não apenas um instrumento de coerção e controle –, no Brasil e no mundo, após a Segunda Grande Guerra. O trauma dos campos de trabalhos forçados de regimes totalitários na primeira metade do século XX – que culminaram nos campos de concentração nazistas – deixou uma ferida aberta e obrigou os mecanismos internacionais a criarem dispositivos que resguardassem as populações. A deturpação da prática como um modo de "dignificar" o homem e seu consequente uso como forma de humilhar, subjugar e escravizar os prisioneiros motivaram a elaboração de documentos como a Declaração Universal dos Direitos Humanos e as Regras Mínimas para o Tratamento de Prisioneiros, da Organização das Nações Unidas (ONU).

No Brasil, o Código Penal da República foi aperfeiçoado ao longo do século XX. A legislação favorável ao ensino e às atividades laborais em ambientes prisionais remonta aos anos 1950, quando a Lei n.º 3.274/1957 estabeleceu, em seu artigo 1º, parágrafo XIII, o direito à "educação moral, intelectual, física e profissional dos sentenciados" (BRASIL, 1957). Seu texto foi modificado pela Lei n.º 7.210/1984, a Lei de Execução Penal (LEP), que, no capítulo III, artigo 28, definiu que: "O trabalho do condenado, como dever social e condição de dignidade humana, terá finalidade educativa e produtiva" (BRASIL, 1984). A hipótese para a remição da pena pelo trabalho consta do artigo 126 dessa lei, que preconiza que "o condenado que cumpre a pena em regime fechado ou semiaberto poderá remir pelo trabalho, parte do tempo de execução da pena". Note-se que a educação não permaneceu como um direito na LEP, mas, ao longo das décadas seguintes, vários dispositivos foram incluídos em seu texto, possibilitando que, além de um direito, o estudo constituísse uma forma de reduzir os dias de condenação.

A conquista dessa prerrogativa remonta ao início dos anos 1990, no contexto do assassinato de 111 presos na Casa de Detenção de São Paulo, evento que ficou conhecido como Massacre do Carandiru. Eli Narciso Torres afirma que uma das consequências desse acontecimento "foi o fortalecimento de indivíduos e grupos ativistas que já desenvolviam trabalhos voltados para a população encarcerada [...]; e fez diminuir as resistências a ponto de medidas que privilegiassem as orientações de garantia de direitos, sobretudo humanos, passassem a ser discutidas num momento de especial sensibilização da opinião pública, e talvez, principalmente, do governo federal e de parlamentares" (TORRES, 2019, p. 22).

A autora destaca que a primeira proposta para a inclusão do ensino como um direito dos apenados foi elaborada menos de um ano após o massacre, com o Projeto de Lei n.º 216/1993, de autoria do deputado José Abrão (PSDB/SP). Dessa data até o ano 2011, quando se promulga a Lei n.º 12.433, que altera a LEP, incluindo a possibilidade de remição pelo estudo, houve diversas iniciativas para a garantia desse direito para o indivíduo preso. Destacam-se, além dos artigos constitucionais de 1988 e dos presentes na Lei de Diretrizes e Bases de 1996, as seguintes: a Lei n.º 10.172/2000 (Plano Nacional de Educação – PNE); a Resolução CNE/CEB n.º 2/2010 (diretrizes para a oferta de educação de jovens e adultos – EJA – para pessoas privadas de liberdade); o Decreto n.º 7.626/2011 (Plano Estratégico de Educação no âmbito do sistema prisional); e a Lei n.º 12.852/2013 (Estatuto da Juventude), que garante o acesso ao ensino escolar a todos os jovens e adultos privados de liberdade ou egressos das unidades prisionais (MARTINS, 2018, p. 20-21); entre outras.

A Carta Magna de 1988 estabelece, em seu capítulo III, seção I, artigo 205, que "a educação, direito de todos e dever do Estado e da família, será promovida e incentivada com a colaboração da sociedade, visando ao pleno desenvolvimento da pessoa, seu preparo para o exercício da cidadania e sua qualificação para o trabalho". Acrescenta ainda, no artigo 208, parágrafo primeiro, que o Estado deve se responsabilizar pelo "ensino fundamental, obrigatório e gratuito, assegurada, inclusive, sua oferta gratuita para todos os que a ele não tiveram acesso na idade própria" (BRASIL, 1988). A EJA consta também no artigo 38, *caput*, da Lei de Diretrizes e Bases (LDB), aprovada em 20 de dezembro de 1996: "Os sistemas de ensino assegurarão gratuitamente aos jovens e aos adultos, que não puderam efetuar os estudos na idade regular, oportunidades educacionais apropriadas, consideradas as características do alunado, seus interesses, condições de vida e de trabalho, mediante cursos e exames" (BRASIL, 1996).

O texto da LEP modificado pela Lei n.º 12.433/2011 – que trata da remição da pena por trabalho e estudo – confirma a progressão como um estímulo ao apenado. Do conjunto, destacamos o seguinte artigo:

> Art. 126. O condenado que cumpre a pena em regime fechado ou semiaberto poderá remir, por trabalho ou por estudo, parte do tempo de execução da pena.
> § 1º A contagem de tempo referida no caput será feita à razão de:
> I – 1 (um) dia de pena a cada 12 (doze) horas de frequência escolar – atividade de ensino fundamental, médio, inclusive profissionalizante, ou superior, ou ainda de requalificação profissional – divididas, no mínimo, em 3 (três) dias;
> II – 1 (um) dia de pena a cada 3 (três) dias de trabalho.
> § 2º As atividades de estudo a que se refere o § 1º deste artigo poderão ser desenvolvidas de forma presencial ou por metodologia de ensino à distância e deverão ser certificadas pelas autoridades educacionais competentes dos cursos frequentados.
> [...]
> § 5º O tempo a remir em função das horas de estudo será acrescido de 1/3 (um terço) no caso de conclusão do ensino fundamental, médio ou superior durante o cumprimento da pena, desde que certificada pelo órgão competente do sistema de educação (BRASIL, 2011).

A redução de "1 (um) dia de pena a cada de 12 (doze) horas" de estudo – ou "3 (três) dias de trabalho" – constitui um incentivo à formação educacional e à prática de um ofício entre os condenados. A possibilidade de utilização do ensino a distância (EaD) representa um avanço na adequação dos métodos pedagógicos aos novos suportes das tecnologias da informação e comunicação (TICs), compatíveis com ambientes de mobilidade restrita, como prisões. O acréscimo de um terço do tempo a remir em virtude da conclusão das etapas do ensino (fundamental, médio e superior) recompensa o esforço e a persistência de quem se dispõe a frequentar cursos de formação em ambientes prisionais.

Mais recentemente, a Recomendação n.º 44/2013 do CNJ incluiu a prática da leitura como medida de progressão, permitindo ao recluso reduzir quatro dias da pena para cada obra literária, clássica, científica ou filosófica lida – desde que comprovada com a escrita de uma resenha. A decisão se baseia na Resolução n.º 3 de 2009, do Conselho Nacional de Política Criminal e Penitenciária (CNPCP), "que indicava que a oferta de educação no contexto prisional deveria estar associada às ações de fomento à leitura" (TORRES, 2019, p. 275). A partir disso, multiplicaram-se iniciativas de promoção da leitura em unidades penitenciárias federais e estaduais, oferecendo uma nova perspectiva para a redução da pena. O livro se torna, assim, uma ferramenta para reduzir os dias na prisão, ao mesmo tempo que oferece oportunidade de estudo, reflexão, entretenimento e capacitação para os presos.

Considerando a complexidade do sistema prisional brasileiro, são muitos os empecilhos para a aplicação dos artigos das leis, resoluções e recomendações, sobretudo pelas deficiências físicas e administrativas que caracterizam esse sistema. Mas seus avanços geraram frutos em diferentes espaços prisionais do país. Por essa razão, a educação de jovens e adultos em privação de liberdade cumpre um importante papel no projeto de ressocialização preconizado pelo discurso penal contemporâneo:

> O sistema prisional é o espaço no qual a modalidade de EJA se concentra, às vezes, como único momento educacional dentro do regime do cárcere. Neste, os sujeitos privados de liberdade recebem atendimento escolar na ausência de liberdade. O espaço da aquisição de conhecimento pode vir a interferir num momento futuro para o avanço escolar dos sujeitos numa perspectiva qualitativa, bem como para a melhoria de sua conduta com os demais internos (BARRA; CHAVES; SOARES, 2016, p. 56).

O desafio é enorme e exige ações de governo e participação da sociedade civil. O conhecimento e o interesse pela realidade dessa parcela considerável de brasileiros presos são de fundamental importância, pois as consequências da omissão e do preconceito são sentidas pela própria sociedade: a reincidência no crime, a cooptação por organizações criminosas, a deformação do caráter de quem vai sair pior do entrou no sistema carcerário. A famosa passagem da autobiografia de Nelson Mandela traduz essa necessidade de compreensão do sistema prisional de um país por sua população: "Diz-se que ninguém realmente conhece uma nação até que tenha ficado no interior de suas cadeias. Uma nação não devia ser julgada por como trata seus cidadãos mais respeitados, mas pelo tratamento dado àqueles nos escalões mais baixos da sociedade – e a África do Sul tratava seus cidadãos negros aprisionados como se fossem animais" (MANDELA, 2020, p. 249).

Mandela conheceu como poucos o submundo carcerário durante os 27 anos em que esteve preso pela militância anti-*apartheid* na África do Sul. Sua ação conciliatória após a saída da prisão foi um exemplo de superação e de sabedoria, pois o objetivo maior, com o qual comungava seu companheiro, o arcebispo Desmond Tutu, era a reconstrução de seu país. No Brasil, cidadãos comuns veem e interpretam a prisão a distância e superficialmente, desconhecendo – ou fingindo desconhecer – o caráter seletivo do aprisionamento no país, o elevado número de prisões provisórias, o perfil-padrão dos presos – em sua maioria negros e pobres – e suas condições de existência sob a custódia do Estado. Poucos refletem sobre a necessidade de ressignificar o propósito meramente punitivo da reclusão, para garantir e fortalecer seu papel regenerativo a fim de reinserir esses indivíduos na sociedade.

Pouco mais de 100 anos após a escrita das crônicas de João do Rio, ainda há exemplos de espaços prisionais decadentes e desumanos, depósitos deprimentes de presos, como a Casa de Detenção e Correção, focalizada pelo escritor. No entanto, muito se tem feito no sentido de construir garantias para o acesso de pessoas aprisionadas ao trabalho, ao estudo e à leitura como forma de minimizar a brutalidade do cotidiano prisional e humanizar as relações entre os sujeitos dos espaços penitenciários no Brasil.

A educação nas prisões

Os avanços da legislação que viabilizou a oferta do ensino para pessoas privadas de liberdade são fruto do somatório de iniciativas de professores, juristas, parlamentares, sociólogos e um sem-número de voluntários que lutaram e lutam pela causa humanitária nas prisões. Antes da consolidação da lei que alterou o Código Penal brasileiro, viabilizando a remição da pena pelo estudo, projetos como o Talentos Aprisionados – que deu visibilidade a um escritor da qualidade de Luiz Alberto Mendes – dependiam exclusivamente da colaboração e da disposição dos diversos sujeitos do aparato burocrático prisional, numa convergência de interesses que dificilmente se replicaria, senão pela salvaguarda de leis específicas. O amadurecimento dos dispositivos que garantiram a oferta da educação em presídios se deu de modo gradativo, com avanços e retrocessos, como costuma ocorrer com temas dessa complexidade.

Nos últimos 20 anos, foram implementados diversos programas educacionais nas prisões brasileiras, dentre os quais se destacam: o Enem na modalidade Pessoas Privadas de Liberdade (PPL), que permitiu a conclusão do ensino médio e a habilitação para o ingresso em um curso superior de estudantes internos ao sistema prisional; o Exame Nacional de Certificação de Competências de Jovens e Adultos (Encceja); o Programa Brasil Alfabetizado (PBA); o Programa Nacional de Inclusão de Jovens (ProJovem); o Programa Brasil Profissionalizado; e o Programa Nacional de Acesso ao Ensino Técnico e Emprego (Pronatec).

A institucionalização de práticas educativas como mecanismo de progressão de pena na América Latina ocorreu no contexto da exacerbação do Estado penal e suas práticas de combate ao crime inspiradas no modelo estadunidense. A política do encarceramento em massa, como componente de um projeto neoliberal mais amplo – que incluiu a redução do Estado de bem-estar social, a flexibilização das relações de trabalho e o controle sobre populações marginalizadas, de acordo com os estudos de Loïc Wacquant (2001) –, provocou, por efeito inverso, o surgimento de iniciativas socioeducacionais empenhadas em mitigar suas consequências: "apesar da visível sincronia na tendência de aumento dos índices de encarceramento em países da América Latina e nos Estados Unidos [...], há distinção no fato de que dez países latino-americanos introduziram no seu ordenamento jurídico, no mesmo período, o dispositivo da remição de pena com base na escolarização" (TORRES, 2019, p. 30).

O esforço de organizações não governamentais e de ativistas pela humanização do cumprimento da pena privativa de liberdade foi – e ainda tem sido – fundamental para pressionar os legisladores a garantirem o acesso ao estudo formal e à prática da leitura, como um direito do apenado:

> Em 1991, o Instituto da UNESCO para a Educação (IUE), lançou um projeto para investigar e promover a educação nas prisões tendo como público-alvo os adultos sentenciados e encarcerados. Uma das metas do projeto consistia em contribuir para o desenvolvimento do potencial humano que se restringia devido às desvantagens sociais. Os objetivos principais do projeto eram identificar estratégias bem-sucedidas da educação básica nos contextos prisionais, de modo a dar a elas visibilidade, condições de refinamento e replicabilidade (Novo, 2018, [s.p.]).

O relatório da Organização das Nações Unidas para a Educação, a Ciência e a Cultura (UNESCO) destacou o perfil-padrão de pessoas aprisionadas no mundo – faixa etária, gênero, classe social etc. –, procurando definir estratégias para a oferta de ensino em locais de reclusão, de forma a minimizar o impacto das condições degradantes da privação de liberdade. Desde a publicação das Regras Mínimas das Nações Unidas para o Tratamento de Presos, há legislações internacionais a respeito de práticas pedagógicas em situações de reclusão. O documento, aprovado pelo Conselho Econômico e Social da Organização das Nações Unidas, em 1957, atualizado e rebatizado, mais tarde, como Regras de Nelson Mandela, assevera, em suas propostas, que:

> Educação e lazer – Regra 104
> 1. Devem ser tomadas medidas no sentido de melhorar a educação de todos os reclusos que daí tirem proveito, incluindo instrução religiosa nos países em que tal for possível. A educação de analfabetos e jovens reclusos será obrigatória, prestando-lhe a administração prisional especial atenção.
> 2. Tanto quanto for possível, a educação dos reclusos deve estar integrada no sistema educacional do país, para que depois da sua libertação possam continuar, sem dificuldades, os seus estudos (UNODC, 2015, [s.p.]).

Mesmo antes de se tornar um benefício para a progressão da pena, a prática educativa foi pensada como um estímulo à formação do indivíduo em privação de liberdade que o habilitaria a buscar alternativas ao mundo do crime, durante e ao fim de sua condenação, como sugere o documento da ONU. Na prática, porém, os poucos experimentos com a educação nesses ambientes serviram mais para a manutenção de sua ordem interna do que propriamente como um trampolim para a ascensão social dos detentos. O mecanismo interno à cadeia estará sempre pronto a oferecer seu próprio aprendizado, coerente com a lógica de sua engrenagem, em que se alternam a disputa, a ameaça, o medo e a violência. O professor e pesquisador da Faculdade de Educação da Universidade de São Paulo (USP) Roberto da Silva afirma que "jovens que em liberdade não puderam aprimorar o desenvolvimento de suas potencialidades humanas, que não encontraram ainda o sentido de suas vidas [...], estão sendo cada vez mais compelidos a encontrar na prisão o espaço que lhes forje o caráter e a personalidade" (SILVA, 2012, p. 104). Vítimas de uma "socialização incompleta" – conceito que traduz a falência das instâncias tradicionais de socialização da infância e da adolescência brasileiras –, esses jovens serão facilmente cooptados pelo crime organizado ou aumentarão sua pena em virtude de novos delitos praticados em nome da sobrevivência no ambiente prisional, caso não haja a oferta de atividades laborais e de ensino como alternativa em suas vidas.

Sabemos, no entanto, que esse processo não é linear nem previsível. Se a relação entre aquisição de conhecimento e mobilidade social apresenta diversos níveis de complexidade no cotidiano externo à cadeia, quando se trata da educação em prisões, há variáveis que comprometem uma mera relação de causa e efeito. Nem mesmo o trabalho – presente há mais tempo na legislação e na prática prisional – se constituiu como uma atividade isenta de equívocos em sua execução. Sendo assim, o estudo como atividade regular torna-se tão ou mais complexo de ser aplicado, pois é um direito carente de uma compreensão ampla entre os próprios legisladores e por boa parte dos atores do cenário prisional. Segundo o sociólogo Erving Goffman, "qualquer que seja o incentivo dado ao trabalho, esse incentivo não terá a significação estrutural que tem no mundo externo. Haverá diferentes motivos para o ajustamento básico exigido dos internados e dos que precisam levá-los a trabalhar" (GOFFMAN, 2015, p. 21). Isso porque, pelas condições específicas de práticas laborais em presídios, os internos não têm a garantia de serem remunerados proporcionalmente ao esforço despendido, ou mesmo da escolha de como gastar os proventos recebidos, na complexa estrutura econômica que se situa dentro dos muros.

A equivalência entre trabalho e estudo como parâmetro para projetos de remição de pena nas cadeias é criticada por diversos estudiosos, a exemplo de Roberto da Silva, que afirma: "Nada mais falso e enganoso! Todas as referências listadas como notas de rodapé, e tantos outros estudos [...] são pródigos e unânimes em apontar um extenso rol de lacunas, falhas, distorções, divergências de jurisprudência e conflitos jurisdicionais que provam que no plano jurídico a remição pelo trabalho não é um instituto pacífico, de fácil entendimento e de fácil aplicação" (SILVA, 2012, p. 88).

O pesquisador aponta problemas diversos na instituição do trabalho como prática prisional, dentre os quais se destacam: denúncias de exploração dos presos por empresas, ausência de direitos garantidos pela CLT, baixa remuneração, ausência de uma finalidade pedagógica do trabalho, vinculação da remição à produtividade – e não à profissionalização – e exploração dos presos por parte de outros presos. Segundo Silva (2012, p. 91), "a remição pelo ensino corre o risco de sofrer da mesma precariedade e virar mera moeda de barganha e de troca, introduzindo mais um mecanismo de retroalimentação da cultura prisional". Daí a necessidade de se entender o ensino prisional em sua especificidade, dissociando-o da comparação direta com a progressão por atividades laborais, que por si só já possui problemas graves e variados em sua aplicação.

É necessário que a educação seja um instrumento de emancipação, e não um novo modo de dominação dos apenados. Para isso, os sujeitos do ensino devem compreender a especificidade dessa prática nas prisões, sob pena de se atuar para atender tão somente aos interesses da instituição: adaptação, controle e ajustamento dos indivíduos. Na lógica da máquina de encarceramento em que se transformou o sistema penal – que se revela nas elevadas taxas de aprisionamento no Brasil –, quanto mais "dócil" o indivíduo, mais facilmente é governado; e as práticas laborais e educativas acabam sendo usadas pelo sistema como um modo de ocupação do largo tempo ocioso de um condenado. Para alguns teóricos, como Silvio dos Santos, na maioria dos casos, as atividades educacionais tendem a reforçar, mais que qualquer outro propósito, a adaptação dos indivíduos à própria rotina prisional: "é possível afirmar que a dinâmica prisional não tem outro objetivo senão a busca da adesão, por parte do recluso, à rotina da instituição. Em última instância, a prisão e as atividades que são desenvolvidas nesse espaço almejam, mais do que adaptar o indivíduo à sociedade livre, adaptá-lo à vida carcerária. Quanto maior sua adaptação, mais breve será seu encarceramento" (Santos, 2007, posição 1316).

Documentos, como as Regras de Nelson Mandela, aprovados pela ONU apontam direcionamentos, ideias, propostas para que ações educativas sejam mais que um instrumento de controle e adaptação e viabilizem o aprimoramento e a ressignificação da trajetória de pessoas marginalizadas pela sociedade. Seus artigos inspiraram práticas educativas em presídios da América Latina, a começar pela experiência do México, primeiro país da região a instituir a remição da pena pelo estudo, em 1971. Atrelada ao trabalho, a prática educativa possibilitava a redução dos dias de condenação nas instituições penais mexicanas, conforme se lê no capítulo V, artigo 16, da legislação federal daquele país: "para cada dois dias de trabalho será remido um dia de prisão, sempre que o recluso observe a boa conduta [e] participe regularmente das atividades educativas organizadas no estabelecimento" (Torres, 2019, p. 71).

O exemplo do México foi seguido por Peru (1980), Venezuela (1993), Bolívia (2003), Panamá (2005), Uruguai (2005), Colômbia (2006), Guatemala (2006), Argentina (2011) e Brasil (2011), último país latino-americano a instituir a progressão pelo estudo, apesar de o tema pautar discussões jurídico-políticas desde décadas anteriores, conforme já afirmado anteriormente: "a remição de pena pelo estudo foi pauta recorrente no Congresso Nacional ao longo das décadas de 1990 e 2000. Tramitou pela primeira vez em 1993, a partir da proposição do deputado federal José Abrão/PSDB. Desde então foram apresentados outros 27 projetos de lei ao longo de 18 anos" (p. 92).

As leis que modificaram o código de execução penal resultaram desse esforço que, mesmo tardiamente, incluiu a educação como um direito de pessoas privadas de liberdade no Brasil.

Uma iniciativa importante no processo de consolidação dessas garantias legais nos presídios do país foi o projeto Educando para a Liberdade, realizado a partir da cooperação entre os ministérios da Educação e da Justiça, com o apoio da Unesco e o patrocínio do governo do Japão, durante os anos 2005 e 2006. A proposta inicial visava à construção de estratégias de fortalecimento da oferta de educação básica nos estabelecimentos penais do país. Alinhado com as temáticas da diversidade e da inclusão social, o projeto buscou compreender a especificidade do ensino prisional e definir parâmetros adequados às necessidades do público-alvo: "Não se tratava, portanto, apenas de ampliar o atendimento, mas de promover uma educação que contribuísse para a restauração da autoestima e para a reintegração posterior do indivíduo à sociedade, bem como para a finalidade básica da educação nacional: realização pessoal, exercício da cidadania e preparação para o trabalho" (p. 14).

A construção de uma política pública consistente para a formação de jovens e adultos em prisões do Brasil demandava a aliança de sujeitos e instituições diversas, "com padrões de compreensão do problema que não necessariamente eram coincidentes: professores(as), agentes penitenciários, dirigentes de ambos os sistemas, juízes(as) e promotores de execução penal e até mesmo apenados(as) e egressos(as)" (p. 15). A partir de visitas de diagnóstico aos estados contemplados pelo projeto, definiram-se as dimensões de atuação e a metodologia a ser utilizada: o diálogo entre as pastas da educação e da administração penitenciária dos estados; a formação e a capacitação de professores em consonância com o público e o ambiente prisional; a construção de uma pedagogia promotora da autonomia e da emancipação dos indivíduos. Essas foram as elaborações iniciais que culminaram no I Seminário de Articulação Nacional e Construção de Diretrizes para a Educação no Sistema Penitenciário, realizado no Rio de Janeiro, em 2005.

No total, foram cinco eventos, com participação de equipes de oito estados que incluíam educadores, agentes penitenciários, pesquisadores e especialistas, além da atuação da própria população prisional, por meio do Projeto Teatro do Oprimido nas Prisões, cujas apresentações trouxeram "à tona situações de opressão que fazem parte do seu cotidiano" (p. 21). O ápice do projeto consistiu na realização do I Seminário Nacional pela Educação nas Prisões, em Brasília, em junho de 2006, quando se reuniram representantes de todos os estados brasileiros, "professores, membros do sistema de justiça criminal (juízes, promotores, defensores públicos), operadores penitenciários, egressos e custodiados da justiça [...]" (Torres, 2019, p. 201), em busca da ampliação máxima da consulta sobre o tema. Ao final do encontro, foi elaborado um documento com significados e proposições a respeito dos tópicos discutidos: "Com base nesse documento, os estados e o governo federal podem rediscutir com mais legitimidade as suas dinâmicas de financiamento e podem avançar na consolidação de diretrizes mais adequadas para o setor, até mesmo com o envolvimento dos órgãos competentes para essa finalidade: o Conselho Nacional de Educação (CNE) e o Conselho Nacional de Política Criminal e Penitenciária (CNPCP)" (p. 22).

As propostas que constam no documento final do seminário foram divididas em três áreas, que contemplaram:

- *Gestão, articulação e mobilização*: nesse eixo, as propostas incentivaram o fomento e a indução de políticas públicas; a articulação entre os órgãos da educação e da justiça; a disponibilização de material didático da modalidade EJA; o financiamento pelas pastas estaduais e federais; as parcerias com universidades e organizações da sociedade civil; a escolha de educadores das próprias secretarias de educação; a disponibilização de espaços físicos adequados às práticas educativas; o diagnóstico da vida escolar dos apenados; o atendimento diferenciado aos presos dos diversos regimes de reclusão (provisório, fechado, semiaberto, aberto, em liberdade condicional); o respeito à diversidade; a garantia de continuidade de estudo para o egresso; a garantia da remição pelo estudo, à semelhança do que já ocorria com o trabalho; a oferta do trabalho como formação – e não como exploração –; a integração entre trabalho e educação; políticas de incentivo ao livro e à leitura; a implantação de bibliotecas; a elaboração de cartilhas de incentivo ao estudo; a disponibilização de documentos e materiais produzidos pelos ministérios e secretarias de Educação e Justiça e a promoção de encontros regionais e nacionais sobre a educação nas prisões.

- *Formação e valorização dos profissionais envolvidos na oferta*: nesse eixo, buscou-se a promoção de atividades de formação para os professores, de forma continuada, em todos os estados; a parceria com instituições do ensino superior e centros de pesquisa com vista à formação dos profissionais e à disponibilização de acervos bibliográficos; a atenção aos servidores penitenciários numa dimensão educativa do trabalho na relação com os apenados; a criação de espaços de debate, fóruns e redes de reflexão sobre a educação nas prisões; a inclusão, nos currículos dos cursos de Pedagogia, da educação prisional; o apoio de profissionais técnicos, como psicólogos, terapeutas, fonoaudiólogos etc.; além do aprimoramento da relação ensino-aprendizagem e o incentivo aos apenados para a atuação como monitores do processo educativo, com direito a remição e remuneração.

- *Aspectos pedagógicos*: o terceiro eixo contemplava a elaboração de um regimento escolar próprio para o ensino prisional; projetos pedagógicos e metodologias específicas para cada estado; a produção de material didático específico para o sistema penitenciário; o desenvolvimento de um currículo próprio para educação nas prisões, com a participação dos sujeitos do processo educativo (educadores, educandos, gestores do sistema prisional, agentes penitenciários etc.); a inclusão da formação para o mundo do trabalho na educação de jovens e adultos do sistema prisional; o estímulo à participação dos familiares dos presos e da comunidade em geral nas atividades educacionais que contribuam para o processo de reintegração social; a ampliação do modelo de educação a distância; a disponibilização de tecnologias que enriqueçam a relação de ensino-aprendizagem nas escolas prisionais; e o incentivo à autonomia do professor na avaliação do aluno em todo o processo de ensino-aprendizagem (DE MAEYER, 2006).

Fruto da atuação de sujeitos diversos na luta pelo acesso à educação nas prisões, o projeto Educando para a Liberdade direcionou esforços para a consolidação de propostas legislativas que se sobrepunham, desde o já citado Projeto de Lei n.º 216/1993, bem como para a racionalização de eixos de ação que instaurassem um padrão de estratégias para a efetivação da prática educacional em presídios. Alguns personagens, cuja atuação se destacou na constituição e nos desdobramentos do projeto, foram o professor da Universidade Federal da Paraíba (UFPB) Timothy Ireland, naquele momento representando o MEC; o professor da USP Roberto da Silva, criador do GEPÊPrivação, grupo de estudos e pesquisas sobre educação em regimes de privação da liberdade; a professora da Universidade Federal de São Paulo (Unifesp) Mariângela Graciano, diretora da Ação Educativa, associação civil pela promoção da educação e direitos humanos; o pesquisador belga Marc De Maeyer, membro do Observatório Internacional de Educação nas Prisões; e o professor mexicano Hugo Rangel, integrante do Sistema Nacional de Pesquisadores do México. Os dois últimos são referências internacionais da pesquisa sobre educação em espaços de privação de liberdade.

A proposta final do Seminário Nacional pela Educação nas Prisões sintetizou os principais direcionamentos para a fundamentação de políticas públicas para a educação prisional no Brasil. A partir de então, muito do que se fez sobre o tema, desde a implantação de bibliotecas à construção de salas de aula ou à elaboração de projetos de remição pela leitura, foi referendado no documento final do evento. Após a elaboração de 27 projetos de lei, entre 1993 e 2008, da realização de novos seminários (como o II Seminário pela Educação em Prisões, ocorrido em outubro/novembro de 2007), da publicação de programas como o Programa Nacional de Segurança Pública com Cidadania (Pronasci), em 2007, foi publicada, finalmente, a Lei n.º 12.433/2011, que modificou a Lei de Execução Penal (Lei n.º 7.210/1984), garantindo a remição pelo estudo como um direito dos apenados no Brasil.

Desde então, todos os esforços se voltaram para a aplicação de seus artigos, que se somaram a novas legislações, como a Lei n.º 13.163/2015, que instituiu o ensino médio em espaços de privação de liberdade. Muitas iniciativas se consolidaram pelo país, a exemplo do Programa Mulheres Mil, aplicado no âmbito do Sistema Prisional do Distrito Federal. Criado, originalmente, "com o objetivo de promover educação profissional e cidadã de mulheres pobres em situação de maior vulnerabilidade" (RIBEIRO, 2019, p. 135), o projeto foi adaptado para o ambiente prisional, ofertando o ensino em eixos como Produção Industrial (costura e modelagem de roupas) e Gestão e Negócio (recepcionista e assistente administrativo). Em Minas Gerais, são 124 escolas instaladas nas 195 unidades prisionais e APACs, onde, em 2019, 1.631 professores lecionavam para 7.244 presos matriculados nos ensinos fundamental, médio e superior (AGÊNCIA MINAS, 2019). Se considerarmos as 73.793 pessoas presas naquele ano, havia aproximadamente 10% da população carcerária envolvida com práticas educativas no estado, taxa pouco superior aos 8% da média nacional.

Os entraves à aplicação dos dispositivos das normas legais são variados: falta de infraestrutura para o ensino em espaços prisionais; carência de profissionais da educação (pedagogos, professores, bibliotecários) no corpo administrativo dos presídios; excesso de presos provisórios – o que impacta a dinâmica e a continuidade de cursos regulares; rigidez burocrática e hostilidade do próprio sistema à aplicação das garantias previstas na lei; imposição de regras que inviabilizam a regularidade dos cursos, motivadas, muitas vezes, pelos próprios gestores prisionais que consideram a educação um privilégio para os presos.

A baixa escolaridade da maioria das pessoas encarceradas no Brasil é reveladora de um ciclo perverso que vincula pobreza, criminalidade e punição. A defasagem na formação escolar, traduzida pelos números do

Infopen, de 2019, demonstra que 89% dos presos não possuem a educação básica completa (BRASIL, 2020), número que evidencia a necessidade de ações no sentido de minorar esse descompasso. Ainda que se proponha a corrigir uma defasagem na formação dos presos e promover o acesso universal à educação, sabemos que a distância para a realidade de nossos presídios e penitenciárias é considerável. A obrigatoriedade do ensino fundamental e a implantação do ensino médio previstas nas alterações da Lei de Execução Penal têm como obstáculo a inexistência de ambientes escolares na grande maioria dos locais de cumprimento de pena. Segundo números do Infopen (BRASIL, 2020), menos de 13% da população carcerária brasileira tem acesso ao ensino; poucas escolas dispõem de tecnologia de ensino a distância – alternativa eficaz e compatível com a realidade do ensino em espaços de acesso restrito. O mesmo se pode dizer sobre a presença de bibliotecas e políticas de promoção do livro e da leitura, de maneira sistemática e abrangente.

Um dos estudos mais aprofundados sobre os entraves à prática educativa no sistema prisional brasileiro foi elaborado pela Relatoria Nacional para o Direito Humano à Educação, vinculada à Plataforma Dhesca (Direitos Humanos Econômicos, Sociais, Culturais e Ambientais), uma articulação de 34 organizações e redes nacionais de direitos humanos. Coordenado por Denise Carreira, pesquisadora da área de participação social, diversidade e políticas educacionais e diretora do programa de diversidade da ONG Ação Educativa, o documento "consolidava informações levantadas entre os anos de 2008 e 2009 e mapeava a temática com o objetivo de pactuar com as instituições governamentais a emergência de Diretrizes Nacionais para a educação nas prisões, além de analisar e difundir as correlações de temas transversais de direitos humanos" (TORRES, 2019, p. 220). Por meio desse relatório, mapeou-se o cenário do ensino prisional, destacando-se os principais obstáculos para a oferta de uma educação emancipadora nos espaços de cumprimento de pena no Brasil:

- A educação para pessoas encarceradas ainda é vista como um "privilégio" pelo sistema prisional;
- A educação ainda é algo estranho ao sistema prisional. Muitos professores e professoras afirmam sentir a unidade prisional como um ambiente hostil ao trabalho educacional;
- A educação se constitui, muitas vezes, em "moeda de troca" entre, de um lado, gestores e agentes prisionais e, do outro, encarcerados, visando à manutenção da ordem disciplinar;

- Há um conflito cotidiano entre a garantia do direito à educação e o modelo vigente de prisão, marcado pela superlotação, por violações múltiplas e cotidianas de direitos e pelo superdimensionamento da segurança e de medidas disciplinares.

Quanto ao atendimento nas unidades:

- É descontínuo e atropelado pelas dinâmicas e lógicas da segurança. O atendimento educacional é interrompido quando circulam boatos sobre a possibilidade de motins; na ocasião de revistas (blitz); como castigo ao conjunto dos presos e das presas que integram uma unidade na qual ocorreu uma rebelião, ficando à mercê do entendimento e da boa vontade de direções e agentes penitenciários;
- É muito inferior à demanda pelo acesso à educação, geralmente atingindo de 10% a 20% da população encarcerada nas unidades pesquisadas. As visitas às unidades e os depoimentos coletados apontam a existência de listas de espera extensas e de um grande interesse pelo acesso à educação por parte das pessoas encarceradas;
- Quando existente, em sua maior parte sofre de graves problemas de qualidade apresentando jornadas reduzidas, falta de projeto pedagógico, materiais e infraestrutura inadequados e falta de profissionais de educação capazes de responder às necessidades educacionais dos encarcerados (CARREIRA, 2009, p. 2-3).

Esse diagnóstico mudou pouco ao longo de mais de 10 anos, a despeito da inclusão na Lei de Execução Penal da remição pelo estudo, em 2011. A presença da escola nos poucos espaços prisionais em que se conseguiu implantá-la cumpre mais a função domesticadora que sua finalidade emancipadora dos sujeitos, e as razões para esse fato são previsíveis. Se, no ambiente externo, o apelo imediatista do discurso *law and order* sempre se sobrepõe a ações pedagógicas formadoras, de médio e longo prazos, dentro dos muros da prisão a educação se configura como uma atividade marginal e disruptiva. Trata-se de uma inversão da lógica das heterotopias de que tratou Foucault, pois, aqui, a escola é o "contraespaço" gerador de estranhamento no ambiente em que se insere, ameaçando "apagá-lo, neutralizá-lo ou purificá-lo" (FOUCAULT, 2013b, p. 19), conforme define o filósofo francês. Daí a grande dificuldade de professores atuarem por uma educação libertadora, pois a burocracia penitenciária se ressente dessa ameaça, redobrando a vigilância, a censura e o cerceamento das ações. Ao propor uma nova instância de relações e trocas dentro de uma estrutura de controle como a prisão, a educação desordena o panoptismo e sua sede de tudo ver e tudo dominar.

Em artigo sobre o ensino em prisões pela ótica dos professores, a pesquisadora Elenice Onofre (2009, p. 2) destaca: "O princípio fundamental da educação escolar, que é por essência transformador, aponta o tempo-espaço da escola como possibilidade, enquanto a cultura prisional, caracterizada pela repressão, pela ordem e disciplina, visando adaptar o indivíduo ao cárcere, aponta para um tempo-espaço que determina mecanicamente as ações dos indivíduos".

Para realizar sua pesquisa, a autora entrevistou profissionais de uma unidade prisional do interior do estado de São Paulo, que elencaram os principais empecilhos ao exercício da docência nesse ambiente: falta de organização administrativa, heterogeneidade dos discentes – salas de aula em que se misturam alfabetizados, analfabetos, primários, reincidentes etc., baixa frequência e rotatividade do público, altos índices de desistência, falta de apoio – ou mesmo hostilidade – por parte dos funcionários, "que não compreendem, não aceitam, nem apoiam a formação escolar no presídio" (ONOFRE, 2009, p. 8).

O tensionamento entre o propósito coercitivo do aprisionamento e a finalidade libertadora da educação resulta invariavelmente em aumento de censura e controle da ação de professores em nome das prioridades do aparato repressivo da burocracia penitenciária. O discurso em torno da ressocialização encontra seus limites no pragmatismo punitivo de um sistema que despersonaliza e silencia na mesma proporção em que amplia sua capacidade para absorver mais parcelas de indivíduos indesejados pela sociedade. A questão que se coloca é a incoerência de um sistema que associa reinserção com punição, como se pessoas submetidas a um regime de vigilância, violência, perda da identidade e opressão pudessem voltar melhores para o convívio social ao fim de sua pena: "De fato, as unidades prisionais priorizam a manutenção da ordem interna, da segurança e disciplina, e a propalada ressocialização torna-se algo distante e irrelevante. Se no discurso oficial a prisão tem como objetivo reabilitar os delinquentes, para que voltem reintegrados à sociedade após o período de reclusão, sabe-se que essa instituição não consegue dissimular o seu avesso: o de ser aparelho exemplarmente punitivo" (SANTOS, 2007, posição 1.297).

A experiência de projetos de leitura em ambientes prisionais que serão analisados no Capítulo 4 confirma todos os tópicos elencados no relatório da Plataforma Dhesca, como se verá, sobretudo, na análise do projeto Rodas de Leitura, implementado nos presídios da região metropolitana de Belo

Horizonte, em 2017 e 2018. Obstrução, desconfiança, hostilidade, ameaça e despreparo são palavras que traduzem a relação entre as instituições e os voluntários, professores e pesquisadores que trabalham com educação prisional. Enquanto algumas unidades se mostram abertas a projetos de remição, outras impõem regras que inviabilizam o pleno exercício de profissionais do ensino.

Atividades educativas em espaços de privação de liberdade possuem marcas peculiares, por mais que a instituição escolar guarde semelhanças com a estrutura disciplinar e com mecanismos de governo da prisão. Em *Vigiar e punir*, Michel Foucault destaca essa aproximação entre estruturas disciplinares que utilizam procedimentos semelhantes de domínio sobre os corpos:

> Acaso devemos nos admirar que a prisão celular, com suas cronologias marcadas, seu trabalho obrigatório, suas instâncias de vigilância e de notação, com seus mestres de normalidade, que retomam e multiplicam as funções do juiz, tenha-se tornado o instrumento moderno da penalidade? Devemos ainda nos admirar que a prisão se pareça com as fábricas, com as escolas, com os quartéis, com os hospitais e todos se pareçam com as prisões? (FOUCAULT, 2014, p. 219).

Ambientes educacionais inseridos em prisões – sejam prédios escolares projetados para esse fim, sejam espaços improvisados, como pátios de banho de sol, cômodos anexos ou até mesmo a própria cela – instauram uma realidade paralela aos mecanismos de controle característicos dessas instituições. Desobrigada do disciplinamento das ações que ficam a cargo da vigilante e sempre ostensiva burocracia prisional, a escola na prisão constitui um espaço de desestabilização/neutralização desses mesmos instrumentos de controle. Por essa razão, ameaças e coações – explícitas ou veladas – voltam-se sobre os educadores, com a finalidade de submetê-los a esses mesmos mecanismos de opressão, se não, ao menos, de mantê-los em constante alerta em sua prática com os educandos: "Fica claro, portanto, que a penitenciária, que se pretende um espaço de reeducação e ressocialização do preso, ao construir uma experiência ancorada no exercício autoritário do poder e da dominação, acaba por constituir-se, em uma organização cujas relações se socializam na delinquência, em universidade do crime, funcionando, dessa forma, pelo avesso" (ONOFRE, 2009, p. 11).

Profissionais ou voluntários de projetos de ensino nas cadeias sabem que não há uniformidade dentro do que se convencionou chamar de "sistema prisional brasileiro". As regras, as concessões e os protocolos se alteram de presídio para presídio, ou até mesmo entre turnos de uma mesma unidade prisional. Sendo assim, os agenciamentos e as negociações em torno das metodologias, dos conteúdos e dos modos de abordagem – o que dizer, o que calar, o que permitir ou negar – deverão ser sempre reajustados entre os educadores, as instâncias de poder e os educandos, de modo a tornar proveitoso o processo educativo e minimizar os efeitos do boicote – tanto de agentes prisionais quanto dos próprios apenados – sobre a atuação dos educadores. O pesquisador Marc De Maeyer destaca a necessidade de um contrato informal entre o educando e o educador, em que este último:

> – deve reivindicar sua especificidade em termos de estatuto, de abordagem e de conteúdo. Deverá se assegurar de que seu local só é acessível aos educandos. Os guardas não estão presentes (no máximo do lado de fora, se as medidas de segurança o exigirem);
> [...]
> – deve poder garantir que as falas dos detentos, assim como suas "performances educativas" fiquem no interior do grupo e não constituam, de uma maneira ou de outra, o dossiê penal (DE MAEYER, 2013, p. 40).

Os pactos possíveis entre os sujeitos do processo educativo – educador e educando – dependerão das negociações que a escola estabelecer com o macro e o micropoder prisional. Dos diretores aos agentes prisionais, dos assistentes sociais aos pedagogos, uma relação capilar de poder se configura, exigindo cautela e paciência para a realização das atividades de ensino e aprendizagem. Há que se pensar no quão estranha pode ser a educação formal para os próprios apenados, que, na maioria dos casos, não tiveram acesso a esse direito antes da condenação. A finalidade do processo educativo como ferramenta para a ressocialização fica comprometida, se pensarmos que a prisão abriga exatamente sujeitos que não foram socializados e que, talvez por isso, tenham realizado as condutas criminosas que os levaram até ali. Para se pensar na finalidade desse processo, portanto, deve-se ter em conta o perfil do preso: marginalizado, desescolarizado, enrijecido, brutalizado.

A educação, em um ambiente de privação de liberdade, precisará sempre reafirmar suas credenciais e sua validade, por oferecer alternativas pouco sedutoras e eficazes em relação a outras ocupações – ou mesmo a não ocupação – como modo de vencer o tempo. Isso por se tratar de uma prática que pode ser facilmente entendida como mais um mecanismo de controle no sistema carcerário; ou que pode ser pouco eficaz, diante da possibilidade do trabalho prisional; pode ainda constituir um desafio difícil demais de ser superado – o que traria um efeito inverso para a construção da autoestima dos detentos;

por fim, pode reforçar o sentimento de exclusão, pelo pequeno contingente que é capaz de absorver, em uma realidade que já se marca pela segregação:

> Precisamente porque são muito identificados com a repressão e a punição, programas de educação são frequentemente rejeitados, assim como outras iniciativas na prisão. A educação nunca será a pitada de açúcar que permitirá engolir mais facilmente uma porção amarga – a prisão. Enredada na contradição de punir e oferecer uma perspectiva às pessoas que não escolheram estar ali e que, para uma parcela dentre eles, já preparam sua saída e suas próximas vitórias ou vinganças, a educação na prisão raramente é acolhida como uma oportunidade (DE MAEYER, 2013, p. 35).

A questão que se coloca é: de que maneira convencer esse indivíduo oprimido, invisibilizado – a quem, na maioria dos casos, foram negadas as oportunidades de educação e trabalho –, de que a escola no ambiente prisional será favorável a sua formação, tornando-o apto a ser reinserido no sistema social que sistemática e reiteradamente lhe fechou as portas? Pessoas condenadas e presas, normalmente, buscam o caminho mais curto para a conquista da liberdade; a frequência escolar e as atividades laborais somam-se ao rol das tarefas que contarão pontos no prontuário do "bom comportamento", reduzindo seu tempo na prisão. Essas atividades são também modos de tornar os dias menos enfadonhos e tediosos. Para o pesquisador Timothy Ireland, "no médio prazo, a pessoa reclusa adota atitudes que lhe permitem deixar o presídio o mais rapidamente possível – mas não são aprendizagens que o preparam para retornar à sociedade" (IRELAND, 2011, p. 28).

Pode-se pensar que, ao entrar na prisão, o indivíduo se vê obrigado a desaprender códigos de convivência para aprender a se adaptar e a se anular, modo mais eficaz de encurtar o tempo de permanência atrás das grades. O ingresso de um interno em iniciativas de ensino prisional não necessariamente reflete o anseio e a crença de que o aprendizado escolar será importante durante e após o cumprimento da pena. Por mais que haja semelhanças entre a escola e a cadeia, será necessário entender a educação nas prisões como um modo muito específico de aquisição e compartilhamento do saber, com peculiaridades que nunca serão replicadas em práticas docentes exteriores a essa realidade. Há que considerar, portanto, os saberes já existentes no cotidiano prisional, modo de se construírem vínculos entre os sujeitos do processo educativo.

A vida intramuros obriga o indivíduo a entender e respeitar códigos intrínsecos de comportamento, seja os da burocracia administrativa, seja os da lei interna entre os próprios reclusos. Esse aprendizado informal se nutre do conjunto de saberes que devem ser levados em conta em projetos de ensino em cadeias, sob pena de não se confirmarem os pactos de confiança do educador com o público-alvo. Afinal, "o detento não chega do nada na prisão e nos cursos. Ele possui uma experiência compartilhada com outros detentos com os quais tem um universo de exclusão comum. O educador parte da situação em que se encontra o educando, não de onde ele imagina que ele esteja" (DE MAEYER, 2013, p. 39). Essa experiência compartilhada poderá motivar a elaboração de "temas geradores" que vão direcionar o processo de ensino, procedimento idealizado por Paulo Freire em *Pedagogia do oprimido*, "ponto de partida do processo educativo, ou da ação cultural de caráter libertador" (FREIRE, 2019, p. 138):

> O papel do tema gerador é tensionar entre o saber já construído por cada sujeito com o saber em processo de construção intersubjetiva a partir da discussão em grupo. Através da exposição do que cada um já sabe – do seu nível de compreensão da realidade constitutivo de um mundo intersubjetivamente partilhado – é possível desencadear a discussão problematizadora que, explicitando as diferenças de visão de mundo e as contradições intrínsecas à produção da realidade social, gera novos níveis de consciência/ conhecimento da realidade problematizada, oportunizando, a cada sujeito, a ressignificação de sua visão de mundo (ZITKOSKI; LEMES, 2015, p. 7).

É necessário realizar um levantamento de temas pertinentes ao cotidiano prisional, para, a partir de sua compreensão, propor métodos de ensino que sejam compatíveis com essa realidade. Há saberes inerentes a todo e qualquer ambiente prisional, que demandam capacidade de leitura e interpretação a todos que o adentram. Aprendizagens compulsórias para um recém-ingresso na prisão são, por exemplo: os modos de sobrevivência; os pactos de silêncio; as alianças estratégicas; as negociações com o poder administrativo – diretores, guardas, carcereiros; as negociações com o poder interno – os próprios companheiros de cela. Timothy Ireland (2011, p. 26) ressalta que essa educação informal "se baseia na percepção da experiência como uma rica fonte de aprendizagem: aprendemos em muitos espaços e de múltiplas formas, dos quais escapam as atividades que possuem objetivos educacionais. Em diversos casos, como o prisional, o ambiente ensina o que é necessário para sobreviver".

Nenhum método ou instituição exterior à realidade prisional é capaz de definir as linhas de atuação do indivíduo aprisionado, já que os próprios códigos internos o obrigam a se posicionar perante o seu entorno. O trabalho pedagógico que leve em consideração a realidade dos educandos deve ouvir suas demandas e propor discussões que direta ou indiretamente abordem esses conteúdos, assim como elaborar planos de ensino que respeitem essa realidade. O papel do educador é viabilizar a construção de saberes conjuntos que permitam compreender e transcender limitações e dificuldades no trato dessa mesma temática, modo de respeitar e construir pactos no processo de ensino e aprendizado. O contrário disso é a educação formalista, impositiva, verticalizada, que cumpre protocolos, propõe ementas prévias, mas não dialoga, não provoca nem desloca a realidade dos educandos; uma educação que cumpre metas de sucesso para que estas constem em relatórios e para atender aos tópicos de pesquisas de qualidade, cujos resultados são definidos *a priori*; ou, ainda, um tipo de ensino pretensamente capaz de minimizar o impacto da transição entre a prisão e a liberdade, sem considerar as reais necessidades dos egressos:

> Esta insistência em ver o detento apenas como detento – visão constante durante o encarceramento e ainda nos anos seguintes – impede o trabalho de outros aspectos da personalidade. Não se trata de negar o passado e o crime, não se trata de dar um certificado de boa reputação àquele que não merece. Trata-se de ajudá-lo a enxergar que é possível fazer outras coisas, que ele é capaz de outras atitudes, outros projetos, outras afeições (DE MAEYER, 2013, p. 46).

Por outro lado – e a partir do universo que os circunda –, é necessário construir com os detentos novos conceitos e saberes que não se restrinjam ao imediatismo da vida entremuros. Sempre evitando as armadilhas do assistencialismo, há que considerar que a educação nas prisões é um direito chancelado por diversos instrumentos legais, bem como garantido pela Constituição, e que, portanto, não constitui um mero favor da sociedade em benefício dos presos. Educar a partir do repetitivo e restrito cotidiano prisional e oferecer a perspectiva de um conhecimento que não se limite à prisão: tal é o paradoxo e o desafio da prática docente em presídios.

É fundamental lembrar, ainda com Marc De Maeyer (2013, p. 46), que "a educação é um processo. Não educamos um detento para prepará-lo para sair. Para isso, o informamos ou guiamos. Damos-lhe as balizas. A educação na prisão ou alhures é outra coisa". E é em busca dessa "outra coisa" que o educador deve se lançar, sempre atento aos sinais que permitem entrever o humano sob a brutalidade massificada dos espaços de privação de liberdade.

Educação, leitura e escrita de si

Os escritos do cárcere somam um conjunto de narrativas, poemas, cartas, diários e uma grande quantidade de gêneros derivados, que encontram também na música um veículo de expressão, em letras de canções. João do Rio tematizou essa questão na já citada crônica "Versos de presos", em que menciona o costume dos "bardos, trovadores, repentistas e inspirados" (Rio, 2008, p. 218) que habitavam a Casa de Detenção.

É importante, portanto, pensar em que medida projetos de educação em presídios podem se tornar mais efetivos se, levando em conta a realidade e os anseios dos educandos, propuserem atividades de leitura e de expressão – verbal e não verbal – como forma de representação do mundo e de si mesmo. A ampliação das noções de *texto* e de *interpretação* é fundamental para o acesso a novos modos de expressão, e a escrita de si, por meio de gêneros formais e não formais, pode ensejar a renovação – ou a inauguração – de uma ideia positiva de ensino e aprendizagem entre os detentos:

> É uma dimensão essencial da educação na prisão: é desejável que as histórias pessoais possam ser contadas, compreendidas, analisadas e reapropriadas. [...] Dizer, compreender e expressá-lo é possível na prisão sem entrar na psicanálise ou com vistas a um tratamento terapêutico. Educar será reunir os pedaços. A reunião dos pedaços será feita pela educação não-formal: a teatralização, experimentar emoções pelo desenho, pela poesia, escrita, entre outras formas, mas, também, trabalhar com as atitudes. Reunir os pedaços é, às vezes, encontrar a motivação de aprender a ler e a escrever, desde que não se reduza a alfabetização a um ato técnico. Aprender a ler e a escrever sua relação no mundo. Aprender a ler e a escrever é o encontro do sujeito e da letra (De Maeyer, 2006, p. 52).

A coletânea *Contos tirados de mim: a literatura no cárcere* reúne narrativas escritas por pessoas presas na Penitenciária Jucemar Cesconetto, da cidade de Joinville, em Santa Catarina. A escrita desses textos resultou de uma oficina de criação literária ministrada pelo escritor e editor Alex Giostri, em janeiro de 2016. A proposta consistiu em incentivar o público interno a se expressar por meio da literatura, elaborando cenas, enredos e personagens que poderiam se inspirar na realidade ou se construir ficcionalmente. No texto introdutório da coletânea, o editor explica que buscou dar ao participante da oficina "a possibilidade de que crie uma nova moldura e se enquadre na vida da maneira que achar melhor, ou seja, trata-se de um mergulho, de uma aproximação íntima, trata-se, por fim, de uma atividade lúdica que em sua ludicidade aprimora cada um que a experimente" (Giostri, 2016, p. 14).

Das 17 histórias presentes no livro, seis tratam de questões relacionadas ao crime e à prisão; as demais abordam situações cotidianas que envolvem amor, trabalho, relações familiares, misticismo e sexualidade. Ao fim de cada narrativa, há uma pequena biografia escrita pelo próprio autor, em que se elabora uma autoimagem com detalhes da formação profissional, afetiva e social de cada um. Interessa nesses textos biográficos – e em sua relação com as narrativas ficcionais – rastrear os elementos para a compreensão das histórias de vida, como chave para a elaboração de um método de *escrita de si*, fundamento de iniciativas como a proposta por Alex Giostri na penitenciária de Joinville. Como afirma Jaqueline Fachini na introdução do livro, "colocar-se no lugar do escritor implica necessariamente uma visão crítica e reflexiva, criando possibilidades de apropriar-se de sua identidade, de seus sonhos, pensamentos, fantasias, que podem ser problematizados e até ressignificados, possibilitando a cada um se dar conta de sua própria história e de suas próprias escolhas" (Fachini, 2016, p. 23).

A narrativa que abre a coletânea, "Decisões impensadas", de autoria de Dannylo Cegala de Almeida, conta a trajetória de Pedro, um garoto nascido nos anos 1980, em um ambiente de carência e desagregação familiar. Doado pela mãe, Pedro foi criado por uma tia até os 6 anos, quando retornou à casa. Enquanto seu pai biológico cumpria pena por assalto, a mãe se casou com um homem 32 anos mais velho e trouxe a criança de volta. Entre idas e vindas de vínculos desfeitos, mudanças de família, abandonos e decepções, Pedro torna-se adulto e inicia uma tumultuada trajetória que envolve relacionamentos instáveis e prática de crimes. Preso por assalto, à semelhança do pai, o jovem reflete sobre sua própria história ao cumprir a pena: "Durante a sua estada no cárcere, Pedro descobriu, repensando a vida, que viver, que a falta de coragem para enfrentar as adversidades, é a maior causa do fracasso humano" (Almeida, 2016, p. 28).

A história desse personagem fictício sintetiza a trajetória de boa parte dos jovens que se envolvem com a criminalidade no Brasil: origem pobre, estrutura familiar precária, abandono, violência, prática de crimes e prisão. Independentemente das marcas biográficas que a história possa conter, é importante pensá-la como uma leitura reflexiva de alguém que perdeu a liberdade e encena o desejo de superação: "Ainda preso, Pedro já possuía uma visão mais ampla, no entanto ainda não tinha um objetivo fixo a seguir. Só o que sabia até o fim desta história é que a sua meta era a felicidade. E que cabia a ele decidir se ia em busca dela ou não" (ALMEIDA, 2016, p. 30). A conclusão da história deixa em aberto o futuro do personagem, que, como o autor, encontra-se preso. Não há vitimismo, atribuição de culpa a terceiros ou lamento pela precariedade de sua formação. A narrativa destaca as decisões equivocadas do protagonista e se conclui com a autoanálise de Pedro, quando privado de liberdade.

Essa mesma atitude reflexiva diante da própria história pode ser percebida na síntese biográfica escrita pelo autor ao final do texto: "Natural de Campinas – SP. Solteiro, recluso há três anos e cinco meses. Autodidata em busca de sua melhoria como ser humano, aprimorando suas virtudes e trabalhando diariamente para minimizar seus vícios; errante, consciente de seus erros, de forte senso analítico adquirido através do empirismo com suas interações humanas" (ALMEIDA, 2016, p. 31).

Note-se o recorte em torno das ideias de aprendizado, aprimoramento, persistência, correção, superação, autoanálise e sociabilidade, ideias sintetizadas em poucas linhas, de maneira objetiva. A conclusão do texto ficcional "Decisões impensadas" ecoa na descrição biográfica do autor, sobretudo no exercício da reflexão pessoal durante o cumprimento da pena. Se pensarmos que a concepção da obra *Contos tirados de mim: a literatura no cárcere* se deu a partir de uma oficina de escrita literária, é natural que os participantes tenham se inspirado em acontecimentos pessoais para a construção dos cenários, do enredo, dos personagens etc. O organizador destaca que os textos advêm "em sua maioria de relatos pessoais, autorreferenciados" e se organizam "em histórias com começo meio e fim, isto é, o que todos tinham na memória metamorfoseou-se em narrativas curtas e ficcionais" (GIOSTRI, 2016, p. 12). O que é interessante ao se pensar na escrita ficcional e na descrição biográfica de Dannylo Almeida é o esforço de compreensão da própria trajetória "errante", termo que pode ser lido tanto em sua acepção dicionarizada – "sem rumo, nômade, vagabundo" – quanto na perspectiva particular do autor, um sujeito falho, porém reflexivo: "errante, consciente de seus erros".

Uma segunda narrativa que se destaca na coletânea é "Caminho sem volta", escrita por Elizabete Oliveira Dias. A protagonista, Lúcia, rememora os fatos de sua vida, desde a infância até a juventude, quando se envolve com o crime e termina presa. Ao contrário do personagem de Dannylo Cegala, sua infância é plena de amor e acolhimento, com pais dedicados e presentes. O que a leva a se desviar da virtude familiar é a paixão por um rapaz, "arrogante e presunçoso", que "lhe apresentou o mundo das drogas, do álcool e do crime" (DIAS, 2016, p. 45). Por causa desse envolvimento, Lúcia abandona a família e, após a incursão na criminalidade, é presa e condenada; na cadeia, passa seus dias rememorando as palavras da mãe no momento em que saiu de casa: "– Minha filha, não vai, você não sabe o que te espera lá fora..." (p. 46). No desfecho da história, prevalece o arrependimento e o aprendizado em torno de valores morais: "Compreendia que não tinha mais como voltar atrás, percorrera um caminho sem volta. Perdera a liberdade que poderia vir a ter, para a tão sonhada liberdade da juventude" (p. 46). Em um esforço de autoanálise, a personagem pondera sobre as atitudes impensadas em uma fase delicada da formação humana, em que jovens muitas vezes agem impulsivamente, sem mensurar as consequências.

Em sua descrição biográfica, a autora escreve:

> Nasceu em Duque de Caxias – RJ. Cresceu no interior do Paraná, onde passou toda a infância e adolescência. Concluiu o ensino fundamental numa escola pública, onde, com o incentivo de um professor, desenvolveu o gosto pela leitura e começou a escrever poemas. Os estudos foram interrompidos com o nascimento do filho. Depois de 18 anos, voltou a estudar e concluiu o ensino médio. Apoiada pelo filho, Arthur Guilherme, que a inscreveu no vestibular da Universidade Federal do Paraná, ingressou no curso acadêmico em Serviço Social. Houve uma ruptura que a impediu de concluir os estudos, entretanto, Elizabete acredita que é possível traçar um novo caminho através das lições que teve ao longo da vida (DIAS, 2016, p. 47).

Apesar de um maior descolamento em relação à personagem da narrativa, sem uma menção direta à vida no crime, Elizabete Dias permite entrever que a ruptura que a levou a deixar os estudos acadêmicos foram atitudes que resultaram em sua prisão. O foco de sua biografia, no entanto, não são os vícios, mas o estudo, o gosto pela leitura, o apoio familiar e o desejo de superação. A autoimagem da autora não é um mero reflexo de sua narrativa, o que demonstra um esforço de distanciamento ficcional como forma de metaforizar o vivido, sinalizando apenas algumas marcas que associam a imaginação à realidade.

Michèle Petit destaca a importância da metáfora como uma ferramenta para lidar com traumas de leitores em ambientes de crise. Segundo a pesquisadora, "uma metáfora permite dar sentido a uma tragédia e evita, ao mesmo tempo, que ela seja evocada diretamente; permite também transformar experiências dolorosas, elaborar a perda, assim como restabelecer vínculos sociais" (PETIT, 2010, p. 206). No jogo entre o ficcional e o biográfico, Elisabete Dias transforma o "caminho sem volta" de sua narrativa na possibilidade de "traçar um novo caminho através das lições que teve ao longo da vida" (DIAS, 2016, p. 47).

A narrativa de si, seja pela máscara da ficção, seja pela construção biográfica, permitiu aos participantes da oficina de criação literária de Joinville compor um quadro a partir do qual puderam se situar no espaço precário da prisão. Limitados em sua mobilidade física, os detentos escritores construíram personagens e projetaram desejos, medos, lembranças, afetos reais e simbólicos que transcenderam os muros da penitenciária e permitiram o "mergulho" e a "aproximação íntima" de que tratou Alex Giostri no texto de apresentação da coletânea.

Ao abordar esse processo de construção de uma autoimagem na escrita de Luiz Alberto Mendes, em *Memórias de um sobrevivente*, Denise Carrascosa (2015, posição 2764) afirma:

> Esta operação de construção de uma imagem para si mesmo, através de um desempenho, de um "pôr em cena" um conjunto de práticas e atitudes que desenham um lugar para si nas dinâmicas das trocas sociais, parece também encontrar sua materialidade na própria narrativa de si. As tessituras entre causas e consequências, as seleções de "trechos" da vida, os enfoques, repetições, associações, informações e análises que compõem narrativamente a escrita de si são mediadores na criação de um personagem a ser lido, com quem o leitor possivelmente travará uma relação, inclusive o próprio leitor-escritor de si mesmo, como se o espaço da escrita fosse um aparato de ferramentas para que o escritor se encenasse a si mesmo como um seu leitor, receptor do personagem que cria para si.

Essa escrita que tem origem e fim em si mesma fornece uma imagem especular, resultante de uma elaboração pessoal. Pensar as próprias atitudes, refletir sobre a própria história etc. são movimentos que ganham poder de transformação quando depurados pelo exercício de representação: "O verdadeiro tolo, vítima de mofa ou estorvo dos deuses, é aquele que não conhece a si mesmo", escreveu Oscar Wilde (2014, p. 11) na longa carta endereçada ao ex-amante, enquanto esteve preso por dois anos, acusado de sodomia. Sua escrita buscava purgar o ódio, a amargura e o desprezo que substituíram o amor que sentira por Lorde Alfred Douglas. Sua carta foi uma maneira de se livrar desses sentimentos, enquanto buscava entender a si mesmo na condição de aprisionado. Em um processo dialético, a escrita de si devolve ao sujeito uma versão ressignificada da sua trajetória e permite que, ao se narrar, ele seja capaz de construir novos modos de entender suas escolhas.

A metodologia de pesquisa que leva em conta as *histórias de vida* surgiu nos anos 1980, com a publicação da obra *Produire sa vie: autoformation et autobiographie*, de Gaston Pineau, professor de Ciências da Educação da Université François Rabelais de Tours. A pesquisa científica realizada a partir das histórias de vida surgiu como um esforço para se alterar o paradigma da pesquisa nas ciências sociais, diferenciando-o do método positivista das ciências naturais. Pineau reflete sobre essa necessidade de atualização do método ao considerar a "emergência de novas práxis socioformadoras projetando, nas fronteiras das instituições, novos interlocutores em busca de novas situações de interlocução e de escritura, para tratar seus problemas vitais pós-modernos de orientação e de formação profissional e também existencial" (PINEAU, 2006, p. 333).

A análise das histórias de vida busca valorizar a memória dos atores sociais, dando sentido a suas vozes e transformando a vivência pessoal em história. O esforço que se empreende com essa metodologia é o de legitimar o discurso de indivíduos marginalizados, como é o caso dos participantes de projetos de educação em ambientes de crise. Porém, boa parte da pesquisa sobre a leitura em penitenciárias brasileiras não leva em conta as histórias de vida, restringindo-se, muitas vezes, ao levantamento de dados e números, e à elaboração de gráficos que validam as teses sobre o sucesso ou o fracasso das iniciativas. Mais que o aspecto quantitativo, a análise do impacto da leitura em ambientes prisionais deve valorizar a abordagem qualitativa a partir da reflexão memorialística de indivíduos situados em um espaço/tempo específicos. Diante da oportunidade do contato com um público de difícil acesso, é necessário transcender o caráter pragmático da equação que envolve o tempo de leitura, sua comprovação por escrito e a consequente redução de quatro dias do total da pena, conforme prevê a Recomendação n.º 44/2013, que instituiu a remição da pena pela leitura nas penitenciárias brasileiras. Como afirma Michèle Petit, no contato com leitores em ambientes de crise,

> a natureza dos processos visando à reconstrução de si mesmo raramente é trazida à tona. Tampouco em instituições como hospitais ou prisões, onde serviços públicos e associações empenham-se em facilitar o acesso aos livros. Uma parte dos que colaboram com esses projetos tem consciência da complexidade dos processos, mas outra enfatiza apenas o papel

de "distração" da leitura e, no caso do universo penitenciário, somente os aspectos funcionais que podem contribuir para uma futura reinserção profissional (PETIT, 2010, p. 26).

A compreensão das histórias de vida e dos processos de formação educacional de pessoas privadas de liberdade fornece elementos para se pensar em estratégias pedagógicas para a democratização da educação e, mais especificamente, da leitura e da escrita, ferramentas importantes para a inclusão desses sujeitos. Se, ao longo da vida, a maioria dos detentos do sistema prisional brasileiro não exerceram esses direitos como chave para o acesso aos bens culturais, ao participarem de projetos educacionais e de incentivo à leitura, podem discorrer sobre os impactos da experiência presente, bem como do histórico de sua formação. Em *Temporalidades na formação*, Gaston Pineau (2003, p. 196) afirma que

> esta participação do interessado na valorização de seu capital vital é efetivamente o que diferencia uma utilização das histórias de vida em formação, de seu uso em outros lugares, em outros setores disciplinares. Nestes setores, ela é antes de tudo um instrumento de busca. Para que ela se transforme em um instrumento de conhecimento – portanto de formação – para o protagonista, é preciso que este esteja implicado no tratamento de sua vida contada. Caso contrário, será para ele um instrumento de alienação.

Daí a importância da escuta em ambientes de crise, como presídios e demais espaços de privação de liberdade. Para além de oferecer o livro e facilitar processos de fruição e aprendizado pela leitura, é necessário deixar os sujeitos se expressarem sobre sua relação com essa prática e incentivá-los a resgatar a memória em seu processo de formação. Independentemente da expressão por meio da representação literária – como ocorreu no projeto que resultou no livro *Contos tirados de mim* –, é importante criar circunstâncias de escuta ativa desses sujeitos leitores, pois, ainda de acordo com Pineau (2003, p. 198):

> As pessoas em formação não fazem sua história de vida para fazer literatura e menos ainda num sentido disciplinar. Produzem sua história de vida, diretamente, para viver. Elas tentam, portanto, criar sentido a partir de sua experiência para fazer ou refazer sua vida – ganhá-la –, tentando compreendê-la um pouco. Não apenas no sentido cognitivo do termo, mas inicialmente conativo, quase operatório de aprender, de pôr em conjunto, em sentido, em forma, os elementos, acontecimentos, pedaços de outra maneira dispersos, fragmentados.

As histórias de vida compartilhadas em projetos de leitura são, portanto, uma maneira de alinhavar fragmentos, a partir de enredos, personagens, tempos e espaços que funcionam como dinamizadores da vivência presente, bem como da (re)construção do passado por seus participantes. De acordo com Christine Delory-Momberger (2016, p. 136), "o campo do conhecimento da pesquisa biográfica é o dos processos de constituição individual (de individuação), de construção de si, de subjetivação, com o conjunto das interações que esses processos envolvem com o outro e com o mundo social".

No contexto da escrita deste livro, o Brasil e o mundo enfrentam as consequências da pandemia causada pelo novo coronavírus, que impactou as sociedades em todo seu funcionamento. As pesquisas que dependiam do contato presencial de seus sujeitos foram obrigadas a adaptar metodologias, objetivos e demais procedimentos investigativos. Porém, mesmo antes desse contexto, pesquisadores já se ressentiam das dificuldades de rastreamento dos resultados de ações educacionais em ambientes prisionais: "Infelizmente, a ausência de uma cultura de acompanhamento e avaliação de políticas públicas no Brasil não tem possibilitado verificar se há resultados concretos em relação às ações previstas e realizadas nesta direção. As informações são imprecisas e não fundamentadas, impossibilitando avaliações mais objetivas sobre o tema" (Julião; Paiva, 2014, p. 117).

Espaços de privação de liberdade, como presídios e penitenciárias, tornaram-se ainda mais inacessíveis aos pesquisadores durante a pandemia de covid-19, por apresentarem alto grau de vulnerabilidade ao contágio. Até o mês de abril de 2022, já haviam morrido 664 pessoas, entre detentos e funcionários no sistema prisional brasileiro, de acordo com dados coletados pelo Conselho Nacional de Justiça (Boletim..., 2022). Diante desse contexto, buscamos na própria literatura brasileira exemplos de autores que registraram a relação com leitura e/ou escrita ao longo ou depois do período de aprisionamento.

Muitos sujeitos que viveram a experiência da privação da liberdade construíram relatos de vida, modo de se subjetivar diante de uma experiência de despersonalização extrema. Toda a análise sobre os mecanismos de opressão e vigilância nas prisões desenvolvida neste livro confirmou a redução do impulso criativo e da força vital dos indivíduos a um nível ínfimo, condição contra a qual se deve resistir, sob pena da perda da identidade e do amor próprio. A literatura brasileira é rica em textos narrativos, poéticos e biográficos que focalizam a passagem de escritores pelo cárcere, registros importantes da atividade literária como resistência à objetificação. Uma análise desses textos poderá lançar luz sobre processos educativos e de aquisição de habilidades e competências de leitura – bem como sobre mecanismos de expressão escrita – em ambientes de crise. A relação com os livros, os novos aprendizados, a capacidade de interpretação do ambiente, os modos de autoproteção e os *jeitos de corpo* diante do discurso do Poder serão tópicos importantes de análise, para confirmar ou mesmo acrescentar ideias à investigação desenvolvida até aqui.

Capítulo 3
Literatura e privação de liberdade no Brasil

A lira indomada

> *Aquele magistrado*
> *que digno fora, e austero,*
> *Agora te parece*
> *criminoso. E pondero:*
> *Tudo no mundo mente*
> *(Daqui nem ouro quero...)*
> Cecília Meireles, *Romanceiro da Inconfidência*

Tomás Antônio Gonzaga esteve detido por três anos, entre 1889 e 1892, em razão de seu suposto envolvimento no evento histórico que ficou conhecido como Conjuração Mineira. De acordo com acusações registradas nos Autos da Devassa da Inconfidência, caberia a Gonzaga, Cláudio Manuel da Costa e ao cônego Luís Vieira da Silva a elaboração de uma constituição provisória para o novo Estado que se inauguraria após a sedição. Por essa razão e pela suposta autoria das *Cartas chilenas* – conjunto de textos satíricos que atacavam o governador da capitania de Minas Gerais –, Gonzaga foi preso, julgado e condenado ao desterro em Moçambique, de onde nunca mais retornou.

Sua atividade como escritor ficou registrada desde sua chegada a Vila Rica, em 1882, após se formar em Leis, em Coimbra (1768), e exercer o cargo de juiz de fora em Beja, Portugal. Gonzaga elaborou um conjunto de poemas sob o pseudônimo de Dirceu, o pastor árcade enamorado da musa Marília, nome fictício de Maria Dorotéia Joaquina de Seixas Brandão, jovem de quem foi noivo, até o advento da prisão. Dentro da cadeia, compôs a segunda parte da obra, marcada pelo lamento diante da separação e pela autodefesa ante as acusações do crime de lesa-majestade. Nessas 38 liras, publicadas no livro *Marília de Dirceu*, anos mais tarde, em Portugal, Gonzaga inaugura, em nossa literatura, a tradição de uma escrita em condições de reclusão.

Prevalece nos poemas nascidos da privação de liberdade a afirmação do valor do eu poético, uma espécie de manifesto a favor da própria dignidade diante das injustiças que o vitimizavam. Segundo Antonio Candido, essa tendência de afirmação da própria valia "se acentua e vem predominar na fase da prisão, quando a poesia passa a constituir quase a única via de manifestação da sua pessoa e o confinamento do cárcere desenvolve uma orgulhosa jactância, verdadeiro recurso de preservação da dignidade e integridade espiritual" (CANDIDO, 2006, p. 128). Nos versos que, mais de um século depois, serviram de mote a Carlos Drummond de Andrade, Gonzaga afirma:

> Eu tenho um coração maior que o mundo!
> Tu, formosa Marília, bem o sabes:
> Um coração..., e basta,
> Onde tu mesma cabes.

(GONZAGA, 1995, p. 60)

O jogo que Gonzaga estabelece entre passado e presente, no diálogo intratextual da "Lira I" (primeira parte) com a "Lira XV" (segunda parte), evidencia a ruptura que se operou em sua biografia, a partir do ano 1789. Da perspectiva do cárcere, o poeta refaz o percurso amoroso, inicialmente associado a ideais neoclássicos – *locus amoenus*, *aurea mediocritas* etc. –, mas que agora culmina na solidão e na dor pela distância:

Lira I [primeira parte]

Eu, Marília, não sou algum vaqueiro,
Que viva de guardar alheio gado;
De tosco trato, d'expressões grosseiro,
Dos frios gelos, e dos sóis queimado.
Tenho próprio casal, e nele assisto;
Dá-me vinho, legume, fruta, azeite;
Das brancas ovelhinhas tiro o leite,
E mais as finas lãs, de que me visto.
Graças, Marília bela,
Graças à minha Estrela!

[...]

Irás a divertir-te na floresta,
Sustentada, Marília, no meu braço;
Ali descansarei a quente sesta,
Dormindo um leve sono em teu regaço:
Enquanto a luta jogam os Pastores,
E emparelhados correm nas campinas,
Toucarei teus cabelos de boninas,
Nos troncos gravarei os teus louvores.

Graças, Marília bela,
Graças à minha Estrela!

(GONZAGA, 1995, p. 13-14)

Lira XV [segunda parte]

Eu, Marília, não fui nenhum Vaqueiro,
Fui honrado Pastor da tua aldeia;
Vestia finas lãs, e tinha sempre
A minha choça do preciso cheia.
Tiraram-me o casal, e o manso gado,
Nem tenho, a que me encoste, um só cajado.

[...]

Propunha-me dormir no teu regaço
As quentes horas da comprida sesta,
Escrever teus louvores nos olmeiros,
Toucar-te de papoulas na floresta.
Julgou o justo Céu que não convinha
Que a tanto grau subisse a glória minha.

(GONZAGA, 1995, p. 74-75)

De início, Dirceu enumera suas posses – a casa, o gado, os trajes – e sinaliza o futuro ideal que vislumbra para si e para Marília. Após sua detenção, fica evidente o tom melancólico e sua desilusão diante da ação do destino. A ausência do refrão – "Graças, Marília bela, / Graças à minha estrela!" – nas estrofes da "Lira XV" é um índice do vazio e da falta de que padece o eu lírico aprisionado, distante da musa a quem dedica os poemas. A estrofe final de cada uma dessas liras traz outro elemento importante desse tensionamento entre os tempos na obra *Marília de Dirceu*:

Lira I [primeira parte]

Depois de nos ferir a mão da morte,
Ou seja neste monte, ou noutra serra,
Nossos corpos terão, terão a sorte
De consumir os dois a mesma terra.
Na campa, rodeada de ciprestes,
Lerão estas palavras os Pastores:

> "Quem quiser ser feliz nos seus amores,
> Siga os exemplos, que nos deram estes."
> Graças, Marília bela,
> Graças à minha Estrela!
>
> (GONZAGA, 1995, p. 14)

Lira XV [segunda parte]

> Quando passarmos juntos pela rua,
> Nos mostrarão c'o dedo os mais Pastores;
> Dizendo uns para os outros: "Olha os nossos
> Exemplos da desgraça, e são amores".
> Contentes viveremos desta sorte,
> Até que chegue a um dos dois a morte.
>
> (GONZAGA, 1995, p. 75)

Se, em um primeiro momento, a morte funciona como a eternização do idílio amoroso, envolvendo ambos na "mesma terra", na representação final do poema escrito no cárcere, apenas um morrerá, evidenciando a defasagem do destino dos protagonistas, motivada pelo contexto da separação no tempo presente. A aceitação desse novo estado não será um mero ato de resignação, no entanto. O que se destaca nos versos dessa segunda parte é a expansão de uma subjetividade para além do eu poético, anseio de liberdade que transcende os limites estreitos da prisão e redimensiona as possibilidades do culto do amor. Afrânio Coutinho (1968, p. 328) comenta que "Dirceu era um espírito confiante [...]. Tudo lhe parecia tão seguro que nem a prisão e a acusação debelaram seu ânimo: teve sempre certeza da absolvição".

A "Lira I" da segunda parte de *Marília de Dirceu* situa sua escrita nessa nova ambiência física e emotiva, a partir da qual o poeta estabelece um jogo entre temporalidades diversas:

> Já não cinjo de louro a minha testa;
> Nem sonoras canções o deus inspira:
> > Ah! que nem me resta
> > Uma já quebrada,
> > Mal sonora Lira!
>
> (GONZAGA, 1995, p. 58)

Diante da carência afetiva e do abandono da inspiração divina, o poeta busca recompor sua lírica no ambiente da prisão. Ao apresentar esse novo espaço de privação, Dirceu/Gonzaga explica o processo precário de registro dos poemas, em que a tinta e a pena são improvisadas a partir dos mínimos recursos de que dispõe:

> A fumaça, Marília, da candeia,
> Que a molhada parede ou suja, ou pinta,
>   Bem que tosca, e feia,
>   Agora me pode
>   Ministrar a tinta.
>
> Aos mais preparos o discurso apronta:
> Ele me diz, que faça do pé de uma
>   Má laranja ponta,
>   E dele me sirva
>   Em lugar de pluma.
>
> (GONZAGA, 1995, p. 59)

No jogo entre ficção e realidade, em que o destino desafortunado de Gonzaga se confunde com o da persona poética de Dirceu – mesma lógica espelhada entre Maria Dorotéia e Marília –, há que cuidar para que o enredo elaborado pelo autor não se confunda com sua real condição de prisioneiro da Corte de Portugal. A imagem sugerida nas estrofes citadas – a fuligem como tinta e a casca de laranja como pena – certamente não encontra eco na realidade, servindo apenas como um realce do impulso criador e expressivo de um poeta apaixonado. Conforme o crítico Fábio Lucas (1998, p. 73), diante da documentação precária sobre a vida de Gonzaga, "alguns biógrafos se contentam apenas com as interpretações de passagens dos poemas, esquecendo-se que a liberdade poética (o aformoseamento da natureza, por exemplo, como cânone derivado da filiação arcádica ou do mero emprego do estilo de época) permitiria um ou outro falseamento biográfico, em favor da emoção estética da mitologia literária e, até mesmo, das necessidades métricas".

O autor das liras se apropria com talento e cuidado dos índices da realidade histórica – que mais tarde o colocariam no rol dos heróis inconfidentes, estrategicamente moldados pelo discurso republicano – para elaborar sua obra e nela inserir as justificativas de sua defesa perante as acusações de que era alvo. Sua prisão, ocorrida um mês antes do casamento com Maria Dorotéia, inviabiliza um projeto de mudança e a conquista de um novo *status* profissional: Gonzaga fora nomeado para o posto de desembargador da Relação da Bahia, para onde se mudaria com a futura esposa em seguida. Segundo José Aderaldo Castello (1970, p. 162): "O sonho assim arquitetado é bruscamente desfeito, quando o poeta é preso como inconfidente, surgindo daí as liras que contrastam com aquelas anteriores à prisão, desesperançadas, cheias de abatimento e solidão, ao mesmo tempo que refletindo a preocupação da autodefesa contra as acusações feitas ao poeta conspirador".

Na elaboração dos poemas, há um esforço simultâneo de defesa ante os acusadores e de elogio do arcabouço jurídico da monarquia. Desse modo, Gonzaga intenta conseguir o perdão da rainha Maria I, mesclando a argumentação do advogado e o talento do poeta.

> Virtudes de Juiz, virtudes de homem
> As mãos se deram, e em seu peito moram.
> Manda prender ao Réu austera a boca
>   Porém seus olhos choram.
>
> Se à inocência denigre a vil calúnia,
> Que culpa aquele tem que aplica a pena?
> Não é o Julgador, é o processo,
>   E a lei, quem nos condena.
>
> (GONZAGA, 1995, p. 84)

O respeito ao poder da lei é coerente com a formação jurídica de Gonzaga, bacharel em Leis e autor de um *Tratado do Direito Natural*, com que pretendia assumir uma cátedra na Universidade de Coimbra; além disso, seu posicionamento a favor do direito se fez necessário diante da gravidade do processo do qual era réu. Ao se lastimar diante da cega Fortuna, que deixa livre o criminoso e prende o inocente, o poeta oferece uma prova de sua fidelidade à justiça da monarquia, de que foi representante, enquanto exerceu o cargo de ouvidor do rei:

> A quem fere, a quem rouba, a infame deixa
> Que atrás do vício em liberdade corra;
> Eu amo as leis do Império, ela me oprime
>   Nesta vil masmorra.
>
> (GONZAGA, 1995, p. 87)

Essa atitude, que mistura brio e resignação, traduz a força com que o poeta enfrentou todo o processo que resultou em seu degredo em Moçambique. Antonio Candido (2006, p. 130) destaca como "são impressionantes a firmeza e a sabedoria reveladas nas liras da prisão. Nem um momento de desmoralização ou renúncia; sempre a certeza de sua valia, a confiança nas próprias forças".

Lira II [segunda parte]

Chovam raios e raios, no meu rosto
Não hás de ver, Marília, o medo escrito:
    O medo perturbador,
    Que infunde o vil delito.

(GONZAGA, 1995, p. 60)

Lira XXII [segunda parte]

Por morto, Marília,
Aqui me reputo:
Mil vezes escuto
O som do arrastado,
E duro grilhão
Mas, ah! que não treme,
Não treme de susto
O meu coração.

(GONZAGA, 1995, p. 83)

Lira XXVIII [segunda parte]

    Detém-te, vil humano;
    Não espremas a cicuta
    Para fazer-me dano.
O sumo, que ela dá, é pouco forte;
    Procura outras bebidas
    Que apressem mais a morte.

(GONZAGA, 1995, p. 89)

O que se verifica nesse jogo é a dupla finalidade da exibição do valor próprio e da confiança na força pessoal, pois, se no plano poético há um pastor que busca impressionar sua musa, no plano histórico há um súdito que clama pelo perdão da rainha Maria I. O autor utiliza o lirismo a seu favor em um contexto em que a escrita poética tinha o poder de condenar ou libertar um indivíduo. Prova disso é que a mera suspeita de autoria das *Cartas chilenas* somada à denúncia de sua participação em reuniões subversivas bastaram para compor a peça acusatória contra o poeta. No entanto, a habilidade de jurista permitiu que ele se defendesse, tanto nos embargos que o próprio Gonzaga produziu – registrados nos Autos da Devassa – quanto nos poemas da prisão. Fábio Lucas (1998, p. 74) destaca que "[s]eria impossível que Gonzaga não se tivesse envolvido nos episódios pelos quais fora preso. Mas se deve louvar a sua extrema habilidade em não deixar rastros visíveis e a capacidade com que soube argumentar, quer nos Autos da Devassa, quer nas liras de Marília, a favor de sua inocência, usando perfeito rigor silogístico, sem comprometer os companheiros de conjura".

Ao contrário de outros poetas associados à Inconfidência Mineira, Gonzaga não era um homem de posses, não estava envolvido com mineração, agropecuária ou finanças; muito menos praticou contrabando de ouro ou agiotagem. Algumas dessas condutas – as lícitas e as ilícitas – são atribuídas pelos historiadores a Alvarenga Peixoto e Cláudio Manuel da Costa, por exemplo. De acordo com o historiador João Furtado, sobre este último "pesavam suspeitas de 'enriquecimento ilícito' e participação em 'rede de contrabando'". Homem rico e influente, "sabe-se que se dedicava no momento de sua prisão às suas fazendas, à mineração e à intermediação financeira" (Furtado, 2002, p. 23). Sobre Alvarenga Peixoto, consta, pelo levantamento dos bens sequestrados, que era o mais rico dos inconfidentes: além das atividades como homem do direito, também se dedicava à extração de ouro e às fazendas. No entanto, tinha fama de sovina e mau pagador, o que causava "grande indignação a alguns dos homens com os quais negociava porque sistematicamente tergiversava quanto ao pagamento de suas dívidas" (p. 40).

A atuação profissional de Gonzaga se limitava ao cargo de ouvidor geral, espécie de juiz corregedor da comarca, com atribuições especificadas detalhadamente nas Ordenações Filipinas. Cabia ao ouvidor administrar a justiça em conjunto com o capitão-mor e governador da capitania, que, no contexto da Vila Rica da segunda metade do século XVIII, era um desafeto do escritor. Luís da Cunha Meneses, cujo governo transcorreu entre os anos 1783 e 1788, foi objeto de diversas denúncias e reclamações que Gonzaga encaminhou à Coroa e ficou eternizado como o personagem Fanfarrão Minésio das *Cartas chilenas*. Isso comprova a função polivalente da lírica do autor de *Marília de Dirceu*, ora se voltando aos temas pastoris da estética neoclássica, ora utilizando seu poder de crítica e questionamento em um contexto político-econômico conturbado.

Com a destituição de Meneses e a chegada do novo governador, o Visconde de Barbacena, Tomás Gonzaga deixou o cargo de ouvidor, sendo nomeado desembargador da Relação da Bahia, para onde seguiria após o casamento com Maria Dorotéia. Em 22 de maio de 1789, um mês antes dessa celebração, eclodiram as denúncias da conjuração, e Gonzaga foi preso e enviado ao Rio de Janeiro: "Tomás Antônio Gonzaga foi preso em sua casa por uma escolta sob o comando do tenente-coronel Francisco Antônio Rebelo, quase ao mesmo tempo em que outra escolta prendia o velho contratador Domingos de Abreu Vieira. [...] Todos seguiram direto para o Rio de Janeiro, montados em cavalos que os soldados puxavam pela rédea e, humilhação das humilhações, agrilhoados nos pés e nas mãos" (Souza, 2011, p. 182).

João Furtado (2002, p. 29) aborda o caráter heterogêneo do movimento "tanto no que respeita à extração social dos agentes e suas motivações econômicas, como às ideias que alimentava, no tocante ao sentido último do projeto sedicioso". O julgamento e a condenação de juristas e intelectuais, membros da força policial, comerciantes, fazendeiros e mineradores dá uma dimensão da pluralidade de estratos sociais que compunham o movimento inconfidente. Em sua defesa, Gonzaga argumentou até o fim não ter motivos para se insurgir contra a Coroa, pois se casaria em breve e nutria novos planos profissionais com sua nomeação para desembargador na Bahia. Nos Autos da Devassa, o autor lista sete razões que impediriam sua participação em qualquer motim, dentre as quais se destacam as três primeiras:

> Primeiro o de ser filho de Portugal, onde tem bens, e pai graduado no lugar de Desembargador dos Agravos; Segundo o estar despachado para Desembargador da Bahia, e não ser de presumir que quisesse perder este emprego útil e certo, por coisa incerta, e menos útil, que se lhe pudesse oferecer; Terceiro porque estava justo a casar, não se havia de querer expor a uma guerra civil, e contra os parentes de sua esposa, que todos são militares (Minas Gerais, 2016a, p. 209-210).

A mesma argumentação que utiliza em seu interrogatório Gonzaga deixa explícita em passagens das liras escritas na prisão, seja pela esperança na absolvição, seja pela atenuação das acusações dos seus detratores. Na "Lira

XXXIV", o poeta descreve a Marília uma noite passada na cela, em que os sonhos pintam variadas cenas em sua mente, com destaque para esse futuro ideal que pretendia viver em outras terras:

> Pintam que os mares sulco da Bahia;
> Onde passei a flor da minha idade;
> que descubro as palmeiras, e em dois bairros
>   Partida a grã Cidade.
>
> Pintam leve escaler, e que na prancha
> O braço já te ofereço reverente;
> Que te aponta c'o o dedo, mal te avista
>   Amontoada gente.
>
> (GONZAGA, 1995, p. 96)

Em outro momento, na "Lira XXXVIII", poema que o crítico Alberto Faria (*apud* LUCAS, 1998, p. 74) chamou de "crônica processual rimada", Gonzaga argumenta diante da deusa da Justiça sobre a impossibilidade de ter conspirado contra a Coroa, por já estar nomeado como representante dessa mesma monarquia em seu novo posto:

> [...]
> Achas também que sou tão pouco esperto,
>   Que um bem tão contingente
> Me obrigasse a perder um bem já certo?
>
> [...]
>
>   Não sabes quanto apresso
> Os vagarosos dias da partida?
>   Que a fortuna risonha,
> A mais formosos campos me convida?
> Não me unira, se houvesse, aos vis traidores:
>   Daqui nem ouro quero;
> Quero levar somente os meus amores.
>
> (GONZAGA, 1995, p. 101-102)

E, contra a acusação de Joaquim Silvério dos Reis, que lhe imputou a liderança do movimento de insurreição, Gonzaga questiona essa mesma Justiça:

> Eu, ó cega, não tenho
> Um grosso cabedal, dos mais herdado:
> Não o recebi no emprego,
> Não tenho as instruções de um bom soldado,
> Far-me-iam os rebeldes o primeiro
> No império que se erguia
> À custa do seu sangue, e seu dinheiro?

(GONZAGA, 1995, p. 102)

Todos os argumentos presentes em sua lírica, somados ao seu desempenho oral durante os interrogatórios e aos embargos escritos de próprio punho, não surtiram efeito diante da sanha punitiva da monarquia portuguesa, que buscava sustentar o poder na colônia por meio da ameaça, do terror e da violência. No saldo final desse processo condenatório, os poetas e intelectuais foram desterrados – com exceção de Cláudio Manuel da Costa, encontrado morto por enforcamento uma semana após a prisão –, alguns religiosos foram condenados à prisão perpétua em Portugal, e Tiradentes (Joaquim José da Silva Xavier), o alferes responsável pela difusão das ideias reformistas entre as camadas populares, foi enforcado e esquartejado.

Gonzaga deixou um legado poético e histórico com seus escritos, sobretudo com as *Cartas chilenas* e com os textos produzidos durante a prisão, antes de partir para a África, onde morreu 18 anos depois. Seu real envolvimento nos planos de um levante contra a Coroa nunca foi provado, restando apenas acusações colhidas de personagens que, como ele, estavam sob a pressão e o medo do absolutismo monárquico. Suas liras intentam influenciar o rumo dos acontecimentos e, se não atingem o efeito desejado, restam como prova significativa do seu talento como jurista e como poeta.

Leitura, potência de vida

> *Na leitura, o texto fala para nós, nos fala: fala para nossa escrita, para nossa conversação, para nosso pensamento, para nossa maneira de viver. Trata-se, nas palavras de Rancière, "de projetar o livro para um real que não é esse que o livro conta, mas sim esse em que ele deve se converter em um ato, em uma potência de vida".*
>
> Jorge Larrosa. *Tremores*

Graciliano Ramos elaborou suas *Memórias do cárcere* a partir da experiência na cadeia, no contexto da ditadura de Getúlio Vargas. Preso sem acusação formal em virtude de sua atividade político-literária, o escritor foi uma das vítimas da perseguição aos comunistas nos anos 1930, permanecendo recluso de março de 1936 a janeiro de 1937. Detido em Alagoas, Graciliano foi transferido primeiramente para o Recife e depois para o Rio de Janeiro. Passou alguns meses na Casa de Detenção, sendo transferido, posteriormente, para a temida Colônia Correcional de Ilha Grande. Apesar de ter escrito algumas impressões durante o período de reclusão, por duas vezes teve de se livrar dos papéis, pois temia que essas notas o comprometessem perante os oficiais que o vigiavam. O autor só retomou o registro desses acontecimentos 10 anos depois, ao elaborar um relato impressionante com mais de 700 páginas, que permaneceram inconclusas, em razão de sua morte, em 1953.

O escritor oscila, de início, entre a ideia de construir uma ficção memorialística ou um relato de vida, fiel a sua leitura dos acontecimentos e dos personagens com quem conviveu, como deixa claro na primeira página das *Memórias*: "me afligiu a ideia de jogar no papel criaturas vivas, sem disfarces, com os nomes que têm no registro civil. Repugnava-me deformá-las, dar-lhes pseudônimo, fazer do livro uma espécie de romance; mas teria eu o direito de utilizá-las em história presumivelmente verdadeira? Que diriam elas se se vissem impressas, realizando atos esquecidos, repetindo palavras contestáveis e obliteradas?" (RAMOS, 2008, p. 11).

A dúvida quanto ao gênero da escrita se justifica se pensarmos que toda memória pressupõe uma apropriação subjetiva da realidade. Em um contexto de aprisionamento, em que se manifestam afetos e pulsões reveladoras de instintos primitivos de sobrevivência, tanto quem narra quanto quem é representado estão expostos ao olhar de leitores distanciados no tempo e no espaço. Esse é um dos traços comuns entre a literatura de quem se iniciou como escritor na prisão – como é o caso de Luiz Alberto Mendes – e o registro de escritores que se tornaram prisioneiros e representaram essa experiência, como Graciliano Ramos.

Detido em casa, no mesmo dia em que entregara o manuscrito de *Angústia* para a datilógrafa, o escritor não ofereceu resistência ao oficial que viera buscá-lo. Ao contrário, quando este chegou, Graciliano já o esperava com a valise pronta. Alertado na véspera por um amigo do Departamento Geral de Instrução Pública de Alagoas, onde exercia o cargo de diretor, o escritor se recusou a se esconder ou a fugir de seus algozes:

> Num instante decidi-me. Não me arredaria, esperaria tranquilo que me viessem buscar. Se quisesse andar alguns metros, chegaria à praia, esconder-me-ia por detrás de uma duna, lá ficaria em segurança. Se me resolvesse a tomar o bonde, iria até o fim da linha, saltaria em Bebedouro, passaria o resto do dia a percorrer aqueles lugares que examinei para escrever o antepenúltimo capítulo do romance. Não valia a pena. Expliquei em voz alta que não valia a pena. Entrei na sala de jantar, abri uma garrafa de aguardente, sentei-me à mesa, bebi alguns cálices, a monologar, a dar vazão à raiva que me assaltara (Ramos, 2008, p. 23-24).

Momentos antes de ser conduzido pelo oficial, Graciliano lembrou-se de levar consigo três livros que recebera na véspera pelo correio: *Território humano*, de José Geraldo Vieira, *Gente nova*, de Agrippino Grieco, e *Dois poetas*, de Octávio de Faria. Essas obras o acompanharam por boa parte do período de 10 meses em que esteve preso, funcionando ora como um exercício de resistência à apatia, ora como um desafio ante o sofrimento, mas sempre oferecendo dificuldades a um sujeito fragmentado em busca de se reorganizar no ato da leitura: "Os três volumes, lidos a custo, diluíam-se no ramerrão do serviço, nas vozes de comando, nas estridências da meia-volta, do rancho, do silêncio" (p. 77). O propósito aqui é abordar a relação de Graciliano com os livros em *Memórias do cárcere*, buscando entender em que medida esse contato colaborou para a manutenção de sua integridade psicológica e, por vezes, fortaleceu seu compromisso político, estético e moral, diante da opressão e da ameaça de seus algozes na experiência penitenciária.

Desde o quartel no Recife, passando pelo porão do navio *Manaus*, até o Pavilhão dos Primários da Casa de Detenção, são muitas as passagens em que Graciliano Ramos menciona esse enfrentamento difícil dos textos, na rotina da prisão: "a ligeira sonolência perturbada vezes sem conta e a leitura das mesmas páginas de José Geraldo Vieira. Parecia-me faltar a um dever. Habituara-me a ler todos os livros que me remetiam, ali estavam três a desafiar-me em longa insônia, e era-me impossível fixar a atenção neles" (p. 33). A dificuldade de concentração derivava de vários fatores: da apreensão sobre seu destino à debilidade física, da falta de comunicação à precariedade dos ambientes que percorreu – o quartel no Recife, o porão do navio *Manaus*, o Pavilhão dos Primários da Casa de Detenção do Rio de Janeiro, a Colônia Correcional de Ilha Grande e a Casa de Correção, de onde, por fim, foi libertado. Em todos esses espaços, o autor tentou manter sua atividade intelectual por meio da leitura de romances e da escrita de suas impressões em fragmentos de papel que carregava consigo. Ler e escrever configuravam práticas de resistência ao poder que o aprisionava, ainda que o autor tenha confessado em vários momentos sucumbir à "quebra da vontade"⁵ imposta pela cadeia:

> Impossível conservar-me deitado. Recorria a um dos três volumes, remoídos inutilmente na viagem, sentava-me, procurava entender um capítulo (p. 227).

> Difícil entregar-me ao livro. O pensamento fugia, partia-se, emaranhava-se em lembrança da sociedade nova que me impunham, confusa, heterogênea, sempre a alterar-se, recompor-se (p. 228).

> E achava-me só, um livro na mão, espremendo os miolos inutilmente para entendê-lo. Pezunhava numa página, lia cinco, seis vezes, largava a brochura, desanimado. A leitura se havia tornado impossível; contudo aventurava-me a escrever (p. 469).

> As turmas haviam saído para o trabalho e no galpão restavam apenas os doentes. Sentado na cama, esforçava-me por entender um livro, relendo páginas (p. 501).

Em "Graciliano Ramos: a forma-prisão", artigo presente no livro *Fisiologia da composição*, Silviano Santiago (2020) analisa razões dessa inércia criativa do autor, durante os meses em que esteve preso. Afeito a estimulantes como o álcool, o cigarro e o café, Graciliano Ramos estava privado do primeiro, consumia o segundo em grandes quantidades e aceitava beber o terceiro, ainda que alertado por um faxina sobre a presença de inibidores de vontade em sua composição: "– Se o senhor soubesse o que há nisto, não bebia tanto. Indaguei, o tipo encolheu os ombros e ficou por aí. Desatento ao conselho, não me abstive do líquido enjoativo, adocicado. E nem de longe suspeitei que o gostinho de formiga tivesse ligação com o prolongado esmorecimento" (RAMOS, 2008, p. 214).

Prática comum nos presídios e hospícios de então, a adição de brometo de potássio ou substâncias similares nos alimentos tinha como objetivo auxiliar na "quebra da vontade" mencionada por Graciliano. Segundo Silviano

---

⁵ Logo nos primeiros capítulos, quando ainda estava recolhido no quartel do Recife, Graciliano afirma: "Operava-se assim, em poucas horas, a transformação que a cadeia nos impõe: a quebra da vontade" (RAMOS, 2008, p. 33).

Santiago (2020, p. 24, grifos do autor), "tal como servido no cárcere, o café é *estimulante paregórico* (etimologicamente, *paregórico* significa próprio para consolar, para acalmar). Ele é estimulante entorpecedor do corpo, da imaginação e do desejo sexual". Em uma passagem esclarecedora, Graciliano Ramos aborda o efeito da bebida em seu cotidiano na prisão:

> A apatia sexual, notada meses atrás, depois esquecida, novamente me causava surpresa. Tentei vencê-la enchendo as horas de insônia com cenas lúbricas; isto se convertia depressa num exercício mental penoso, e era como se me faltassem partes do corpo. A lembrança das mulheres não me dava nenhum prazer. Por que me havia aparecido aquilo de repente? Chegara-me a impotência completa. Bem; se fosse definitiva, não valia a pena mortificar-me; iria talvez eximir-me de excessivos tormentos, da horrível necessidade insatisfeita, que me perturbava o trabalho. Iria comportar-me direito, como um frade, relacionar ideias fugitivas, obrigá-las à disciplina; as histórias se arrumariam no papel sem as frequentes suspensões inevitáveis. Para ser franco, esse entorpecimento me agradou; se não fosse ele, a reclusão demorada se tornaria dolorosa em extremo. E continuei a beber café, muitas canecas de café, não percebendo nisto sombra de inconveniente (RAMOS, 2008, p. 386).

Tal é a batalha de Graciliano em busca de concentração e envolvimento em um contexto de desânimo, dispersão e alienação. A relação difícil com os livros, no entanto, não o impede de insistir nesse desafio, pois o que está em jogo, mais do que a assimilação de um conteúdo, é a função organizadora da leitura em um ambiente de crise. Ocorre com o escritor algo discutido no livro já citado de Michèle Petit *A arte de ler ou como resistir à adversidade*, em que se afirma que, nesses contextos, "trata-se, não de uma evasão do mundo, mas de inventar um ponto de apoio para lidar com o mundo aqui e agora", de "introduzir um canto na realidade" (KAPLAN *apud* PETIT, 2010, p. 76).

O tensionamento entre o leitor e o texto é próprio da atividade da leitura, ainda que as condições sejam favoráveis. O contato com ideias, histórias, emoções e pensamentos encadeados na teia da linguagem nos obriga a um pacto reordenador da temporalidade cotidiana. Por isso, em um ambiente prisional, onde o tempo tende à circularidade monótona e depressiva, a leitura pode ser um elemento dinamizador da realidade. Além disso, ante a objetivação do humano, característica desses espaços, tal atividade instaura um movimento introspectivo, propício ao pensamento e à imaginação. Deslocamento e fabulação configuram, portanto, estratégias vitais para quem lê em condições adversas, sobretudo para os que estão expostos à opressão e à violência.

No livro *Os métodos de leitura*, Lionel Bellenger (1979, p. 19) destaca que:

> Em geral, a calma e a tranquilidade facilitam a leitura. São a melhor resposta ao desejo de isolar-se do mundo. [...] O leitor põe-se à vontade, em segurança. Ler é um pouco "partir". Por isso o leitor se prepara e se cerca. Ao contrário, a leitura pode ser um remédio contra o peso de um ambiente constrangedor. As pessoas leem no meio do barulho, das sacudidelas, da promiscuidade. [...] A leitura ajuda a esquecer. Ao mesmo tempo, a leitura se ressente disso. Ela cultiva sua má reputação (pouco rendimento, cansaço, lentidão). O tédio leva à leitura, assim como a cama e a doença.

A aventura do leitor Graciliano Ramos, em *Memórias do cárcere*, está associada a essas ideias de "cansaço", "lentidão" e "tédio". Os três livros que o acompanharam durante os meses iniciais de sua prisão – enquanto esteve detido no Pavilhão dos Primários – somaram-se a outros textos com os quais teve contato na cadeia, sempre como um desafio a ser vencido a cada dia. Há que ressaltar, ainda, o rigor com que se dedicava à leitura, exigindo dos autores lidos o mesmo método na elaboração que impunha a sua própria escrita:

> Uma noite de calor, suando no colchão duro, chateava-me a folhear um romance idiota. Alguém, na cama vizinha, interrompia-me afirmando com enorme certeza que aquilo era uma bíblia. Desenvolvia motivos, indicava passagens onde se arrumavam belezas imperceptíveis. Aborrecia-me: – Está bem. Isso mesmo. Impossível descobrir alguma vantagem no livro espesso, bem construído, científico em demasia. As personagens, terrivelmente sábias, expunham temas difíceis, causavam-me dor de cabeça (Ramos, 2008, p. 662).

Dono de uma prosa enxuta, preocupado em expressar apenas o essencial, Graciliano se irritava com a retórica excessiva, vazia, fosse na escrita, fosse na fala. Essas marcas de estilo interferiam na sua relação com a linguagem dos livros ou com o discurso dos companheiros de prisão, intensificando sua antipatia por alguns desafetos:

> Aborrecia-me a folhear um livro ruim e desejava matar o autor daquilo. Ivan chegou, sentou-se na cama à direita, entrou a conversar com Apporelly. Receando ser indiscreto, larguei a brochura, ergui-me. O tenente pediu-me que ficasse. Tornei a sentar-me, reabri o volume, um romance pavoroso, continuei a ler por hábito, indiferente à prosa escrita e à falada. A indiferença não era completa: chegavam-me os períodos longos do rapaz e voltava-me a impressão recebida meses antes: – "É o militar que sabe sintaxe" (p. 632).

Em uma passagem famosa de *Memórias do cárcere*, Graciliano Ramos critica os discursos do então secretário-geral do Partido Comunista, Antonio Maciel Bonfim, de codinome Miranda. Detido após a Intentona Comunista de 1935, Miranda goza de prestígio entre os presos políticos, mas seu desempenho com as palavras não convence o escritor alagoano, que denuncia a inconsistência e a vaidade do líder político e destaca, sobretudo, sua retórica vazia e excessiva:

> O seu primeiro discurso, fluxo desconexo, me surpreendeu e irritou. Depois das palestras sérias de Rodolfo, aquilo fazia vergonha, uma palavrice infindável, peca, de quando em quando interrompida com uma frase boba, transformada em bordão: "– Isto é muito importante." Em vão buscávamos a importância, e o aviso tinha efeito burlesco. Ausência de pensamentos e fatos, erros numerosos de sintaxe e de prosódia (p. 268-269).

Note-se que as discordâncias no nível do conteúdo encontram eco na crítica à linguagem, em seus excessos e desvios. Crítico das fórmulas restritivas e padronizadas que norteavam a retórica dos membros do partido, Graciliano denuncia esse artifício populista na linguagem de Miranda: "Essas incorreções não se deviam apenas à ignorância do orador, realmente grande. O singular dirigente achava que, para ser um bom revolucionário, lhe bastava conhecer o ABC de Bukharin. Solecismos e silabadas também se originavam de um preconceito infantil em voga naquele tempo: deformando períodos e sapecando verbos, alguns tipos imaginavam adular o operário, avizinhar-se dele" (p. 269).

Trechos como esse geraram insatisfação entre membros mais sectários do Partido Comunista Brasileiro, que, anos mais tarde, reuniam-se com o escritor nos almoços em que eram lidos capítulos do livro ainda inédito. A despeito do desagrado de políticos e escritores – com destaque para Diógenes de Arruda Câmara e Dalcídio Jurandir –, Graciliano manteve os trechos críticos à retórica inconsistente de Miranda. Esse traço incoercível da personalidade do escritor se traduz em suas convicções políticas e em seu projeto estético, refratário às fórmulas doutrinárias para a criação artística. Segundo Dênis de Moraes (2004, p. 211), "o atrevimento de burlar os gabaritos acabou lhe valendo incompreensões e infortúnios. Os epígonos do stalinismo acusavam-no de ter estagnado no 'realismo crítico' e reprovavam os 'excessos de subjetivismos' em seus romances, em detrimento de análises objetivas". Graciliano, no entanto, nutria verdadeira repulsa pelos preceitos do realismo socialista de Andrei Jdanov, dirigente responsável pelos parâmetros estéticos da "arte revolucionária" de Stalin:

As impugnações dentro do partido aborreciam-no. "Eu só sei fazer o que está nos meus livros", defendia-se, sem esconder a amargura. Segundo Mercadante, Graciliano respeitava a intervenção ideológica quando a produção literária trazia, como em Balzac, as circunstâncias socioeconômicas de seu tempo. Afora isso, não via razão para introduzir, no essencial dos personagens, arroubos retóricos que artificializavam os sentimentos (p. 201-202).

O compromisso com uma arte livre das amarras de programas partidários se reflete na crítica ao desempenho oral do dirigente Miranda, pois Graciliano percebe que o modismo em torno de uma língua popular, para além de um artifício retórico, configurava também um programa estético, fato que o desagradava até mesmo quando praticado por seus pares: "Sentiam-se à vontade usando a estúpida algaravia: isto lhes facilitava a arenga e encobria escorregos involuntários, impingidos por conta da linguagem convencional. Esnobismo de algum modo semelhante ao dos nossos modernistas, vários anos no galarim, a receber encômios deste gênero: – 'Como eles sabem escrever mal!'" (RAMOS, 2008, p. 269).

Fato é que o prazer pela leitura permanece inacessível a Graciliano Ramos, afora os raros momentos em que tem contato com a prosa de José Lins do Rego, Jorge Amado ou Lúcio Cardoso, cujos livros – *Usina*, *Mar morto* e *Luz no subsolo* – foram-lhe encaminhados, por intermédio da esposa, pelo editor José Olympio. No quarto volume de *Memórias do cárcere*, há uma passagem importante sobre a leitura do romance *Usina*, cujos primeiros capítulos se passam no presídio de Fernando de Noronha. O contexto da prisão interfere no juízo de Graciliano sobre a narrativa de Lins, que escrevia sobre o cárcere sem nunca ter sido detido: "Zanguei-me com José Lins. Por que se havia lançado àquilo? O admirável romancista precisava dormir no chão, passar fome, perder as unhas nas sindicâncias. A cadeia não é um brinquedo literário" (p. 575). A experiência da privação de liberdade atravessa e contamina a fruição do romance, levando Graciliano a se ressentir do exercício ficcional do amigo escritor: "Pessoa de tanta experiência, de tanto exame, largar fatos observados, aventurar-se a narrar coisas de uma prisão distante. O indivíduo livre não entende a nossa vida além das grades, as oscilações do caráter e da inteligência, desespero sem causa aparente, a covardia substituída por atos de coragem doida. Somos animais desequilibrados, fizeram-nos assim, deram-nos almas incompatíveis" (p. 574-575).

Ao analisar aspectos dessa interação entre texto e leitor, Wolfgang Iser (1999, p. 10) destaca que a leitura só se torna um prazer no momento em que nossa produtividade entra em jogo, ou seja, quando os textos nos oferecem a possibilidade de exercer as nossas capacidades. Sem dúvidas, há limites de tolerância para essa produtividade; eles são ultrapassados quando o autor nos diz tudo claramente ou quando o que está sendo dito ameaça dissolver-se e tornar-se difuso; nesse caso, o tédio e a fadiga representam situações-limite, indicando em princípio o fim de nossa participação.

A relação entre Graciliano Ramos e os livros é atravessada pela fadiga, pelo tédio e pela impotência diante da situação-limite do aprisionamento. Daí o tom às vezes desproporcional com que avalia a escrita de autores como José Lins do Rego, comportamento do qual se ressente e que busca corrigir no mesmo capítulo: "Afastei a palavra dura. Não era bem isso. Ingenuidade, sim, ingenuidade. Esperávamos dele a experiência. Surpreendi-me a dizer coisas tolas: – Somos sapateiros. Devemos fazer sapatos, bons sapatos. Para que fabricar pulseiras e brincos? Sapateiros, bons sapatos" (RAMOS, 2008, p. 576). A metáfora do adereço – "pulseiras e brincos" – em oposição ao artigo de primeira necessidade – "bons sapatos" – resgata a ideia de uma escrita que expressa o essencial, isenta de malabarismos estruturais ou temáticos. A repriminenda ao artifício ficcional de José Lins, ainda que contaminada pela dureza da experiência presente, não deixa de fazer jus ao princípio estético que norteia a atividade do escritor – e do leitor – Graciliano Ramos.

O autor alagoano tem ciência das armadilhas inerentes à atividade de leitura e de escrita. Os limites do estilo, espécie de prisão da qual nunca se liberta, são abordados já nas primeiras páginas das *Memórias do cárcere*, quando afirma: "Liberdade completa ninguém desfruta: começamos oprimidos pela sintaxe e acabamos às voltas com a Delegacia de Ordem Política e Social, mas, nos estreitos limites a que nos coagem a gramática e a lei, ainda nos podemos mexer" (p. 12). Silviano Santiago, em seu já citado artigo presente em *Fisiologia da composição*, analisa o conceito de liberdade nessa acepção ampla, que inclui a condição estética e a sociopolítica:

> No estilo de Graciliano Ramos, a liberdade tal como almejada pelo preso político não se assume como valor absoluto, já que não se confunde com a liberdade universal, filosoficamente almejada para a condição humana. Ela, na cadeia, expressa apenas o se mexer [*sic*] livre do ser humano. [...] Ser prisioneiro é consequência da condição linguística, sociopolítica e econômica do humano. Liberdade política é valor precário (ela não é "completa", para citar o adjetivo no texto de Graciliano). Evidências do valor extramoral da liberdade são o inevitável uso correto do léxico e da

> sintaxe em língua nacional [...], ditado pelo dicionário e pela gramática, e o comportamento social, político e econômico do cidadão, devidamente vigiado e punido pelas leis vigentes, legais ou ilegais. Conquista-se a liberdade em exercício individual entre manifestações concretas, variadas e violentas, de coerção (SANTIAGO, 2020, p. 21).

O aprisionamento físico se afigura como um símbolo dos limites que se impõem à atividade artística, diante dos quais o escritor tenta "se mexer" na busca de um mínimo de liberdade na criação. Ao abordar a forma-prisão como lugar da composição literária, o propósito de Santiago é discutir em que medida seu romance *Em liberdade* – no qual elabora ficcionalmente um diário na voz de Graciliano Ramos, nos meses seguintes à saída da prisão – consegue se *hospedar* nas *Memórias do cárcere*, apropriando-se, por meio da técnica do pastiche, do estilo do escritor alagoano: "a forma-prisão não é só o preço da passagem pela grafia-de-vida e pelo estilo de Graciliano Ramos. É também e principalmente o preço que não se paga em moeda pela hospedagem numa vida e numa obra tão acolhedoras e generosas" (p. 38). Se, de fato, vida e obra oferecem acolhimento e generosidade, os meses de aprisionamento do escritor – sob a influência do estado de opressão e ameaça, somado à impotência proporcionada pela química do café adocicado – comprometem a escrita ficcional ou de circunstância e a fruição plena do ato da leitura. No entanto, algo da ordem do acaso ocorre e merece registro nas páginas de suas memórias.

Os três livros que levou consigo no momento da prisão deram início a um percurso de leitura que atravessou – e foi atravessado – pela experiência do cárcere, potencializando a perspectiva estética, ética e política do cidadão e do escritor. Depois de tê-los perdido no Pavilhão dos Primários, Graciliano os reencontra na "pequena biblioteca desordenada" (RAMOS, 2008, p. 206-207) do Coletivo – um organismo criado pelos intelectuais presos para a ajuda mútua no contexto da prisão –, na Colônia Correcional da Ilha Grande:

> Era uma pequena coleção amarfanhada, triturada, suja, inteiramente de acordo com o lugar onde funcionava. Encontrei nela, inexplicavelmente, os três volumes que me acompanharam no dia da prisão e tentei decifrar no quartel do Recife e a bordo: lá estavam as dedicatórias de José Geraldo Vieira, Agrippino Grieco e Octávio de Faria. Essas artes tinham-me deixado o cubículo no Pavilhão dos Primários; agora, rasgados e sem capas, serviam de pasto a ladrões, vagabundos e políticos (p. 470).

A posse, a perda e o reencontro desses livros não são fruto de um mero acaso, mas constituem algo da ordem da *experiência*, que, para Jorge Larrosa

(2014, posição 148), "é o que nos passa, o que nos acontece, o que nos toca. Não o que se passa, não o que acontece, não o que toca". Há mesmo uma inversão em relação ao uso desse termo pelo senso comum, pois, segundo Larrosa, só há *experiência* quando somos transformados pelo acontecimento, ou seja, quando somos deslocados das certezas prévias com que nos posicionamos diante do mundo. O movimento de idas e vindas dessas obras, seu trânsito no espaço entre duas prisões distantes e o retorno surpreendente às mãos do leitor a quem foram dedicadas são o índice de novos ciclos dinamizadores da engrenagem emperrada do tempo na prisão. A despeito da sensação de imobilismo e apatia, algo se move, transforma-se e dissemina seu conteúdo no universo prisional. Nesse reencontro, os livros retornam "rasgados e sem capas" às mãos de um Graciliano física e psicologicamente fragmentado pelos meses de privação; ambos, livros e leitor, modificados, ressignificados, mas vivos.

Podemos partir da noção de *texto* como uma unidade de significado e expandir a reflexão para a própria materialidade dos *três volumes* de Graciliano Ramos, pensar sobre sua direção, seus novos leitores e seu manuseio por outros sujeitos. O reencontro dos volumes na dimensão *coletiva*, posse – e "pasto" – de presidiários, é uma bela metáfora da expansão da leitura como uma ação não controlável e resistente a direcionamentos. É como se os livros fossem o início e (quase) o fim de uma aventura de separação, de dor e de sofrimento, mas também de encontro, de solidariedade e de comunhão: "Conservei esses livros por muitos meses, acompanharam-me por diversos lugares, foram remoídos, esfacelaram-se, pulverizaram-se" (Ramos, 2008, p. 31). Se o ato de "pulverizar" se liga à ideia de redução, aniquilamento e desaparecimento, seu sentido também pode ser entendido como propagação, espalhamento e difusão. Com isso, ainda que o escritor sofra com a inação e a apatia, pode-se entender a leitura como uma potência de vida; um poder que, mesmo latente, prevaleceu sobre o esquecimento, a perda e a morte em *Memórias do cárcere*.

Além da leitura cotidiana, Graciliano Ramos também exercitou a escrita, anotando apontamentos para uma possível narrativa sobre a experiência carcerária. Desde sua prisão, o autor alimentou a ideia de registrar a rotina penitenciária, seus personagens e acontecimentos: "indispensável arranjar um livro, a lápis, em pedaços de papel, frustrar com ele a monotonia da prisão. Este último pensamento vinha sempre, teimoso, não havia medo de suprimi-lo. Dar-me-iam tranquilidade necessária para fazer um livro? Provavelmente não dariam" (p. 39). Embora em nenhum momento tenha submetido os escritos à avaliação de seus algozes, o escritor sofria com o receio de que lhe suprimissem essas anotações em que registrava fatos e pessoas que lhe despertavam a curiosidade. Assim como ocorria com a leitura, a prática da escrita era um enfrentamento difícil, moroso, influenciado pelo estado de confusão mental e desânimo físico: "a composição saía chocha, pingada, insignificante: as pontas dos lápis se quebravam a cada instante [...], a deficiência interior persistia, desânimo, indecisão e a certeza de que os papéis laboriosamente rabiscados não teriam préstimo" (p. 66-67).

O senso crítico do autor, associado ao rigoroso método de escrita de seus romances, não autorizava qualquer concessão na elaboração desse "diário de bordo", que seria a base para uma obra futura. Ainda que as condições adversas dos espaços prisionais por onde passou não possibilitassem a calma e a concentração necessárias à prática da escrita, Graciliano exerce uma autocrítica impiedosa sobre sua produção:

> A minha decisão de traçar um diário encolhia-se, bambeava, sem nenhum estímulo fora ou dentro. Os fatos, repisados, banalizavam-se. Apenas quatro ou cinco sobressaíam, mas, ao dar-lhes forma, vi-os reduzidos, insignificantes. Difícil enxertar neles alguma circunstância que lhes desse relevo e brilho: saíam naturalmente apagados, chatos – e irremediáveis. Prosa de noticiarista vagabundo. Tropeços horríveis para alinhavar um simples comentário (p. 78).

O esforço em seguir escrevendo talvez tenha sido exatamente um gesto de resistência à objetificação que torna os prisioneiros seres autômatos e insensíveis. Entre os presos políticos, muitos escreviam memórias e narrativas ficcionais, que submetiam à leitura de Graciliano, em busca de uma aprovação na maioria das vezes frustrada: "Naquele tempo grassava na cadeia uma epidemia literária. [...] A história de Amadeu Amaral Júnior deixou-me enervado e besta. Não estava mal escrita – nem bem escrita. Não havia nela um chavão – nem uma ideia. Pronomes no lugar direito, o pequeno vocabulário em ordem, nada mais. Uma dessas coisas que nos dão azia e contrações no diafragma. Que diabo queria Amadeu Amaral Júnior dizer com aquilo?" (p. 578).

A despeito desse rigoroso juízo crítico, ao longo dos 10 meses de prisão, o autor redigiu um total de quase 100 páginas, nas quais registrou cenas, impressões e juízos sobre o cotidiano dos espaços de reclusão onde esteve. Por excesso de cautela e por medo da ação repressiva do Estado Novo contra si e contra os companheiros retratados nessas páginas, o escritor se desvencilhou dos escritos. No primeiro evento, depois de escrever dezenas de páginas relatando o cotidiano do quartel no Recife, do navio *Manaus* e do Pavilhão dos Primários, Graciliano jogou as folhas no mar, quando entrava na embarcação que o levaria à Ilha Grande: "Descemos. Em meio do caminho ouvi um grito e, levantando a cabeça, distingui o soldado preto a acenar-me. Subi ao convés, recebi vários maços de cigarros e caixas de fósforos. Ao metê-los nos bolsos, encontrei as folhas de papel cobertas de letras miúdas e joguei-as na água. Representavam meses de esforço, nenhuma composição me fora tão desigual e custosa, mas naquele momento experimentei uma sensação de alívio" (p. 401).

Meses depois, ao deixar a Ilha, onde também anotou suas impressões sobre o cotidiano em reclusão, Graciliano abandonou novamente seus registros, temeroso de que fossem apreendidos no momento da revista: "O moço retirou-se. O que não estava em segurança eram as notas guardadas entre meias e lenços, doidice pretender levá-las. Novo trabalho perdido. Peguei-as, contei-as: umas quarenta páginas inúteis. Rebentei o cordão que prendia a esteira ao forro da cama, abri um esconderijo, meti-as ali. Quando as achassem, haveria um fuzuê dos diabos" (p. 218-219).

A despeito de considerar esses escritos mal elaborados e de afirmar que possivelmente os queimaria por se tratar de "prosa ordinária", há um tom de pesar nas muitas passagens em que Graciliano rememora essas anotações da prisão: "Se eu não fosse um maluco, teria salvo as folhas escritas na Colônia, deixadas estupidamente debaixo da esteira, na cama suja de hemoptises. Bastava uni-las à barriga, sob a cueca, prendê-las com o cinto; aí não me viriam fazer investigações. Vivíamos a criar fantasmas. Por isso as notas se haviam perdido" (p. 617).

Somente 10 anos depois de sua libertação o autor iniciou a escrita de *Memórias do cárcere*, buscando recompor essas anotações abandonadas, num esforço de resgate dos detalhes, cenários, acontecimentos e personagens com que conviveu nos 10 meses de detenção. Se a leitura das obras que o acompanharam – somadas aos demais livros com que teve contato na prisão – teve um papel fundamental na organização de sua subjetividade, suas anotações funcionaram como um modo de sistematização do caos ao seu redor, ainda que demandando um esforço sobre-humano de concentração e paciência. O texto abandonado no passado necessitava ser resgatado para que a aventura da prisão fizesse sentido e o escritor pudesse registrar esse capítulo pessoal e coletivo de uma história que vincula prisão e literatura. À semelhança de Dostoiévski, nas *Recordações da casa dos mortos*, Graciliano busca representar a aventura carcerária literariamente – embora não ficcionalize a voz narrativa, como fez o autor russo. Seu processo de escrita da memória o aproxima mais de Primo Levi, que, no mesmo contexto da segunda metade dos anos 1940, descreve sua recente experiência em Auschwitz, no já citado *É isto um homem?*.

O rigor da escrita, a subjetividade das impressões e o apuro estético fazem de *Memórias do cárcere* uma obra-prima do século XX. A ausência do capítulo final é atenuada pelos esclarecimentos do filho Ricardo Ramos acerca do conteúdo que Graciliano pretendia desenvolver na conclusão das *Memórias*: "Sensações de liberdade. A saída, uns restos de prisão a acompanhá-lo em ruas quase estranhas. [...] Talvez surgissem pontos acidentais, desdobrasse a matéria em dois capítulos. Mas nada que pretendesse valorizar, tivesse influência no conjunto. Somente as primeiras sensações de liberdade" (p. 678).

Michèle Petit, citando o escultor Jean-Paul Melet, afirma que "a arte não é somente algo que vem substituir uma realidade debilitada, é também algo que resiste ao caos" (PETIT, 2010, p. 213). Em *Memórias do cárcere*, a leitura e a escrita foram instrumentos importantes dessa resistência do autor, que o ajudaram a suportar os 10 meses de uma prisão arbitrária, perpetrada por um Estado ditatorial e repressivo.

Escrita, liberação de forças

> *Vejamos sem vertigem a medida da minha inocência.*
> Arthur Rimbaud, *Uma temporada no inferno*

A experiência de Tomás Gonzaga e de Graciliano Ramos em espaços de privação de liberdade apresenta o relato de escritores já reconhecidos por sua atividade literária, com a publicação de obras que entrariam para o nosso cânone, como *Marília de Dirceu* e *São Bernardo*. Décadas mais tarde, a prisão seria o ambiente motivador para o surgimento de uma das mais importantes vozes da poesia brasileira na segunda metade do século XX, o poeta Waly Salomão. A passagem do autor pela Casa de Detenção do Carandiru, entre janeiro e fevereiro de 1970, desencadeou um processo de escrita poética de intensa expressividade, determinante para o início de sua carreira literária. O escritor esclarece a importância dessa experiência em uma passagem do documentário *Pan-cinema permanente*, do diretor Carlos Nader:

> Eu tinha sempre a veleidade, a vontade muito grande, desde garoto, de ser escritor. E sempre me achava inadequado para aquela tarefa, desde que me entendo por gente. Aos 8 anos, já era um livro que eu escolhia

pra ser o bolo infantil. Mas precisou, no início dos anos 70, eu viver a descida do poeta ao inferno. Numa pequena blitz na avenida São Luís em São Paulo, eu fui apanhado com uma porção de fumo e nessa prisão, nessa casa de detenção que é o famigerado Carandiru, eu fiz um texto chamado "Apontamentos do pav dois". Então o fato de eu ter sido encarcerado, ver o sol nascer quadrado, foi uma concentração até espacial do meu desejo e eu consegui fazer meu primeiro texto, conseguiu jorrar daqui de dentro. Quer dizer, o que era prisão virou liberação de forças (PAN-CINEMA..., 2008).

Essa noção de "liberação de forças" será uma das chaves para a compreensão dos "Apontamentos do pav dois", texto escrito num fluxo verbal que faz confluírem enredos, personagens, cenários, que se mesclam a *insights* e reflexões existenciais, filosóficas e metalinguísticas. Tudo posto em movimento pela escrita automática, modo apropriado para a expressão de uma subjetividade até aquele momento contida, mas que transborda a partir da experiência da prisão. O próprio gênero de escrita – "apontamento" – traduz essa condição dinâmica, sintética – e, simultaneamente, instantânea e provisória – de uma estética em processo de construção. Na condição aprisionada em que se encontrava, Waly viabilizou uma saída para sua expressão poética, daí a relevância da criação desse texto inaugural no contexto da prisão.

Publicado dois anos depois da experiência da detenção, em seu livro de estreia, *Me segura qu'eu vou dar um troço*, os "Apontamentos do pav dois" se mantêm até hoje como um marco da obra de Waly Salomão – bem como da poesia da geração dos anos 1970 –, seja por seu caráter de revelação e surpresa, seja por seu inventivo processo de construção. Antonio Candido (1979, p. 13) considera o livro "um tipo de literatura violentamente anticonvencional, que parece feita com sucata de cultura". Para o crítico, na escrita de Waly Salomão, cruzam-se

> o protesto, o desacato, o testemunho, o relato – tudo numa linguagem baseada geralmente na associação livre e na enumeração caótica, formada de frases coloquiais, gíria "hippie", obscenidades, períodos truncados, elipses violentas, transições abruptas, resultando num movimento bastante vivo cuja matéria é a experiência pessoal do autor. Aqui não podemos falar de memórias, nem de relato, nem de ficção, nem de poesia, nem mesmo de estilo. É a literatura antiliterária, traduzindo uma espécie de erupção inconformista (p. 13).

Como o próprio crítico comenta no início do ensaio, ao se olhar para a produção literária do presente, "muitas vezes, o que há de importante, não aparece no momento em que ocorre; está nos níveis escondidos, nas correntes subterrâneas, nos gritos sem eco" (p. 5). Por essa razão, talvez não se tenha considerado o contexto pessoal da escrita dos "Apontamentos do pav dois" como um elemento motivador da complexidade temporal do texto, de sua dinâmica entre o relato e a memória, da ficcionalização da experiência vivida (que se expressa sobretudo pelo "personagem" Sailormoon), da subversão consciente da linguagem em busca de um estilo próprio do escritor que se iniciava na escrita. Se a técnica de construção desses fragmentos da vida na cadeia não se pauta pela linearidade memorialística, há ao menos a tentativa de se direcionar ideias, acontecimentos e cenas a serem montadas como um "modelo para armar", imagem reiterada ao longo do texto:

> Minha mãe me penteou. À máquina zero tosaram-me o velo. Modelo para armar. Não tomar a sério os seus inimigos e as suas desgraças é o sinal característico das naturezas fortes que se acham na plenitude do seu desenvolvimento e que possuem uma superabundância de força plástica, regeneradora e curativa que sabe esquecer (SALOMÃO, 2016, p. 17).

> O profundo sono. Anestesia é para os dentes o bem supremo. A atividade aliviando a consciência. Modelo para armar (p. 190).

Essa técnica de escrita cambiante, remontável e polissêmica se faz adequada ao espaço e ao momento da elaboração do texto: um ambiente de vigilância e censura, em um contexto histórico de ditadura militar. A estrutura coordenada das frases traduz a justaposição das ideias, que podem muito bem ser redispostas em outra montagem, reorganizadas, desarmadas: "O texto se masturbando continuamente no seu campo descontínuo. O texto mordendo o seu próprio rabo. O texto mocozado. [...] O texto embaralhando as cartas. Modelo para desarmar" (p. 19).

Em *O amante da algazarra*, o poeta e crítico Flávio Boaventura analisa essa poética do estilhaço, que põe em jogo a desconstrução e a reconstrução como pares complementares, e não antitéticos, na escrita de Waly Salomão. Influência nietzschiana, por princípio, destruir e construir "não são atitudes independentes, antes constituem momentos de um mesmo desenrolar ou processo. Isso justifica o emprego do termo *dionisíaco* para denominar seu procedimento filosófico, sua capacidade de expressar o sentimento de integração entre o *criar* e o *aniquilar*" (BOAVENTURA, 2009, p. 28, grifos do autor).

Ao mesmo tempo que se desarma um modelo para reembaralhá-lo sob nova configuração, desarma-se também o olhar vigilante e ameaçador do poder no ambiente prisional. Ressalte-se que o adjetivo "mocozado" define algo guardado, camuflado, escondido, ou seja, um texto que deve ocultar – por sua constituição intrinsecamente simbólica e cambiante – e ser ocultado do olhar repressor. Nesse sentido, a escrita de Waly Salomão é menos rastreável e, por isso, menos *apreensível* – com toda a gama de sentidos que esse termo possa assumir aqui – do que as anotações que Graciliano Ramos realizou em *Memórias do cárcere*. Lá, o escritor alagoano teve de se desvencilhar de seus escritos, temeroso de que fossem confiscados pelo aparato repressivo dos presídios, o que poderia gerar punições a si e aos seus companheiros. Aqui, o poeta procura diluir sua escrita na "confusão de gêneros que permite todas as liberdades" (CANDIDO, 1979, p. 13), texto híbrido e oscilante, ao mesmo tempo aberto, em sua gama de sentidos, e hermético às interpretações dos agentes do aparelho repressivo da ditadura. Por isso, a importância de pensarmos na "sobrevivência" dos escritos de Waly Salomão, que, ao contrário de Graciliano, ainda não havia estreado na literatura nem sabia se essa primeira incursão na escrita seria legitimada *a posteriori*. O desejo de se tornar escritor, no entanto, estava na origem da "liberação de forças" produzida por esses apontamentos, daí sua conservação ser tão significativa para uma carreira que se iniciava.

No texto, a descrição de personagens e situações da vivência na cadeia se mesclam a citações bíblicas, referências históricas, passagens da mitologia grega e outras narrativas de origem, fragmentos da memória pessoal, reflexões existencialistas, citações literárias e menções ao processo de elaboração da própria escrita. Flávio Boaventura (2009, p. 65) aborda esse aspecto múltiplo e dialógico da escrita do poeta baiano: "A dicção de Waly é deliberadamente *anfíbia*, multifacetária e tumultuária, porque assume explícita e destemidamente o recurso a textos e autores vários, rompendo todo tipo de demarcação de propriedade. 'Alheio' e 'próprio' confundem-se em diferentes instâncias: 'Dança do intelecto e dilaceração dionisíaca' (Armarinho de miudezas, p. 72)".

Essa espécie de caleidoscópio verbal se situa, pode-se dizer, entre o poético, o memorialístico e o ensaístico, permitindo um deslizamento de discursos que ora se explicitam, ora se escondem nos zigue-zagues do texto.

SIRIO desponta de dia

DILÚVIO

Confusão da aflição do momento com o **DILÚVIO**.
O **DILÚVIO** em cada enchente. reencarnação.

> **NOÉ** = intérprete de sinais. O sacassinais. O mensageiro
> da advertência.
> 500 anos = **BR**.
> 500000 anos = idade aproximada da espécie humana.
>
> Memória popular de uma região perdida, onde
> uma humanidade sábia e progressista passou anos felizes
> em santa e sábia harmonia.
>
> (Salomão, 2016, p. 11)

Os versos iniciais dos "Apontamentos..." sinalizam essa dimensão discursiva plural e multifacetada. "Sirio" remete tanto à estrela da constelação do Cão Maior – visível a olho nu a partir de qualquer ponto da Terra – quanto à origem familiar do escritor, filho de mãe baiana e um imigrante da Síria que chegou ao Brasil nos anos 1930. "Sirio desponta de dia": uma estrela é vista, ao mesmo tempo que uma origem familiar e pessoal é resgatada para iluminar o percurso textual que se inicia nessa frase. Dentro e fora, passado e presente: pares de ideias que se movimentam para que surja o texto.

Na sequência, da perspectiva dessa origem pessoal, o escritor resgata origens coletivas, inscritas tanto na cena do dilúvio quanto na memória de um Brasil anterior à colonização. No relato bíblico, Noé é o escolhido para conduzir homens e animais para um novo mundo que nascerá após a descida das águas; na perspectiva de uma "memória popular", a origem do nosso país inclui uma "humanidade sábia e progressista", que vivia em harmonia com a natureza. Nota-se, portanto, que, desde o início desses "Apontamentos...", há um interesse em se pensar a dialética entre o individual e o coletivo, construindo um campo expandido de reflexão, para além das limitações do contexto de aprisionamento e de imobilidade física do indivíduo.

Waly aborda questões importantes da realidade da prisão em seu relato testemunhal. Sua curta experiência de 18 dias no Carandiru permitiu uma observação sensível da engrenagem que vincula agentes da lei a indivíduos marginalizados, a partir de jogos de poder baseados em negociações e trocas de vantagens: "Na cadeia tudo é proibido e tudo que é proibido tem" (Salomão, 2016, p. 12). Essa frase traduz o paradoxo de um sistema que se pauta pela privação e pelo cerceamento das ações de indivíduos, mas que permite – e, às vezes, incentiva – vínculos não ortodoxos com os agentes do poder. Essa é uma das questões importantes abordadas por sociólogos, como Gresham

Sykes (1969, p. 87): "Guardas e reclusos tornam-se envolvidos num padrão complexo de relações sociais, nas quais a estrutura formal da instituição penal está sujeita a um número de influências rompidas; é somente pelo entendimento da natureza e extensão das divergências do quadro oficial que podemos entender a natureza do aprisionamento".

No artigo "Cárcere e sociedade na América Latina, 1800-1940", Carlos Aguirre (2017, p. 64) destaca que "o consumo de álcool e drogas, assim como os jogos de azar, ainda que proibidos pelos regulamentos, eram frequentemente tolerados pelas autoridades, por serem convenientes aos seus interesses. Como resultado de todas essas práticas de socialização, a vida na prisão podia ser, ao mesmo tempo, lúdica e violenta, divertida e dolorosa".

A reclusão por um motivo fútil e o convívio compulsório com praticantes de crimes graves representam esse índice da violência a que Waly esteve submetido, no contexto de sua detenção. Por outro lado, o exercício da escrita evidencia o aspecto "lúdico" da experiência do escritor, por meio da transgressão pela linguagem, do deslocamento do eixo lógico e da dramatização da própria existência. Nesse esforço, Waly se reinventa, nomeando-se "Sailormoon", o Marujeiro da Lua, corruptela de seu sobrenome "Salomão". O poeta encena a si e aos demais personagens a sua volta, transformando o ambiente opressor e violento em um palco teatral:

> EU, SAILORMOON, de sangue indomárabe, Sirio desponta de dia = DILÚVIO, todos os inimigos feridos no queixo, quebrados os dentes e flechado o fígado coração rins e esmigalhados – pau na moleira – por uma barra de ferro perversa nas minhas mãos e por esta minha modernidade forçosamente desfibrada e com medo dos grandes bandidos da ordem neste cemitério onde estou preso com a classe média carcerária (SALOMÃO, 2016, p. 24-25).

A dramatização da existência funciona como um dinamizador do tempo circular da prisão e possibilita ao escritor alienar-se nos momentos extremos como forma de autopreservação: "Assim, suportar a *realidade* [...] será, aos olhos do poeta, *teatralizá-la*. Proceder dessa maneira não significa aceitar 'com reservas' a imperiosa prerrogativa do *real*. Suspeito, no máximo, que esse procedimento sinalize uma espécie de tolerância ou prudência (condicional e provisória), à maneira de Baltasar Gracián, e funcione como um vade-mécum do *querer viver*" (BOAVENTURA, 2009, p. 85, grifos do autor).

Em entrevistas, Waly comenta sobre uma segunda experiência de detenção, em 1972, na qual sofreu torturas físicas, numa delegacia da Rua Augusta, em São Paulo. Para suportar o extremo do sofrimento, o escritor transfigurou a si próprio e aos policiais em personagens, representados posteriormente na micropeça "A medida do homem: teatro da tortura visto do vértice do torturado":

> A segunda vez, a da tortura da rua Augusta, deu em um texto chamado "A medida do homem" [...] O que interessa é que eu transformava aquele episódio, teatralizava logo aquele episódio, imediatamente, na própria cela, antes de sair, eu botava os personagens e me incluía, como Marujeiro da Lua, eu botava como personagem essas diferentes pessoas e suas diferentes posições no teatro, tinha uma Agente Loira Babalorixá de Umbanda, tinha um Investigador Humanista e o Investigador Duro. O que quer dizer isso tudo? Você transforma o horror, você tem de transformar, e isso é vontade de quê? De expressão, de que é isso? Não é a de se mostrar como vítima (Salomão, 2005, p. 85).

Figura 1 – Micropeça "a medida do homem"

A MEDIDA DO HOMEM
Teatro da tortura visto do vértice do torturado
KABUKI CABOCLO

PERSONAGENS:

Marujeiro da Lua
Investigador Humanista
Agente-Mor
Agente Loira Babalorixá de Umbanda
e a
Maquininha

Sem testemunhas

AGENTE-MOR: Não me dói aplicar a maquininha em você. Fui testado diversas vezes, da mesma forma, no curso antiguerrilha. Você não existe — é um número pra mim.

Com mais algumas viradas na maquininha você revela até o que não sabe.

AGENTE LOIRA BABALORIXÁ DE UMBANDA: 7 minutos.

MARUJEIRO DA LUA: Não ME sinto nem sou feixe de sentidos. Sou um monte de carne. Não tenho nada pra revelar.

AGENTE LOIRA BABALORIXÁ DE UMBANDA: 12 minutos.

AGENTE-MOR PRA AGENTE HUMANISTA: Aumenta a descarga. Descarrega no saco.

AGENTE-MOR PRA AGENTE HUMANISTA: Acelera a maquininha. A todo vapor.

MARUJEIRO DA LUA (virando-se para o personagem intitulado **INVESTIGADOR HUMANISTA): NÃO FINJA.**

> (**AGENTE LOIRA BABALORIXÁ DE UMBANDA** é um personagem anotador das revelações possíveis de ocorrer — uma script girl — e faz a minutagem da operação)
>
> **AGENTE-MOR:** O corpo dele está bem suado — agora despeje o balde d'água em cima pra corrente pegar melhor.
>
> **AGENTE LOIRA BABALORIXÁ DE UMBANDA:** 26 minutos.
>
> **AGENTE-MOR:** Apresento o meu advogado Dr. Smith Wesson calibre 3 oitão.
>
> **MARUJEIRO DA LUA** (com ufanismo revista texto — **FA** — **TAL** —): Me sinto possuidor dalguma coisa **INDESTRUTÍVEL** dentro de mim.
>
> **AÇÃO:** Marujeiro da Lua é desamarrado da vara/ colocado no chão donde não consegue se levantar/ seus pés formigam/ tenta se levantar/ sente que vai desmaiar/ se sustenta/ encaminha-se até a frente diz a supra última deixa do personagem Marujeiro da Lua e **FIM**.
>
> **AVISO AOS SRS. ESPECTADORES:**
>
> "A Medida do Homem" não pode fugir a este final idealista em homenagem aos avós Claudel-Zdanov.
>
> Nesta cidade fundada por abnegados jesuítas,
>
> São Paulo novembro 72
>
> Delegacia do 4º Distrito
>
> (A leitura desta peça deve ser acompanhada de projeção de slides apropriados.)

Fonte: SALOMÃO, 2014, p. 133-135.

Fazer-se outro por meio de um personagem e representar a própria experiência dramaturgicamente são expedientes literários e filosóficos utilizados como técnica de autopreservação. A arma da *alegria* (à maneira nietzschiana) é sua proteção ante esse inferno de privação e tortura: "Essa alegria (no caso, *carnavalesca*) também pode ser observada na faina que o poeta executa, ao fundir os mais heteróclitos elementos – linguagem coloquial, urbana (gíria), produção cultural –, transformando tudo em chiste, teatralizando o horror. Apontamentos de um presidiário convertidos em apontamentos de um incendiário *amante da algazarra*" (BOAVENTURA, 2009, p. 92, grifos do autor).

Se o imaginário oferece o deslocamento da realidade, a escrita prefigura o modo de representar o vivido, ao mesmo tempo que se sinalizam caminhos para a carreira do escritor. Esse modo de incorporar o vivido/observado no escrito é constante nos "Apontamentos do pav dois": "Este texto – construção de um labirinto barato como o trançado das bolsas de fios plásticos feitas pelos presidiários. [...] A atividade aliviando a consciência. Modelo para armar" (Salomão, 2016, p. 19). O texto como um tecido que se entrelaça, formando um "labirinto barato", representa o que Antonio Candido chamou de "literatura feita com sucata de cultura". Porém, mais que o tecido, fica em evidência a tessitura, a técnica de montagem que permite entrever ecos dos manifestos modernistas escritos por Oswald de Andrade nos anos 1920: "Invenção e saque. Originalidade na combinação dos elementos. Os indígenas se apropriando dos temas dos conquistadores. A realidade se torna linguagem no sinal? ou no sinal = ?" (p. 22). Importante pensar o duplo sentido de "saque", primeiramente ligado a "sacar", mas também associado a "saquear". O escritor saca e saqueia os sentidos possíveis do mundo a sua volta, como quem deduz a realidade ou se apropria dela. Por fim, fica a questão: linguagem e realidade são um mesmo construto? Ou a linguagem é a teia que se emaranha, possibilitando outras realidades?

O mapeamento dos tipos e das situações vivenciadas no ambiente de privação de liberdade aproxima a voz poética dos "Apontamentos..." aos narradores de Dostoiévski e Graciliano Ramos, testemunhas que observam e analisam os acontecimentos do seu entorno: "A vida abençoada em circunstâncias malditas. O cara estuprado por seis. O zinco. A cela forte que se enche d'água. Os que dormem como pedra mal entram no xadrez. Os bicheiros escondendo comidas cigarros. O filho do bicheiro que se entregou pra livrar o pai e estava morrendo de dor de garganta. O assaltante baleado que teve acessos violentos de dor. A descida ao inferno do poeta" (p. 120).

A referência a Rimbaud – *Uma temporada no inferno* – situa o texto de Waly Salomão em uma tradição poética marcada pela inquietude e pela ousadia com a linguagem. Nessa "descida ao inferno", o escritor iniciante – que já se nomeia "poeta" – tem consciência de seu papel de observador sensível do cenário decadente da prisão.

> Estou ouvindo Roberto Carlos, Ray Charles Georgia, Gil e Caet Charles anjo 45. O carioca legal que emprestou o carro pro amigo, preso na boca. O detento pequeno-burguês que manda cartas pra noiva como se estivesse acidentado num hospital da Argentina. A limpeza e os ideais do xadrez 506. O débil mental que perdeu calça prum passista de Escola de Samba.

Os bunda mole. O que dedurou quem roubou sua camisa. Os bunda mole fazendo faxina trazendo água tomando porrada. O tarado da menina de 9 anos esbofeteado pelos tiras e pelos marginais e torturado na delegacia. O traficante preso porque limpava o revólver que disparou e o caguete do andar de cima chamou a polícia. Os contadores de piadas. Ideia de gravar piadas e transcrevê-las na língua viva coloquial (p. 12-13).

O fundo musical e a enumeração dos tipos da cadeia compõem uma espécie de cena cinematográfica que presentifica artistas – Ray Charles, Gilberto Gil, Caetano Veloso, Jorge Ben – e canções – "Georgia" e "Charles, Anjo 45" – em meio ao amontoado de detentos, com seus crimes e suas ações cotidianas. A beleza e o horror convivem nessa sobreposição de música, violência e ameaça, mistura condizente com o decadentismo de Rimbaud. A frase final dessa passagem e a ideia do registro das piadas na "língua viva coloquial" permitem outro paralelo com *Memórias do cárcere*, se considerarmos o interesse que Graciliano Ramos nutria pelos enredos e pela linguagem do universo prisional. Se, na passagem pelo Pavilhão dos Primários, o escritor alagoano só conviveu com presos políticos, os meses de reclusão na Ilha Grande o colocaram em contato com os presos comuns, figuras do povo com costumes e linguagem que retratavam o cotidiano urbano do Rio de Janeiro. Sua amizade com Gaúcho, um estelionatário contador de histórias, ficou eternizada em suas *Memórias*.

– Ó Gaúcho, perguntei, você sabe que eu tenho interesse em ouvir as suas histórias?
– Sei. Vossa mercê vai me botar num livro.
– Quer que mude seu nome?
– Mudar? Por quê? Eu queria que saísse o meu retrato.
Logo se esquivava, humilde, engrandecia os talentos de alguns companheiros:
– Mas vossa mercê está perdendo o seu tempo comigo. Eu sou um vira-lata. O pouquinho que faço, aprendi com minha mulher, que é uma rata de valor: trinta e duas entradas na Casa de Detenção (RAMOS, 2008, p. 452).

O convívio com esse personagem, no pior momento da passagem de Graciliano pela prisão, ajudou-o a suportar a saúde debilitada, o esgotamento psicológico e as condições precárias do presídio de Ilha Grande. O aprendizado das gírias, os enredos e a linguagem criativa da malandragem dos anos 1930 preenchiam as horas de cansaço e melancolia do escritor. Em sua pesquisa sobre cárcere e sociedade entre os anos 1800-1940, Carlos Aguirre concluiu que o convívio entre indivíduos heterogêneos quanto à realidade social e à formação familiar e acadêmica criou "subculturas carcerárias":

> O uso de gíria e tatuagens, certas condutas associadas à homossexualidade, o desenvolvimento da masculinidade conectada a condutas criminosas e o emprego exagerado da violência para marcar diferenças eram práticas culturais que se desenvolviam no interior da prisão [...]. As comunidades de presos, apesar de tudo, não constituíam conglomerados humanos homogêneos, mas grupos fragmentados e diversos. Ainda assim, os presos atuavam, geralmente, de forma proativa na construção de modos de socialização, entretenimento e recreação, o que lhes permitia, quando possível, aliviar as tormentas da vida carcerária (AGUIRRE, 2017, p. 63).

Tanto Graciliano Ramos quanto Waly Salomão ocupam esse entre-lugar que os habilita a observar a cultura carcerária com a lente de sua formação pregressa, mesclando leituras formadoras, interpretações sociológicas, reflexões existenciais e análises de comportamentos humanos: "Boca do boi: orifício sanitário. Aqui igualou todo mundo ao nível do merdame: do ordenamento jurídico à observância das leis sanitárias: para sua comodidade e higiene, conserve limpo este lugar. A mesma ordem exterior" (SALOMÃO, 2016, p. 14). A linguagem técnica e explicativa em descompasso com o ambiente escatológico – e o conceito de que o excremento iguala todos os homens – imprime humor à passagem. Essa é, aliás, uma marca comum a todo o texto: a ruptura da expectativa no jogo entre forma e conteúdo. A poesia dos anos 1970, de que Waly Salomão é um dos expoentes, fez largo uso da paródia e da sátira – procedimentos tão caros ao modernismo da linhagem de Oswald de Andrade –, como se percebe na obra de Chacal e Cacaso, para nos atermos a apenas dois poetas da chamada Geração Marginal.

Waly questiona se o "eu" aprisionado de cada pessoa – limitada a uma individualidade restrita – não seria uma arbitrariedade que "deixa de levar em conta as transições que ligam a consciência individual à geral" (p. 15). O escritor propõe uma "individualidade aberta", pensamento que traduz ideias em voga no contexto da contracultura dos anos 1960 e 1970, das letras do rock à poesia beat. Esse apelo a uma dimensão comunitária estaria de acordo com a experiência coletiva da prisão – de que o poeta seria uma espécie de tradutor –, assim como sinalizaria o caráter também coletivo da produção literária daquele período, de que *Me segura qu'eu vou dar um troço* foi um precursor. Posicionando-se de uma perspectiva etnográfica no ambiente prisional, o autor descreve cenários e personagens, explica a dinâmica das relações, ao mesmo tempo que refaz seu percurso de vida, num exercício autoirônico e libertador: "Estou xarope. Linguagem paulista: pissa e semáforo. Abismos do mundo inferior. Os contos, as crônicas, os exórdios edificantes do escritor detido. suas propriedades na Argentina e no México. sua amada. seu brevê de aviador. vida anterior de lord. suas caçadas. Montarias" (p. 16). Nesse sentido, estamos de acordo com Roberto Zular, quando afirma que, "nessa busca basculante desde o interior, e entre o fora e o dentro, que marca a objetivação da subjetividade nas transições entre o individual e o geral, importa que pensemos menos em noções de identidade do que em transformação ou implicação no ato de construção, ainda que no limite da precariedade" (ZULAR, 2018, p. 59).

A cadeia é um espaço em que a individualidade se reduz ao mínimo possível, obrigando todos a operarem em estreitos limites, ao mesmo tempo que se tensionam diferenças no contato compulsório com o outro. Em *Recordações da casa dos mortos*, livro também citado por Waly nos "Apontamentos do pav dois", o protagonista de Dostoiévski lamenta a perda da individualidade a que a reclusão obriga os apenados: "Logo compreendi que o trabalho forçado, a privação de liberdade são coisas horríveis, mas o pior de tudo é ser obrigado a ficar o tempo inteiro com os outros, sem direito a um momento consigo próprio. A vida em comunidade é um ato de escolha, voluntário, ao passo que na prisão é imposta, não estabelece laços, e eu creio que cada prisioneiro sente isso; ainda que inconscientemente, sente isso" (DOSTOIÉVSKI, 2015, p. 32-33).

Também se percebe algo semelhante na escrita de *Memórias do cárcere*, quando Graciliano Ramos, ainda recluso provisoriamente no quartel do Recife, afirma: "Surpreendia-me: imaginara que me trancassem a chave numa sala, me deixassem só – e não me vira só um minuto. A vigilância contínua, embora exercida por uma estátua armada a fuzil ou por uma criatura amável em excesso, começava a angustiar-me" (RAMOS, 2008, p. 42).

Ainda que Waly Salomão não mencione a interação direta com seus pares da prisão, há em sua escrita uma abertura sensível para a interpretação e a tradução do universo em que habita coletivamente, levando sempre em conta a questão da expansão da individualidade em seus questionamentos: "Será o eu de uma pessoa uma coisa aprisionada dentro de si mesma, rigorosamente enclausurada dentro dos limites da carne e do tempo?" (SALOMÃO, 2016, p. 15). Em busca dessa ruptura com os limites do espaço e do tempo, seu texto procura amplificar a expressão da subjetividade desse "eu" que observa, elabora e escreve.

O que se percebe no texto de Waly Salomão é uma tentativa de reverter esse sentimento por meio de um exercício de escrita da realidade, a partir da apropriação de seus signos e da dinamização de seus afetos. O escritor catalisa essa energia, expandindo e transformando a experiência coletiva da prisão. Se "a pior coisa acerca da prisão é que você tem que viver com outros prisioneiros", como afirmou um dos participantes da pesquisa de Sykes (1969, p. 94), Waly reitera a necessidade de normalizar o cotidiano de privação, por meio de uma insistente repetição de seus códigos: "Uma pessoa pode viver, naturalmente, no inferno – logo de início, sofre algumas perturbações, depois depreende que o inferno é normal" (SALOMÃO, 2016, p. 22).

A existência de uma biblioteca na normalidade infernal desse ambiente será um alento, um modo de suportar a rotina penitenciária a que o escritor e os demais detentos estão submetidos:

> Nome prontuário xadrez número ordem de entrada ordem de saída requisição inclusão exclusão de visitas dia de visitas bolsas de fios plásticos o chefe da seção judiciária protocolos recibos expediente coisas e causas recurso no, de de de pastas de indulto apelação remoção sursis revistas dos tribunais comutação mapacarcerário atestado de permanência sessões de cinema livramento condicional revisões prolatação unificação tráfico de maconha lanterna no fumacê: grande romance de Dostoi na casa dos mortos. Relação completa dos livros da Biblioteca Sedes Sapientiae – horário das 8h30 às 12h e das 14h às 17h exceto no dia de visitas – os detentos poderão permanecer com os livros pelo prazo máximo de 15 dias para não prejudicar os demais (p. 23-24).

Elemento comum aos escritos de Graciliano Ramos e Waly Salomão, a biblioteca sobrevive em meio à precariedade dos espaços prisionais mencionados. Decadente, clandestino ou burocratizado, esse espaço marca a experiência prisional desses escritores e oferece um componente dissonante à rotina do enclausuramento. A circulação de livros nos ambientes de privação de liberdade está submetida a regras rígidas de vigilância, que incidem tanto sobre o conteúdo simbólico das obras quanto sobre a forma física da edição – livros de capa dura, por exemplo, costumam ser barrados, pelo risco de esconderem drogas, armas etc. Por essa razão, torna-se mais instigante pensar como a presença e circulação de livros dinamiza e reorienta a relação dos apenados com o espaço prisional, bem como com outros sujeitos leitores.

Embora – diferentemente de Graciliano – não se refira à prática da leitura no cotidiano da cadeia, Waly Salomão nos permite entrever os livros e autores que o formaram na teia intertextual de "Apontamentos do pav dois": a Bíblia, a mitologia grega, a literatura de viagem dos colonizadores, a poesia de Gregório de Matos, a obra *Tristes trópicos*, de Claude Lévi-Strauss, além de *Recordações da casa dos mortos*, de Dostoiévski. Esse é o acervo pessoal do escritor que vem à tona no processo de composição desses *apontamentos*. Pensemos aqui na acepção de "acervo", em consonância com o que diz Nanci Gonçalves da Nóbrega (2002, p. 127, grifo da autora): "a palavra âncora para o desconfinamento e a dinamização e dos acervos foi *seleção*. Selecionar é [...] destacar, do todo, os fragmentos a fim de submetê-los a uma determinada ordem". Aliás, "desconfinar" e "dinamizar" serão dois verbos fundamentais para pensarmos todo o conjunto dos "Apontamentos do pav dois", pois entendemos que sua escrita rompe amarras físicas e existenciais, na mesma medida em que questiona, em permanente *devir*, as estruturas cristalizadas de pensamento e de linguagem.

A propósito desse traço inquieto e questionador de sua aventura literária na reclusão, vale citar um trecho da nota-poema que abre o *Gigolô de bibelôs*, de Waly Salomão:

BANCO DE DADOS:

Proteu: mitologia grega: deus marinho
recebera de seu pai, Posêidon, o dom da profecia e
a capacidade de se metamorfosear, o poder de
variar de forma a seu bel prazer.

Sob o signo de PROTEU vencerás
Por cima do cotidiano estéril
                                  de horrível fixidez
                                                    careta demais
Que máximo prazer, ser ou
                        tros constantemente.
... Passageiros... nossa próxima estação...

(SALOMÃO, 2014, p. 113)

É sobre esse esforço em se libertar da imobilidade que incidem os "Apontamentos do pav dois". Nesse sentido, o Carandiru é uma metáfora espacial e existencial para o projeto do aspirante a escritor. Antonio Cicero (2014, p. 493) analisa esse traço do poema e assevera: "A prisão é aqui o 'cotidiano estéril/de horrível fixidez', de que a poesia deve libertá-lo. O cotidiano estéril é aquele que não conduz a nada além de si próprio, aquele que não se modifica, nem para o bem nem para o mal. É aquele que, submisso ao princípio da identidade, permanece sendo aquilo que é. De fato, o próprio eu pode tornar-se estéril – tornar-se uma prisão – quando se apega à identidade consigo mesmo".

No tempo circular e sem vida do espaço de privação de liberdade, essa escrita original liberou forças reprimidas, transcendendo os limites físicos daquele contexto prisional. Os 18 dias de detenção no Carandiru constituíram, para Waly Salomão, um tempo de introspecção propício à criação de um texto pulsante, multifacetado, lúdico e dissonante; o "acréscimo pessoal" a um contexto coletivo, seu "secreto pulo do gato" (SALOMÃO, 2016, p. 23), com que se lançou à aventura literária.

Ritmo, poesia e liberdade

De pé, raça poderosa, você pode conseguir o que quiser.
Earl Little (pai de Malcolm-X)

Décadas depois da curta, porém intensa, passagem de Waly Salomão pelo Pavilhão 2, o mesmo presídio do Carandiru será motivador da expressão de artistas que farão da palavra uma arma de resistência contra a opressão e a violência do Estado. O movimento hip-hop, presente no Brasil desde o início dos anos 1980, já havia trazido à cena artistas e grupos como Nelson Triunfo, Thaíde, DJ Hum e Região Abissal. A partir dos encontros que realizavam no centro de São Paulo, jovens oriundos da periferia afirmavam a própria voz, em meio a um cenário musical híbrido, que se libertava aos poucos dos limites da ditadura, mas ainda sofria a ação de grupos de extermínio dentro das favelas. Nessa conjuntura, sabia-se mais sobre a periferia pelos estudos acadêmicos ou por sua tradução em letras de canções ou filmes, peças de teatro etc. – criados muitas vezes por autores não oriundos desses guetos –, do que propriamente pela voz de seus atores reais. O surgimento da cultura hip-hop viabilizou a fala dos personagens desse universo social, racial e economicamente marginalizado e permitiu o posicionamento em primeira pessoa de quem vivia as consequências da exclusão em seu cotidiano. Ao longo da década de 1990, o rap consolidou-se na cena musical das periferias, e é nesse contexto que os Racionais MC's darão visibilidade aos escritos do presidiário Josemir Prado ("Diário de um detento"), recluso na Casa de Detenção de São Paulo, mesmo ambiente em que despontam os grupos Detentos do Rap e 509-E.

O rap surgiu na Jamaica, na década de 1960, e chegou aos Estados Unidos – mais especificamente aos bairros da periferia de Nova York – no início dos anos 1970. Mescla de ritmo e palavra – daí a tradução da sigla, *rhythm and poetry* –, o rap aproxima o canto das inflexões da fala, em busca de expandir suas potencialidades expressivas. Variações no timbre, na intensidade e no andamento do fluxo verbal definem a identidade musical de cada rapper, sua marca pessoal, seu *flow*. Tudo isso com o apoio de uma batida recorrente, que incorpora e sobrepõe fragmentos melódico-harmônicos oriundos de fontes diversas. Esses componentes atuam na dinâmica tensa entre palavra e ritmo, cujo resultado é a valorização da semântica sobre a forma: se a melodia pode ser um elemento de alienação do conteúdo verbal de uma canção, no rap esse componente não disputa com a palavra, pois está reduzido ao seu grau mínimo de modulação. Com isso, destaca-se a performance, pois o que importa é que o discurso ecoe, transformando corações e mentes:

> Segundo Béthune (2003), a arte conjugada do rap envolve uma estética bastante sofisticada: é uma forma lúdica de se fazer arte por meio de uma espécie de "telescopia histórica" (ou seja, uma forma de reunir e discernir objetos distantes) e de promover o "deslocamento simbólico" e uma sorte de "trituração sonora", que se opõe à tradição da cultura ocidental, que tende a valorizar a arte contemplativa e não a do jogo em ação (como é valorizado na cultura afro) (AMARAL, 2016, p. 71).

Essa música representativa de espaços marginalizados possibilitou a expressão de sujeitos até então condenados à invisibilidade social. Seu aspecto reivindicatório e afirmativo resultou na disseminação do gênero musical em guetos, periferias, prisões e outros locais de exclusão. Pensar a leitura e a escrita em ambientes de privação de liberdade nos dias atuais obriga o pesquisador, necessariamente, a se debruçar sobre a cultura hip-hop e avaliar seus desdobramentos em termos comportamentais, políticos, sociais e estéticos. Nesse sentido, o rap é um objeto fundamental para a reflexão sobre vozes que procuram reverberar a realidade de dentro dos muros da prisão: a rotina de violência e ameaça, a falta de perspectiva, a esperança na liberdade etc. O rap cantado dentro das cadeias reduplica o caráter de resistência característico dos ambientes marginalizados onde nasce tradicionalmente.

A prisão é mais que um simples cenário de exclusão, no trabalho dos Racionais MC's; trata-se de um espaço cujos códigos de convivência e de construção da identidade entre os sujeitos são reiterados à custa do medo e da ameaça. A honra, a fidelidade e a lealdade fazem parte de uma lei interna que, se for rompida, pode resultar em represálias ou até mesmo em morte: "Minha palavra de honra me protege/pra viver no país das calças bege" (Racionais MC's, 2018, p. 85). A representação do universo prisional é direta e objetiva, ao contrário de obras – filmes, séries, novelas – em que se glamourizam o crime e o criminoso, recorrendo-se a metáforas como modo de atenuar o horror da vida em privação de liberdade. João Cezar de Castro Rocha, como já apontado na análise do artigo "Dialética da marginalidade", discute esse tipo de "mediação interessada", problematizando os filtros adotados pelos produtores do filme *Cidade de Deus*, para tornar "matéria de espetáculo" a realidade da favela representada no romance homônimo de Paulo Lins. Ao contrário, nas letras do álbum dos Racionais, não se oferece esse "consumo voyeurista" (Rocha, 2004, [s.p.]) da violência, já que a prisão é um espaço a se evitar, um lugar de solidão, esquecimento e abandono.

A faixa "Diário de um detento" foi escrita a partir dos relatos de Josemir Prado (Jocenir), com quem o músico Mano Brown teve contato durante a visita a um amigo no Carandiru. O autor sintetiza a rotina de um presidiário, destacando a "química" formadora de sua triste identidade: "abandono, miséria, ódio, sofrimento, desprezo, desilusão, ação do tempo" (Racionais MC's, 2018, p. 84). "Diário de um detento" é uma crônica da prisão, um relato de protesto. Seus versos descrevem a rotina do Carandiru nos anos 1990, a relação dos presos entre si e com o sistema carcerário, desde a figura do policial – "[...] um cidadão José/servindo um Estado, um PM bom/Passa fome metido a Charles Bronson" (p. 83) – até a do estuprador – que "toma soco a toda hora, ajoelha e beija os pés / e sangra até morrer na rua 10" (p. 84). O tempo circular e torturante é descrito em passagens como "Tirei um dia a menos ou um dia a mais, sei lá/Tanto faz, os dias são iguais" (p. 84) ou "Tic, tac, ainda é nove e quarenta / O relógio na cadeia anda em câmera lenta" (p. 85).

O último terço da letra focaliza o acontecimento que ficou conhecido como o "Massacre do Carandiru", o assassinato de 111 presos pela ROTA, esquadrão especial da polícia de São Paulo, motivado, a princípio, por uma rebelião entre presos do Pavilhão 9, ocorrida um dia antes das eleições municipais de São Paulo. A versão da polícia, no entanto, é contestada por quem escapou da morte naquele 2 de outubro de 1992. De acordo com André du Rap, um dos sobreviventes do massacre – que registrou suas memórias sobre o evento –, houve uma briga motivada pela rixa entre dois detentos, que não justificaria a ação desproporcional das forças do Estado: "O dia anterior também tinha sido normal, só tava aquele zunzunzum devido a terem descoberto que o cara que morava com o Barba era moleque. Na linguagem da cadeia, moleque quer dizer homossexual. O Coelho, outro companheiro que trabalhava no setor de prontuários descobriu isso. Descobriu que o moleque do Barba era estuprador" (Du Rap, 2002, p. 17).

A confusão oriunda desse conflito motivou a invasão do presídio e o massacre dos 111 presos – a maioria formada por réus primários. Quase 30 anos após a ação, seus responsáveis seguem impunes, dos quais muitos foram promovidos dentro da corporação militar, e outros se elegeram para cargos políticos com a bandeira do extermínio de "bandidos". Ficou evidente que a ação foi motivada pelo receio da derrota política do governador Luiz Antônio Fleury Filho nas eleições do dia seguinte à ação policial.

A descrição presente em relatos de sobreviventes dá conta de uma ação violenta, de execuções sumárias com tiros de metralhadora, facadas – para simular assassinatos entre presos – e até mesmo golpes de marreta. Na letra de "Diário de um detento", o narrador poupa o ouvinte da descrição dessas cenas, preferindo se concentrar na crítica às autoridades:

> Ra-tá-tá-tá, caviar e champanhe
> Fleury foi almoçar, que se foda a minha mãe
> Cachorros assassinos, gás lacrimogêneo
> Quem mata mais ladrão ganha medalha de prêmio
> O ser humano é descartável no Brasil
> Como Modess usado ou Bombril
> Cadeia? Guarda o que o sistema não quis
> Esconde o que a novela não diz
>
> (Racionais MC's, 2018, p. 85)

O sucesso da música – e sua visibilidade em virtude do prêmio de melhor videoclipe de 1998 na MTV – projetou os Racionais MC's para além do cenário paulistano e trouxe o tema do massacre do Carandiru de volta para a pauta, seis anos depois do ocorrido. O grupo confirmou seu papel de porta-voz das periferias, ecoando os anseios de pessoas que viviam à margem do sistema oficial. "Como afirma Maria Rita Kehl, os Racionais falam de igual para igual com os seus manos, mas contra os playboys e o Estado. Seu foco está na construção de uma fraternidade de iguais no interior de uma comunidade periférica que se afirma contra um projeto de nação que a deseja exterminar" (Oliveira, 2018, p. 240). *Diário de um detento* se transformou, mais tarde, no livro de memórias de Josemir Prado (2016), em que o autor aborda as circunstâncias de sua prisão e a rotina da cadeia.

Assim como na obra de Luiz Alberto Mendes, a noção de "sobrevivência", presente desde o título do álbum dos Racionais, será de extrema relevância para pensarmos nas vozes representativas dessa música que reflete sobre – e a partir de – o ambiente de privação de liberdade. Os que conseguiram sobreviver, contrariando a estatística, usaram sua voz para denunciar, alertar, reivindicar e narrar a própria história e a dos seus companheiros. O movimento hip-hop possibilitou o surgimento e a propagação desse discurso oriundo dos diversos guetos urbanos. Se a sobrevivência era exceção, a reunião dessa juventude em torno de um mesmo propósito ofereceu um caminho alternativo, paralelo aos riscos do crime. Sobreviver, nesse contexto, parte da afirmação da identidade de um grupo, veiculada insistentemente nas letras dos raps, que sintetizam anseios, medos e desejos, criando, afirmativamente, uma identificação entre pessoas subalternizadas.

Elias Canetti afirma que "o sobrevivente é aquele que, tendo percorrido o caminho da morte, sabendo dos extermínios e permanecendo entre os que caíram, ainda está vivo. Ou, mais precisamente, o sobrevivente é aquele que, após lutar contra muitos inimigos, conseguiu não só escapar com vida, como também matar seus agressores" (MBEMBE, 2018, p. 62).

Ainda que não pretenda eliminar os agressores, o rap oferece palavras como munição. Sua estratégia de defesa e de resposta é o pensamento, a conscientização e a sensibilização do seu público, transmitindo um recado "violentamente pacífico" (RACIONAIS MC's, 2018, p. 50) aos sobreviventes que conseguiram se situar no limite entre a arte e o crime e se desvencilhar do extermínio da polícia.

O permanente Estado de exceção que vigora nas periferias reduz drasticamente as perspectivas de vida da juventude, sobretudo. O verso de Edi Rock "Quem não morreu tá preso ou sossegado" (RACIONAIS MC's, 2018, p. 93) ("Periferia é periferia") traduz com clareza o horizonte estreito de quem é cooptado pela vida do crime; no entanto, a ação policial repressora não age apenas sobre estes últimos, ela ameaça todo e qualquer jovem estigmatizado pela classe social e pela cor da pele. *Sobrevivendo no inferno* é um álbum que reflete sobre essa dinâmica entre pobreza, negritude, Estado policial e regime de exceção, destacando o tópico do aprisionamento como consequência nefasta da *biopolítica* no controle das populações. Loïc Wacquant chama a atenção para os males que as medidas de limpeza policial das ruas, importadas dos Estados Unidos, podem causar num país com a desigualdade social do Brasil, dentre os quais se destacam: "a deslegitimação das instituições legais e judiciárias, a escalada da criminalidade violenta e dos abusos policiais, a criminalização dos pobres, o crescimento significativo da defesa das práticas ilegais de repressão, a obstrução generalizada ao princípio da legalidade e a distribuição desigual e não equitativa dos direitos do cidadão" (WACQUANT, 2001, p. 14).

De acordo com João Camillo Penna (2013, p. 156), "é esta ligação entre vida na periferia e prisões que o hip-hop estabelece, à medida que se disseminou o programa estabelecido pelos Racionais MC's de dramatizar musicalmente a vida das populações marginalizadas". Alguns grupos musicais surgidos dentro do Carandiru, como os Detentos do Rap, já reverberavam esse discurso político-estético antes da repercussão de "Diário de um detento". Outros, como o 509-E, motivaram-se pelos Racionais para dar expressão a um talento que mescla ritmo, poesia, reivindicação, inconformismo e conscientização em suas letras.

Formado pelos rappers Dexter e Afro-X, o 509-E lançou *Provérbios 13* no segundo semestre de 2000. Fruto do mesmo projeto, Talentos Aprisionados, que revelou o escritor Luiz Alberto Mendes, a dupla de jovens oriundos da periferia de São Bernardo do Campo se reencontrou na prisão, onde cumpriam pena por assalto à mão armada. Além da infância e da adolescência vividas no cenário de violência e exclusão do Jardim Calux, os dois amigos se identificavam pela trajetória no rap. Preso em 1998, Marcos Fernandes de Omena (Dexter) dividiu a cela 509-E com Cristian de Souza Augusto (Afro-X), recluso no Carandiru desde 1994.

O nome do grupo faz referência a esse espaço que sintetiza as noções de conquista e de identidade: no comércio imobiliário clandestino do Carandiru, a dupla comprou a cela de outros detentos e a equipou com caixas de som e microfones.

> Morei no Pavilhão 2 uns seis meses e depois eu e o Afro X compramos um barraco no 7, onde ele já morava. Tinha uma "imobiliária" na detenção. Não vou lembrar o valor, foi uns R$ 350. Compramos a cela 509-E. A gente trabalhou naquele barraco com tanto amor, com tanto carinho. Nossa cela virou um lugar incomum, era diferente das outras. Os caras que organizavam a prisão iam lá tomar café e ler um livro, porque tinha paz, música e livros. A cela 509-E passou a falar de vida (DEXTER, 2019, [s.p.]).

As primeiras gravações demo, produzidas nessa cela-estúdio, foram entregues a Sophia Bisilliat, que as fez chegar aos executivos da gravadora Atração. Com a ajuda e a produção de rappers já consagrados, como Mano Brown e Edi Rock (Racionais MC's), DJ Hum, MV Bill e DJ Zegon, a dupla lançou seu primeiro álbum – *Provérbios 13* –, no qual dramatiza os afetos de quem sobrevive ao sistema carcerário no Brasil. O nome do álbum remete a um capítulo bíblico que opõe o justo e o ímpio, destacando-se valores como obediência, bondade, prudência, trabalho, justiça e humildade, dentre outras virtudes. Segundo Afro-X, em seu livro de memórias (Ex-157): "O título ganhou por unanimidade entre os vários nomes indicados por nós. Certo dia em sua oração matinal, Dexter abriu a Bíblia justamente no livro de Provérbios, capítulo 13 versículo 1 que diz: 'o filho sábio ouve a correção do pai, mas o escarnecedor não ouve a repreensão'. Dexter teve uma ideia brilhante. Tinha tudo a ver com nossa recuperação" (AUGUSTO, 2009, p. 77).

Em *Provérbios 13*, as agruras da vida em privação de liberdade, a memória do universo do crime, os amigos, mulheres, filhos e filhas distantes, os parceiros de resistência, tudo se enovela numa narrativa fragmentária, porém bem amarrada e fluida em sua teia de temas e sentidos. A resistência à rotina tensa e torturante do presídio está presente, por exemplo, na faixa "Só os fortes":

> Mais um dia que se vai, tranca é cela
> Justiça cega, saudades da favela
> Olho da ventana o sol nascer quadrado
> Terrível pesadelo, mas tô acordado
>
> (509-E, 2000, "Só os fortes")

Esse estado de vigília expressa, ao mesmo tempo, o alerta ante o perigo iminente e a consciência sobre os próprios atos e a própria história. A exaltação do valor pessoal e da resistência diante da opressão do Estado é outro componente importante das composições de *Provérbios 13*:

> Acharam que eu estava derrotado
> Quem achou estava errado
> Eu voltei to aqui
> Se liga só escuta aí ao contrário do que você queria
> Tô firmão tô na correria
> Sou guerreiro e não pago pra vacilar
> Sou vaso ruim de quebrar
>
> (509-E, 2000, "Oitavo anjo")

Essa postura altiva e autoconfiante traz à memória o caráter desassombrado das liras de Tomás Gonzaga. Porém, se o poeta árcade se fiava em sua alegada inocência diante dos crimes de que era acusado, prevalece nas letras de Dexter e Afro-X a confissão da culpa atrelada à evidência da vulnerabilidade social que leva os jovens à criminalidade:

> Sofrimento: Vale da Sombra da morte
> Nasci pobre, preto, pouca sorte
> O sol se põe, escurece lentamente
> Sou um herói, sou sobrevivente
>
> (509-E, 2000, "Só os fortes")

A temática da "sobrevivência" é expressa, aqui, da perspectiva de quem se encontra dentro dos muros da prisão; ou seja, em *Provérbios 13*, o conceito se reduz ao seu grau mínimo, pois a ameaça se faz presente em todos os âmbitos da rotina carcerária, desde a tensa relação dos internos entre si –

> Mas um pilantra foi sentenciado
> Sua pena, morrer esfaqueado
> Aqui é foda, não tem comédia
> O clima é de tensão, maldade, inveja
> A destruição mora nesse lugar
> E mesmo assim não deixei me levar
> Soube chegar na humildade, pá
> Faça o contrário, caro pode te custar
>
> (509-E, 2000, "Oitavo anjo")

– até a ameaça onipresente do poder panóptico da força policial:

> Guardas na muralha observam minha reação
> Eu tô na fé
> Tô na paz com Deus, irmão
> O que eles querem
> É um vacilo meu
>
> (509-E, 2000, "Triagem")

A disposição para resistir e as estratégias para sobreviver encontram força nas palavras lidas nos livros de formação, bem como nos versos na lírica subversiva do rap:

> cotidiano violento veneno 100%
> Dexter na fúria chegando pro arrebento
> na disposição de *Shure* na mão
> a rima é a munição e o clima de tensão
> [...]
> time nervoso cartel cabuloso
> tipo Jordan jogando basquete
> tipo o dj Lord fazendo scratch
> tipo o líder Malcolm-X
> um dois um dois aí ninguém se mexe

(509-E, 2000, "Uh barato é louco")

As ideias de Malcolm-X são uma fonte importante para a formação da consciência racial e social dos artistas do hip-hop no Brasil. Preso durante sete anos, boa parte dos quais dedicados à leitura e ao estudo, o ativista estadunidense é o exemplo da reconstrução do indivíduo por meio dos livros. A tomada de consciência sobre a condição oprimida do povo negro de seu país se baseia em sua própria história de perdas, discriminação e violência: seu pai, um pastor protestante combativo contra o racismo nos Estados Unidos, foi assassinado por membros da Ku Klux Klan, o que ocasionou a desagregação de sua família e seu envolvimento com o crime. Após a liberdade, Malcolm-X se dedica a conscientizar e a convocar seus iguais a se insurgirem contra a segregação e o racismo.

A conversão religiosa ao islã de personagens como Malcolm-X (Al Hajj Malik Al-Shabazz) e o boxeador Cassius Clay (Muhammad Ali) configurou um gesto religioso e político no contexto do resgate da africanidade e da afirmação racial, durante a luta pelos direitos civis de pessoas negras nos Estados Unidos. Preso por roubo e receptação, de 1946 a 1952, Malcom-X se converteu ao islamismo, por influência de um amigo de cela, e passou a seguir o líder Elijah Mohammad, da igreja Nação do Islã. Dono de um discurso eloquente e persuasivo, Malcolm-X foi uma referência da luta antissegregação e do movimento pela afirmação da cultura afro-americana, tornando-se um ícone para a juventude, após ter sido assassinado, em 1965.

Seus escritos e seus discursos também ecoam na mentalidade de jovens negros brasileiros, influenciados pelo movimento hip-hop, décadas depois de sua morte. Em entrevistas, Dexter afirma ter lido sete vezes a biografia do líder estadunidense, durante os anos de Carandiru. KL Jay, DJ dos Racionais MC's, confirma que o conhecimento desse livro foi fundamental para a consolidação de um discurso libertário e autoafirmativo da identidade do grupo. Na letra de "Voz ativa", do álbum *Escolha o seu caminho* (1992), ouvimos:

> Precisamos de um líder de crédito popular
> Como Malcolm-X em outros tempos foi na América
> Que seja negro até os ossos, um dos nossos
> E reconstrua nosso orgulho que foi feito em destroços

Para a dupla 509-E, a reconstrução desse orgulho esteve diretamente ligada à leitura e à escrita como formas de reorganização do pensamento e canalização da revolta para o âmbito da expressão artística. Ao assumir essa voz na primeira pessoa e revelar o mundo dentro das grades do Carandiru, os músicos abriram possibilidades de contato com a realidade externa ao presídio. O sucesso do álbum *Provérbios 13* deu ao grupo o prêmio Hutus de revelação do ano 2000 e motivou o juiz-corregedor Octávio de Barros Filho a autorizar a realização de shows da dupla fora do ambiente prisional. Foram mais de 150 saídas para apresentações, entrevistas e palestras durante o tempo em que o grupo esteve ativo. Após a libertação de Afro-X, algumas desavenças ocasionaram o fim da parceria, em 2003; a dupla só se reuniria no palco novamente em um show comemorativo realizado em 2019.

O projeto Talentos Aprisionados ofereceu uma nova perspectiva para a ressocialização de pessoas privadas de liberdade, motivadas pelo trabalho com a música, a literatura, a pintura e o teatro. Os exemplos dos rappers Dexter e Afro-X e do escritor Luiz Alberto Mendes são reveladores da importância do incentivo à expressão em primeira pessoa para aqueles cuja voz foi historicamente silenciada. Mais que um lugar de fala, ações como essa são capazes de construir lugares de escuta onde podem ecoar o canto e as palavras de quem vive em reclusão.

Em *Pode o subalterno falar?*, a pesquisadora indiana Gayatri Chakravorty Spivak discorre sobre esse tema tão caro à reflexão até aqui desenvolvida. O pensamento da autora parte da crítica ao modo como a intelectualidade se coloca no papel de mediadora entre pessoas subalternizadas e o mundo, como se esses sujeitos dependessem dessa representação: "São mudos aqueles que agem e lutam em relação àqueles que agem e falam?" (Spivak, 2010, p. 40), questiona a autora. Spivak aborda a constituição do "subalterno" como alguém que necessita ser ouvido, e não ser apenas "objeto de conhecimento por parte de intelectuais que almejam meramente falar pelo outro" (Almeida, 2010, p. 16), assumindo o lugar de porta-vozes dessas minorias, num processo de mediação que não traz a voz mesma do sujeito subalterno. "Segundo Spivak, a tarefa do intelectual pós-colonial deve ser a de criar espaços por meio dos quais o sujeito subalterno possa falar para que, quando ele ou ela o faça, possa ser ouvido(a). Para ela, não se pode falar pelo subalterno, mas pode-se trabalhar 'contra' a subalternidade, criando espaços nos quais o subalterno possa se articular e, como consequência, possa também ser ouvido" (p. 16-17).

Com a consolidação do rap, esse espaço de fala (e de escuta) se expandiu para além de fronteiras regionais, sociais, raciais e estéticas, possibilitando que uma parcela significativa de jovens em situação de risco vislumbrasse uma saída pela arte, e não pelo crime – ou se encontrassem na arte, enquanto pagavam pelos seus crimes, como ocorreu com a dupla 509-E. A fala dos guetos ecoou nas suas letras, denunciando as desigualdades e o arbítrio do Estado, alertando para os riscos da marginalidade, conscientizando sobre a necessidade do respeito e da união entre sujeitos periféricos:

> O "novo ponto de vista", o "novo olhar" é trazido por alguém cuja autoridade sobre o material que mostra provém de viver "perto", "no meio" da realidade que mostra, em contraste com o discurso dos cientistas sociais ou políticos que "não vivem essa realidade". O "novo olhar" traz o ponto de vista não mediado, imediato, dos próprios jovens, sua própria voz, a vida de cada um narrada por eles mesmos, desvencilhando-se do discurso científico/político que tradicionalmente os filtrou e os objetivou. Aqui se inscreve a marca insistente, em toda essa nova episteme, do "próprio", do "si mesmo", da autodeclaração, da autoria autoautorizada (PENNA, 2013, p. 278-279).

A música e a palavra abriram a possibilidade de sujeitos marginalizados se expressarem e se organizarem em um movimento simultaneamente artístico, político e social. Esse discurso sem mediação, direto, desmetaforizado encontra no rap o modelo ideal de representação. Daí a possibilidade de o gênero se constituir como um veículo da fala do subalterno, permitindo a comunicação entre os guetos e amplificando as ideias para além de suas fronteiras. A estrutura minimalista que associa uma batida percussiva ao texto "cantofalado"[6] permite uma série de combinações com poucos recursos. De acordo com Mônica do Amaral (2016, p. 70-71), desde a origem do gênero, "[a] técnica do *sampling*, que consiste em selecionar diferentes arranjos para introduzi-los em uma mesma composição musical, foi uma forma irreverente e transgressora de lidar com a absoluta falta de recursos financeiros para

---

[6] Conceito de Luiz Tatit que remete à teoria que analisa as interfaces da fala e do canto.

fazer música, o que remete o rap e o hip-hop a uma longa tradição da música afro-americana".

No extremo da economia, a simulação do ritmo por meio de sons vocais, de objetos ou do próprio corpo é o que basta como base do improviso ou da performance de um texto preconcebido pelo rapper. No espaço de crise da prisão, de meios escassos, essa forma musical oferece, portanto, possibilidades expressivas potentes, como se percebe na obra intensa da dupla 509-E.

A experiência dos escritores analisados neste capítulo oferece elementos significativos para pensar os conceitos desenvolvidos até aqui sobre educação – e, mais especificamente, sobre leitura e escrita – em situação de privação de liberdade. Os presídios, essas "heterotopias de desvio", também ligadas à passagem e à transformação, constituíram o cenário e o motivo da representação lírica, narrativa, memorialística e musical dos autores abordados, forma de resistência a situações de arbitrariedade, de opressão e de intolerância. As leituras prévias formadoras ou aquelas realizadas durante a reclusão foram essenciais para esse enfrentamento e para o resgate de uma individualidade ameaçada. A presença do livro e as políticas de leitura em prisões – temas do capítulo seguinte –, ainda que não visem formar profissionais da escrita, podem cumprir importante papel para a construção de modos de subjetivação.

No conjunto, temos, de um lado, escritores que mantiveram a atividade literária quando privados de liberdade – Gonzaga e Graciliano; de outro, artistas que iniciaram ou consolidaram uma aspiração anterior no período do encarceramento – Waly e a dupla 509-E. Nas duas circunstâncias, a relação com o texto literário viabilizou a expressão desses sujeitos e sinalizou a importância da escrita na organização de pensamentos, afetos e emoções. O mesmo se pode dizer sobre a atividade leitora – seja pela prática cotidiana, seja pelos rastros das leituras formativas – no estímulo à fabulação e ao apelo do imaginário, quando os horizontes se restringiam aos muros, grades e portas que limitavam o olhar.

Além disso, pode-se pensar nesses escritos do cárcere como uma maneira de interpretar aspectos da formação social, histórica e cultural do Brasil. As liras de Tomás Gonzaga e as memórias de Graciliano Ramos restaram como documentos em defesa dos autores perante a ação de governos despóticos e ditatoriais. Em ambos os textos, percebe-se a força da literatura em veicular argumentos, ideias, impressões e críticas que, a despeito do filtro subjetivo dos autores, lançaram luz sobre conflitos políticos nacionais. Isso se aplica também à experiência literária de Waly Salomão, Dexter e Afro-X, presos por crimes comuns, semelhantes aos da maioria da população carcerária brasileira, que, por meio da expressão verbal, traduziram o inconformismo, a rebeldia e a esperança de liberdade, em meio ao cotidiano penitenciário do Carandiru.

Na experiência dos autores, há componentes importantes para refletirmos sobre os espaços de crise: seus gestos são como pistas para se pensarem práticas pedagógicas inspiradas em quem lidou com o livro e a escrita numa perspectiva de resistência e reconstrução de si. A afirmação do valor próprio, a elaboração memorialística, a experimentação criativa e o uso da palavra como munição constituíram expedientes de subjetivação em suas obras. Leituras do momento presente e do processo de formação de cada um somaram-se à necessidade da expressão escrita, modos de estruturar e ressignificar o caos existencial na reclusão: da saudade transcrita com tinta de fuligem na lira de Gonzaga ao protesto "cantofalado" e suas modulações na voz de Dexter e Afro-X; das anotações de diários escritos, abandonados e refeitos por Graciliano Ramos aos "modelos para armar" multiformes e polissêmicos da poética de Waly Salomão, pode-se identificar um mesmo esforço de interpretação dos signos da realidade do passado e do presente, modo de se situar e de resistir ante a reclusão forçada.

Capítulo 4
Leitura e remição de pena

O trabalho de mediação e o direito à literatura

O ambiente prisional oferece muitos motivos de reflexão a qualquer pesquisador que tenha a oportunidade de ultrapassar os limites físicos e simbólicos dos seus muros. Enquanto os que se encontram dentro sonham com um mundo externo já conhecido, os de fora apenas imaginam – normalmente, contaminados pelo preconceito – a rotina de quem cumpre a pena por seus crimes. As cenas que vêm à mente, motivadas pelos meios de comunicação, são de cadeias superlotadas, pessoas amontoadas, rebeliões, túneis de fuga, espancamentos, tortura, guerra entre facções. No entanto, somente ao cruzar o limite da burocracia penitenciária é que se tem uma pequena noção do que é a vida em privação de liberdade.

Como vimos em capítulos anteriores, há, em algumas cadeias, um cenário educacional, em que os apenados têm a oportunidade de retomar os estudos num ambiente de mobilidade física e intelectual restritas. Mais recentemente, projetos de leitura se expandiram, motivados pela legislação favorável à remição da pena a partir dessa prática. O mediador tem função importante nesses projetos, ao favorecer as trocas simbólicas na recepção de obras literárias, em projetos de remição de pena pela leitura. De acordo com Michèle Petit (2010, p. 86), essa terceira pessoa "pode propor uma situação de intersubjetividade benéfica em torno de objetos culturais, capaz de criar uma margem de manobra". Se isso ocorrer, essa pequena margem construída pode abrir uma janela de possibilidades, para além das limitações e exigências do ambiente carcerário.

Por isso, é importante considerar o papel do mediador, seja ele um docente, seja um pesquisador, que, de modo institucional ou por iniciativa voluntária, entra em contato com o "lado de dentro" das prisões. A atuação de profissionais de Letras e de Pedagogia e de especialistas de outras áreas é um apoio aos reclusos que buscam iniciar ou aperfeiçoar a prática de leitura na prisão.

A efetivação desse processo depende, porém, da empatia entre os atores dessa dinâmica, algo imprevisível, sobretudo no ambiente peculiar de uma cadeia. Se, em condições normais, a educação de jovens e adultos se caracteriza pela complexidade – seja pelo perfil heterogêneo dos alunos, seja pela dificuldade em se estimular os discentes a voltarem à escola –, numa penitenciária surgem variáveis que tornam ainda mais desafiador esse trabalho.

São muitas etapas a serem vencidas até que o professor esteja diante dos alunos promovendo a troca do conhecimento: em primeiro lugar, a exigência de documentos e autorizações; em seguida, o filtro do contato com os diretores, agentes penitenciários, policiais militares; além disso, as revistas, as listas de proibições, as rígidas normas de conduta. Só a partir daí, adentra-se o ambiente destinado ao encontro entre o mediador e os leitores, ambiente que nem sempre será uma sala de aula, podendo se resumir a um cômodo improvisado na área administrativa, um pátio para banho de sol ou, até mesmo, a própria cela.

Essas dificuldades inerentes ao acesso físico e simbólico ao universo dos custodiados do sistema prisional brasileiro são apenas um primeiro componente dos desafios que motivam a atividade de ensino em presídios. Afinal, vivemos em uma sociedade que vê as cadeias como destino natural para o "refugo humano", tomando de empréstimo o conceito desenvolvido por Zygmunt Bauman. Seus muros são o limite tolerável que separa do mundo esses indivíduos, vistos pela média dos cidadãos como seres degenerados e incapacitados para o convívio social. Segundo o filósofo polonês: "Na melhor das hipóteses, a intenção de reabilitar, reformar, reeducar e devolver a ovelha desgarrada ao rebanho é ocasionalmente louvada da boca para fora – e, quando isso acontece, se contrapõe ao coro raivoso clamando por sangue, com os principais tabloides no papel de maestros e a liderança política fazendo todos os solos" (BAUMAN, 2005, p. 108).

Para Angela Davis (2020, p. 17), na era do complexo industrial-prisional, "a prisão se tornou o buraco negro no qual são depositados os detritos do capitalismo contemporâneo. O encarceramento em massa gera lucros enquanto devora a riqueza social, tendendo, dessa forma, a reproduzir justamente as condições que levam pessoas à prisão". E essa mesma estrutura que segrega e aprisiona também desestimula o conhecimento da rotina dentro de seus muros, sobretudo por quem pretende fazer a crítica a seus mecanismos de controle e punição.

Há um longo caminho de superação para todos que buscam trabalhar com educação no sistema prisional ou fazer pesquisa sobre ele. Fernando Salla (2013, posição 111) reflete sobre essa dificuldade:

> A experiência de fazer pesquisa na prisão é a mesma de percorrer dois labirintos. Primeiro, colocam-se os caminhos tortos, sinuosos, com idas e vindas, com autorizações e negações, negociações e astúcias, para que se possa entrar nas prisões. Segundo, a esses percursos confusos e sempre pontilhados de desconfiança que orienta os que governam as prisões, estão os desafios do labirinto real, dos labirintos arquitetônicos, nos quais um pesquisador em geral nunca pode se mover sozinho, com autonomia de decisão.

Essa situação justifica o limitado número de trabalhos acadêmicos – sobretudo na área de linguagem – a respeito de atividades educativas em ambientes prisionais. Levantamento realizado pelos pesquisadores Márcio José de Lima Winchuar e Diego Paiva Bahls sobre pesquisas e políticas que envolvem a leitura nas prisões brasileiras constatou a carência de estudo – especialmente a respeito de políticas – em nosso sistema penitenciário: "Uma das possíveis lacunas, nesse caso, seria a falta de trabalhos que discutem, especificamente, políticas de leitura. As problemáticas que envolvem o ensino de leitura no sistema penitenciário são recorrentes e, mesmo sabendo dos benefícios que a leitura proporciona são inúmeros, ainda faltam diversos direcionamentos que se pautem na efetivação de práticas de leitura significativas" (WINCHUAR; BAHLS, 2017, p. 160-161).

As barreiras impostas primeiramente pelo juízo social e depois pela máquina burocrática do sistema penitenciário dificultam o acesso e desestimulam os pesquisadores interessados nesse tema. Para os profissionais que se dispõem a trabalhar com educação em prisões em Minas Gerais, por exemplo, o estranhamento se dá, a princípio, na visão do uniforme vermelho com as siglas da administração prisional, índice da impessoalidade que marca *a priori* a relação entre o sistema e os detentos. Um uniforme exerce uma dupla função, de distinção e nivelamento. Ali estão os diferentes que, em seu conjunto, são iguais; ali estão os expurgados pela sociedade que, para dentro dos muros, vivem numa outra sociedade com valores, limites, trocas e negociações; por fim, ali estão os criminosos e contraventores que, na prática do ensino e da aprendizagem, são alunos, discentes, aprendizes diante das possibilidades de reconstrução da própria trajetória de vida. O mediador é importante para esse processo, pois oferece uma oportunidade de interação que é sistematicamente negada no cotidiano desses indivíduos. Na pesquisa que realizou com professores do sistema prisional, Elenice Onofre (2009, p. 12) afirma que:

> ao ser chamado por um número em vez de um nome; ser obrigado a gestos de respeito e subordinação quando se dirige aos funcionários; usar um uniforme – que não tem somente uma função simbólica, mas permite sem hesitação a sua identificação – e por ter cometido um crime, ele renuncia ao seu direito de pertencimento à sociedade, ao status de cidadão, a ser membro atuante da sociedade na qual vive. É esse vínculo de confiança perdido que o aprisionado busca estabelecer com o professor. Para reintegrar essas pessoas ao convívio social, os professores afirmam que é preciso estar despojado de preconceitos sociais e culturais e conhecer o discurso do transgressor.

Um pacto silencioso nesse processo de educação nos presídios consiste em não se saber o que levou os indivíduos àquele lugar. Preserva-se o detento e, ao mesmo, exime-se o mediador de julgamentos prévios. Esse silêncio ecoa em cada pergunta, em cada orientação, em cada nova leitura. Protegidos por esse pacto, restam sujeitos investidos do desejo de ler e trocar impressões, experiências e saberes motivados pelo único elo que os vincula: o livro. O pesquisador Marc De Maeyer (2013, p. 37) lembra que:

> Assim como o educador não deve saber o motivo do encarceramento do educando, ele não deve também tornar públicas as aquisições educativas do detento. Seria efetivamente intolerável que leves progressos, medíocres ou insignificantes em uma aprendizagem, influenciassem negativamente o dossiê penal do detento. O que se passa durante as atividades educativas diz respeito apenas ao educando e seu educador. A sacralização do espaço-tempo da educação prisional é uma condição fundamental para o exercício desta última.

Se, de início, o que move os apenados a ingressarem em projetos de leitura é a possibilidade de remição da pena, percebe-se, no decorrer dos encontros, que esse motivo se torna secundário. A oportunidade de sair da cela uma vez por semana para participar de debates e rodas de leitura é o ensejo para se sentir à parte da burocracia prisional, podendo experimentar na história dos personagens sensações conhecidas ou estranhas à vivência de cada um.

É necessário, no entanto, entender e exercitar a distância que esse tipo de troca existencial e pedagógica impõe aos participantes de projetos de leitura e educação em presídios. Isso porque o excesso de vontade de que tal experiência potencialize a humanidade escondida na brutalidade da vida dos indivíduos pode influenciar o processo de ensino/aprendizagem, gerando ruídos e distorções em sua dinâmica:

> Assim, abrir tempos, espaços onde o desejo de ler possa traçar seu caminho, é uma postura que se deve manter muito sutilmente para que dê liberdade, para que não seja sentida como uma intromissão. Isto supõe, por parte do "mediador", um trabalho sobre si mesmo, sobre seu lugar, sobre sua própria relação com os livros. Para que não se diga: "Mas o que ele quer? por que quer que eu leia?". E não se trata evidentemente de lançar-se em uma cruzada para difundir a leitura, pois esta seria a melhor maneira de afugentar todo mundo. Nem tampouco de seduzir, de fazer demagogia (PETIT, 2013, p. 26).

O apelo educacional que leva pessoas a adentrarem essa realidade, profissional ou voluntariamente, contém uma semente de gratuidade que não pode ser contaminada com noções como compaixão, piedade ou perdão. Professores, pedagogos e voluntários mediadores de leitura não são juízes nem têm a prerrogativa de se colocar no lugar da lei ao lidar com pessoas presas. No tempo suspenso da leitura e das trocas simbólicas das aulas no presídio, não há uma hierarquia vertical separando indivíduos, mas um saber horizontal que equaliza as diferenças e situa todos no mesmo plano. É nessa esfera sutil, em que se entrevê um princípio de ordenação no caos, que se operam as surpresas e os ganhos do trabalho com a leitura nos presídios.

No que diz respeito à pesquisa em locais de privação de liberdade, há ainda o impulso sedutor de se perseguirem teses preconcebidas, que associam, numa relação direta e ingênua, as ideias de trabalho e redenção; educação e anistia; leitura e superação – restritas a uma lógica de causa e consequência. Esse caminho mais curto – e sempre enganoso – motiva-se na ilusão de controle a que estariam submetidos os indivíduos encarcerados, sempre disponíveis a investigações sociológicas, educacionais, antropológicas etc., que fazem de presídios, hospícios e outros locais de privação de liberdade uma espécie de laboratório do comportamento humano. É preciso ter em conta que "instituições totais" são espaços com um nível de complexidade que não permite conclusões diretas e previsíveis, pois sempre há fatores-surpresa que permeiam as relações de poder entre os internos e a equipe gestora. Segundo o sociólogo Erving Goffman (2015, p. 22): "A instituição total é um híbrido social, parcialmente comunidade residencial, parcialmente organização formal; aí reside seu especial interesse sociológico. Há também outros motivos que suscitam nosso interesse por esses estabelecimentos. Em nossa sociedade, são as estufas para mudar pessoas; cada uma é um experimento natural sobre o que se pode fazer ao eu".

A ineficácia desse propósito de "mudar pessoas", demonstrada em números sobre a reincidência criminal no Brasil – segundo pesquisa de 2020, 42,5% dos presos retornam ao crime (ANGELO, 2020) –, faz dos presídios um cenário propício a projetos alternativos, fora dos padrões utilizados na sociedade livre, dentre os quais se destacam propostas educacionais que democratizam o acesso a obras literárias. A implantação e mediação dessas propostas devem respeitar as regras e condições internas ao convívio entre presos, situando-se como alternativas às limitações concretas e simbólicas a que homens e mulheres estão submetidos nesses espaços. A vigilância constante, a rigidez de horários e demais limitações obrigam o educador do sistema prisional a um trabalho que opera no limite entre a ordem imposta e o caos refratário a qualquer ação regeneradora.

Diante da necessidade de diminuir seu tempo de prisão, os apenados acatam a ação do mediador, atuando, muitas vezes, como personagens de um teatro educacional. Por isso, profissionais do ensino devem se resguardar desse apelo edificante do trabalho com pessoas privadas de liberdade, sob risco de somente reforçarem a encenação de comportamentos previsíveis, resultados exemplares e promessas de regeneração pelo estudo/leitura que só vão durar até que os participantes ganhem a liberdade:

> Essa cultura de conformidade, adotada pelo detento, é a única chance para que ele possa sair melhor e mais rápido. Não é de se espantar que as atividades serão aceitas e que se participará delas. Seria utópico interpretá-las como motivação educativa. Há simplesmente pontos a ganhar para uma saída mais rápida. É assim que vimos os detentos que possuíam o nível de educação de base se inscreverem em cursos de alfabetização, porque ainda havia lugar e porque as horas e dias passados em classe eram considerados na concessão de eventual remição ou na avaliação do comportamento. É suficiente, nessa cultura da imitação, se inscrever, estar, então, fisicamente presente (DE MAEYER, 2013, p. 37).

Cientes dessa realidade, educadores devem sempre se perguntar se a leitura na prisão é apenas uma atividade paliativa para atenuar a mortificação do "eu", ou se pode constituir, de fato, um instrumento para a emancipação dos indivíduos. Os números sobre a participação em ações que geraram redução de pena em presídios de São Paulo no ano 2019 mostram que atividades de leitura representaram apenas 4,1% dos dias remidos, diante de 69,7% de ocupações laborais e 26,2% de práticas de estudo formal (GEP, 2021, p. 25). A despeito da reduzida oferta e do pouco engajamento do público em atividades de leitura, é necessário manter programas pedagógicos em presídios, uma das poucas possibilidades de contato entre educadores e apenados. Ainda que seu papel apenas sirva para a manutenção ilusória da ordem, o mediador deve acreditar que a oferta de projetos de leitura seja mais benéfica do que a evidência nefasta de sua ausência em locais de aprisionamento.

Paulo Freire discute a necessidade de os homens se libertarem da acomodação e do ajustamento pelo exercício da consciência crítica, das relações entre sujeitos e da integração ao seu espaço e ao seu tempo. Sua teoria assume um sentido radical, se pensarmos na privação da liberdade física a que pessoas estão submetidas no sistema prisional. Nesse espaço, a busca da libertação pela prática educativa tem significado simbólico e, ao mesmo tempo, literal, por se tratar de uma atividade favorável à redução dos dias de pena. As palavras do pedagogo assumem, desse modo, uma significação estratégica para educadores e educandos do cenário prisional:

> A integração ao seu contexto, resultante de estar não apenas nele, mas com ele, e não a simples adaptação, acomodação ou ajustamento, comportamento próprio da esfera dos contatos, ou sintoma de sua desumanização, implica em que tanto a visão de si mesmo como a do mundo não podem absolutizar-se, fazendo-o sentir-se um ser desgarrado e suspenso ou levando-o a julgar o seu mundo algo sobre que apenas se acha. A sua integração o enraíza. Faz dele, na expressão de Marcel, um ser "situado e datado". Daí que a massificação implique o desenraizamento do homem. Na sua "destemporalização". Na sua acomodação. No seu ajustamento (FREIRE, 2020, p. 58-59).

Para emergirem desse estado, os homens devem atuar conjuntamente, a fim de transitar da consciência ingênua para a consciência crítica e realizar a aspiração maior de se humanizarem e se tornarem sujeitos de suas escolhas. Em *Pedagogia do oprimido*, Freire (2019, p. 95) cunha a célebre frase, subtítulo de um dos capítulos do livro: "Ninguém educa ninguém, ninguém educa a si mesmo, os homens se educam entre si, mediatizados pelo mundo". Nesse sentido, o jogo de mediação se oferece como um instrumento democratizante, pois não pressupõe um saber vertical que atua de cima – lugar do educador – para baixo – lugar do educando. Ao contrário, na teoria freireana, todos se situam na horizontalidade do processo de construção do conhecimento e elaboram conjuntamente os saberes propícios à ascensão coletiva.

No ensaio "O direito à Literatura", Antonio Candido inclui a arte da palavra como um bem a que todos deveriam ter acesso, em uma sociedade igualitária. Para o crítico, quanto mais desigual é o acesso aos benefícios materiais, maior é a dificuldade dos pobres para fruírem dos bens culturais; e a sobrevivência física e a integridade espiritual deveriam estar no mesmo rol dos direitos humanos acessíveis a todos: "a alimentação, a moradia, o vestuário, a instrução, a saúde, a liberdade individual, o amparo da justiça pública, a resistência à opressão etc.; e também o direito à crença, à opinião, ao lazer e, por que não, à arte e à literatura" (CANDIDO, 1995, p. 241). Candido afirma que a literatura humaniza exatamente por trazer em si o bem e o mal, sobrepostos paradoxalmente em sua capacidade de elevar e edificar, enquanto oferece "sua poderosa força indiscriminada de iniciação na vida, com uma variada complexidade nem sempre desejada pelos educadores" (p. 244).

Na trilha desse pensamento, nada seria mais necessário e propício ao espaço prisional do que a vivência da leitura e da interpretação literária, pois, segundo Candido, a literatura tem uma função ordenadora que auxilia na estruturação interna dos indivíduos:

> De fato, quando elaboram uma estrutura, o poeta ou o narrador nos propõem um modelo de coerência, gerado pela força da palavra organizada. Se fosse possível abstrair o sentido e pensar nas palavras como tijolos de uma construção, eu diria que esses tijolos representam um modo de organizar a matéria, e que enquanto organização eles exercem papel ordenador sobre a nossa mente. Quer percebamos claramente ou não, o caráter de coisa organizada da obra literária torna-se um fator que nos deixa mais capazes de ordenar a nossa própria mente e sentimentos; e em consequência, mais capazes de organizar a visão que temos do mundo (p. 245).

Por essa razão, concluímos que o trabalho de promoção da leitura em ambientes de privação de liberdade é uma oportunidade de lutar contra a desumanidade e a objetificação. Ainda que se corra o risco de tão somente reiterar o teatro dos comportamentos ideais para fins de redução da pena, projetos de leitura criam a possibilidade de algo se alterar nessa dinâmica, subvertendo os propósitos e abrindo espaço para o inesperado. Trata-se de um ato de resistência a essa desumanização, consoante com a vocação do "ser mais", desenvolvida por Freire em *Pedagogia do oprimido*:

> A desumanização, que não se verifica apenas nos que têm sua humanidade roubada, mas também, ainda que de forma diferente, nos que a roubam, é a distorção da vocação do *ser mais*. Na verdade, se admitíssemos que a desumanização é vocação histórica dos homens, nada mais teríamos que fazer, a não ser adotar uma atitude cínica ou de total desespero. A luta pela humanização, pelo trabalho livre, pela desalienação, pela afirmação dos homens como pessoas, como "seres para si", não teria significação. Esta somente é possível porque a desumanização, mesmo que um fato concreto na história, não é, porém *destino dado*, mas resultado de uma "ordem" injusta que gera a violência dos opressores e esta, o *ser menos* (FREIRE, 2019, p. 40-41, grifos do autor).

Valorizar o humano em meio à brutalidade e à violência é uma tarefa extrema e necessária. A mediação do contato entre pessoas aprisionadas e os livros opera a favor desse processo, ao possibilitar a construção de pontes e favorecer a reentrada dos indivíduos na sociedade.

Marcos legais para a leitura na prisão

Projetos de promoção da leitura nos presídios brasileiros só se tornaram possíveis graças aos avanços da legislação que assegurou o estudo como um direito dos apenados. Antes mesmo da consolidação dos esforços de parlamentares e demais atores que trabalharam pela efetivação da Lei n.º 12.433/2011 – e, posteriormente, da Recomendação n.º 44/2013, do CNJ –, ações pioneiras já vinham sendo realizadas, como a que ocorreu na Penitenciária Federal de Catanduvas (PR), em 2009. A necessidade de motivação para detentos encerrados no regime prisional diferenciado, característico das prisões federais, suscitou a criação de alternativas para amenizar as 22 horas de isolamento diário. A penitenciária paranaense, juntamente a outras quatro unidades federais (Brasília/DF, Campo Grande/MS, Porto Velho/RO e Mossoró/RN), destaca-se pelas normas de disciplina permanente, incomunicabilidade total (proibição de acesso a rádio ou TV) e reclusão em celas individuais, à semelhança das prisões Supermax, dos Estados Unidos. Esse modelo de encarceramento, resultante da expansão do Estado penal estadunidense, foi replicado em vários países da Europa e da América do Sul. Para o sociólogo Loïc Wacquant (2013, [s.p.]):

A "supermax" designa uma espécie de metaprisão, uma prisão para a prisão, uma instalação dedicada em todos ou na maioria dos seus aspectos (arquitetura, tecnologia, atividades, os horários e as relações sociais, etc.) para redobrar o tratamento que a penitenciária inflige sobre os mais recalcitrantes a ela, e, portanto, voltada para a dissolução – ou melhor, "desaparecimento" – das lacunas, falhas e contradições daquele tratamento.

Nessa mesma linha, Angela Davis (2020, p. 54) destaca que "[o] que já foi considerado progressista e até mesmo revolucionário representa hoje a união da superioridade tecnológica com o atraso político. Ninguém – nem mesmo os mais ardentes defensores das prisões de segurança supermáxima – tentaria argumentar hoje que a segregação absoluta, incluindo a privação sensorial, é reparadora e regenerante".

Os idealizadores do projeto de Catanduvas "buscavam ocupar o tempo ocioso de presos reclusos em celas individuais e, também, a possibilidade de atribuir dias remidos pela leitura como elemento motivador para as pessoas em privação de liberdade na penitenciária" (Torres, 2019, p. 275). Um regime tão restritivo – com apenas duas horas de banho de sol por dia, sem nenhuma comunicação com funcionários ou outros presos – obrigou o Conselho da Comunidade a pensar em uma alternativa a essa rotina extrema. Juntamente a representantes da Ordem dos Advogados do Brasil (OAB), da Câmara de Vereadores e membros de ONGs, esse conselho construiu um programa que permitiu a diminuição dos dias de condenação para cada livro lido: "o preso, voluntariamente, poderia optar por realizar a leitura e elaborar a resenha em até duas semanas. Naquela fase, competia aos membros do Conselho da Comunidade realizar a avaliação das resenhas; sendo aprovadas, cada resenha garantiria ao preso até quatro dias de redução da pena" (p. 276).

A proposta inicial foi aperfeiçoada, estipulando-se o prazo de 21 a 30 dias para a conclusão da leitura, após os quais o participante redigiria um resumo crítico comprobatório de sua atividade. A obra inaugural foi *Crime e castigo*, romance do escritor russo Fiódor Dostoiévski, que narra a história de Raskólnikov, um jovem e miserável estudante de Direito, às voltas com a responsabilidade por ter cometido um crime de latrocínio. A escolha do livro foi consenso entre os membros do Conselho, que julgaram pertinente sua temática em um espaço penitenciário. Na concepção dos responsáveis pela experiência pioneira de remição pela leitura em prisões no Brasil, uma obra que abordasse noções de culpa, sofrimento e penalização teria um efeito positivo no processo de recuperação dos presos, fato absolutamente questionável se pensarmos nas múltiplas possibilidades da recepção literária de

Crime e castigo, sobretudo em um espaço que já atua na reiteração da culpa e da punição como forma de sujeição dos indivíduos.

A primeira experiência de leitura como modo de remição da pena no Brasil surge, portanto, da necessidade de o Estado penal atenuar a intensidade de suas próprias ferramentas de opressão, ação paliativa para estimular os condenados a continuarem ativos sob esse regime. A leitura literária, nesse contexto, foi tomada como um instrumento acessório para a adaptação do indivíduo à rotina do cárcere, e não como uma atividade emancipatória com finalidade ressocializante. Porém, a despeito do modo verticalizado da implantação do programa e dos equívocos na escolha da obra, a iniciativa do Presídio de Catanduvas abriu um precedente importante para a criação de outros programas de leitura e, sobretudo, para a consolidação de entendimentos jurídicos favoráveis a essa prática em ambientes prisionais: a Resolução n.º 03/2009, do Conselho Nacional de Política Criminal e Penitenciária, que associou a oferta de educação no sistema prisional a ações de fomento à leitura e à criação de bibliotecas; a Portaria Conjunta n.º 276, de 2012, da Justiça Federal e do Departamento Penitenciário Nacional (Depen), que disciplinou o projeto Remição pela Leitura no sistema penitenciário federal; a Recomendação n.º 44/2013, do Conselho Nacional de Justiça, que estabeleceu regras específicas para atividades pedagógicas complementares ao estudo; e, mais recentemente, a Nota Técnica n.º 1/2020, do Depen, cuja finalidade foi "apresentar orientação nacional para fins da institucionalização e padronização das atividades de remição de pena pela leitura e resenhas de livros no sistema prisional brasileiro" (DEPEN, 2020b).

É importante destacar a influência do Seminário Nacional pela Educação nas Prisões – analisado no segundo capítulo deste livro – na construção de todas essas normas legais. As propostas que constavam no documento final destacavam políticas de incentivo ao livro, à leitura e à implantação de bibliotecas nas unidades prisionais, sinalizando o histórico dos debates e proposições a respeito do tema entre especialistas em educação e gestores prisionais.

Principal referência para a instituição de atividades pedagógicas complementares com a finalidade da remição da pena, nos últimos oito anos, a Recomendação n.º 44/2013, do CNJ, propõe que sejam realizadas, nos presídios brasileiros, ações "de natureza cultural, esportiva, de capacitação profissional, de saúde, entre outras". Em seu parágrafo II, a prescrição estabelece que, "para serem reconhecidos como atividades de caráter complementar e, assim, possibilitar a remição pelo estudo, os projetos desenvolvidos pelas autoridades competentes podem conter, sempre que possível":

a) disposições a respeito do tipo de modalidade de oferta (presencial ou a distância);

b) indicação da instituição responsável por sua execução e dos educadores e/ou tutores, que acompanharão as atividades desenvolvidas;

c) fixação dos objetivos a serem perseguidos;

d) referenciais teóricos e metodológicos a serem observados;

e) carga horária a ser ministrada e respectivo conteúdo programático;

f) forma de realização dos processos avaliativos (BRASIL, 2013).

O esforço em regulamentar tais atividades priorizou custodiados sem acesso ao ensino regular, seja pela carência da oferta no sistema prisional, seja pela falta de condições mínimas para a frequência nos cursos de formação. É o caso de presos do sistema penitenciário federal, que, como no exemplo de Catanduvas (PR), não são autorizados a realizar atividades coletivas; também os presos ameaçados de morte pelos demais companheiros, que cumprem pena nas celas do "seguro"; ainda, os que se situam nas margens do sistema prisional, pagando por seus crimes em presídios sem estrutura mínima para a instalação de espaços educacionais – que participam de atividades pedagógicas complementares até mesmo dentro da própria cela.

Entre as ações educativas definidas pela Recomendação n.º 44/2013, há um tópico específico sobre a prática da leitura como atividade a ser beneficiada com a remição da pena. Em seu parágrafo V, o documento propõe

> estimular, no âmbito das unidades prisionais estaduais e federais, como forma de atividade complementar, a remição pela leitura, notadamente para apenados aos quais não sejam assegurados os direitos ao trabalho, educação e qualificação profissional, nos termos da Lei n.º 7.210/84, observando-se os seguintes aspectos:
>
> a) necessidade de constituição, por parte da autoridade penitenciária estadual ou federal, de projeto específico visando à remição pela leitura, atendendo a pressupostos de ordem objetiva e outros de ordem subjetiva;
>
> b) assegurar que a participação do preso se dê de forma voluntária, disponibilizando-se ao participante 1 (um) exemplar de obra literária, clássica, científica ou filosófica, dentre outras, de acordo com o acervo disponível na unidade, adquiridas pelo Poder Judiciário, pelo DEPEN, Secretarias Estaduais/Superintendências de Administração Penitenciária dos Estados ou outros órgãos de execução penal e doadas aos respectivos estabelecimentos prisionais;
>
> c) assegurar, o quanto possível, a participação no projeto de presos nacionais e estrangeiros submetidos à prisão cautelar;

d) para que haja a efetivação dos projetos, garantir que nos acervos das bibliotecas existam, no mínimo, 20 (vinte) exemplares de cada obra a ser trabalhada no desenvolvimento de atividades;

e) procurar estabelecer, como critério objetivo, que o preso terá o prazo de 21 (vinte e um) a 30 (trinta) dias para a leitura da obra, apresentando ao final do período resenha a respeito do assunto, possibilitando, segundo critério legal de avaliação, a remição de 4 (quatro) dias de sua pena e ao final de até 12 (doze) obras efetivamente lidas e avaliadas, a possibilidade de remir 48 (quarenta e oito) dias, no prazo de 12 (doze) meses, de acordo com a capacidade gerencial da unidade prisional (BRASIL, 2013).

A fim de ordenar e estimular a atividade nos presídios, a recomendação propôs a sistematização da oferta de leitura para os interessados em transformar essa prática em benefício de progressão de pena. Para chegar ao número de quatro dias mensais de remição pela leitura, a recomendação se baseou no benefício da remição pelo trabalho – que se dá à razão de um dia de pena por três dias de atividades laborais – e pelo estudo – que reduz um dia de condenação para cada 12 horas de rotina escolar. Portanto, se considerarmos 21 dias úteis por mês, as oito horas diárias de trabalho e as quatro horas de estudo implicam a redução de 14 dias da pena (sete para cada atividade). Sendo assim, o intervalo de um mês para a leitura de um livro e a escrita de um resumo crítico proporciona a remição de pouco mais da metade dos dias do benefício por trabalho e estudo.

A necessidade de um delineamento teórico específico constituiu um avanço em relação às primeiras experiências de remição pela leitura em presídios, por demandar um conhecimento específico das áreas de Linguagens e Pedagogia ao se ofertarem atividades educativas; o incentivo aos presos submetidos à prisão cautelar (ainda não condenados em última instância) buscou ampliar e democratizar o acesso ao livro; a obrigatoriedade do mínimo de 20 exemplares de cada obra estimulou a criação ou a expansão de bibliotecas em locais de pouca – ou nenhuma – presença da cultura do livro; por fim, a definição de prazos para a leitura e dias exatos para o benefício da remição assegurou objetividade aos resultados da adesão a essas iniciativas pelos detentos.

Durante a última década, muitas foram as atividades de implementação da remição pela leitura em presídios federais e estaduais. Cada unidade da federação tem o poder de legislar sobre atividades no sistema prisional, pois a matéria faz parte da lista de competências concorrentes, conforme consta na Constituição Federal: "Art. 24. Compete à União, aos Estados e ao Distrito

Federal legislar concorrentemente sobre: I – direito tributário, financeiro, penitenciário, econômico e urbanístico" (BRASIL, 1988). Dessa forma, os projetos embasados pelas leis, portarias, termos de cooperação técnica e resoluções judiciais assumiram particularidades próprias em cada comarca em que foram instituídos, mantendo, no entanto, o princípio fundamental do estímulo à leitura de obras literárias, científicas ou filosóficas, para fins de remição de pena.

Recentemente, a Nota Técnica n.º 1/2020, do Depen, buscou padronizar essa atividade, recomendando uma série de procedimentos aos sistemas penitenciários estaduais, como marco inicial do Programa Nacional de Remição de Pena pela Leitura no Brasil. Afora os tópicos que apenas reafirmam decisões anteriores – como a necessidade de um programa específico para a atividade, a prioridade para presos não vinculados a outros programas de remição e o caráter voluntário da participação –, o documento propõe a necessidade de que o acervo bibliográfico ofereça obras literárias que tratem da violência de gênero e familiar, para fins pedagógicos e reflexivos de homens e mulheres agressores; determina também o número de 20 títulos bibliográficos – com 20 exemplares de cada – a serem adquiridos para compor, anualmente, as bibliotecas prisionais; estabelece, ainda, que as oficinas de leitura e escrita possam contar com a monitoria de pessoas presas, com comprovada competência e habilidade para o exercício da função; por fim, dispõe sobre a necessidade de compartilhamento dos números sobre projetos de leitura no Sistema de Informações do Departamento Penitenciário Nacional (SISDEPEN), com atualizações permanentes.

Houve avanços importantes na proposta do Depen, sobretudo no que concerne ao incremento da estrutura pedagógica com a construção de acervos literários. Sabe-se da carência e da precariedade de bibliotecas em estabelecimentos prisionais brasileiros, onde, muitas vezes, as obras formam um conjunto desordenado e desconectado da realidade dos possíveis usuários: "Muito frequentemente os livros ali agrupados não têm ligação alguma com as atividades educativas da prisão, eles são muito técnicos ou muito especializados ou ainda impróprios para adultos, não têm interesse algum. São frequentemente os não vendidos de segunda mão das lojas ou donativos que ocupam espaço nas bibliotecas públicas" (DE MAEYER, 2013, p. 46).

A existência de um acervo bibliográfico de qualidade constitui um relevante incentivo à busca de conhecimento durante o tempo de reclusão, e a proposta de aquisição de 400 exemplares anuais fortalece sobremaneira programas de educação prisional. Outro ponto importante da Nota Técnica n.º 1/2020 diz respeito à valorização do conhecimento e das competências de pessoas presas, ao considerar a monitoria como atividade laboral remunerada e com efeito para remição pelo trabalho. Além de colocar em prática habilidades prévias, o monitor-preso se ocupa com uma atividade intelectual durante o tempo de condenação e ainda auxilia o trabalho da equipe pedagógica e dos professores envolvidos. A inserção de dados sobre a prática de leitura na base do sistema de informações prisionais é outro tópico a se considerar no documento do Depen. A compreensão desses números é fundamental para a manutenção e o incremento de atividades pedagógicas complementares nesses espaços, pois permite entender o perfil dos participantes, a eficácia das metodologias e a abrangência dos projetos.

Há, no entanto, um retrocesso na Nota Técnica n.º 1/2020, que diz respeito à necessidade de definição prévia dos temas relativos à violência familiar e de gênero nas obras escolhidas. Trata-se de um reducionismo incompatível com o caráter multifacetado da escrita e da recepção literária. Por sua natureza polissêmica, a obra de arte permite que se discutam assuntos relevantes sem, necessariamente, reduzir os debates ao utilitarismo de relações de causa e consequência ou a interpretações moralizantes da realidade. Uma obra que aborde diretamente tal tipo de violência pode ter efeito inverso para o leitor, a depender do modo como se apresenta a temática, de como se constroem os personagens ou de que maneira se desenvolve o enredo. De modo contrário, livros que exploram o plano simbólico e metafórico podem atuar no imaginário e na capacidade de fabulação de cada indivíduo, levando-o indiretamente a refletir sobre comportamentos, desejos, medos e demais afetos humanos. Para Michèle Petit, nessa relação entre o livro e o leitor:

> Nem sempre um texto semelhante à sua própria experiência é o que pode ajudá-lo a se expressar, e uma proximidade excessiva pode se revelar inquietante. Ele encontrará forças nas palavras de um homem ou de uma mulher que tenham passado por provas diferentes. É precisamente ali, onde se oferece uma metáfora, e onde é possível tomar uma distância, que o texto está em condições de trabalhar o leitor. Porque esse trabalho psíquico se realiza a partir de mecanismos que Freud havia identificado como inerentes ao sonho: a condensação e o deslocamento. Ou seja, é impossível prever quais serão os livros aptos a ajudar alguém a se descobrir ou a se construir (PETIT, 2013, p. 48).

Se houvesse uma relação direta entre a "moral da história" e as atitudes de homens, mulheres e crianças, as fábulas infantis bastariam para educar e conscientizar os leitores, porém sabemos que isso não necessariamente ocorre.

A limitação de temas restringe a autonomia da equipe pedagógica e dos próprios detentos, sujeitos que são do processo educacional no qual estarão inseridos, durante aulas, debates e rodas de conversa sobre livros, desde sua escolha até sua interpretação.

A ingerência de atores externos ao processo educacional em programas de incremento das capacidades de leitura e escrita na prisão já resultou em atitudes desastrosas, como a do governo do estado de São Paulo, que, em 2020, censurou obras do projeto Remição em Rede, parceria do governo com entidades sociais e editoras (GENTILE; SETO, 2020). Uma lista de 12 obras doadas por empresas – que incluía *Paisagem de outono*, de Leonardo Padura; *O fim de Eddy*, de Édouard Louis; e *Cabo de guerra*, de Ivone Benedetti – foi censurada pelo diretor executivo da Fundação Estadual de Amparo ao Trabalhador Preso (Funap), o coronel Henrique Pereira de Souza Neto. Sem esclarecer os motivos, o diretor reprovou a lista, alegando que três livros não eram adequados ao público leitor, sem especificar os títulos e os motivos. Diante da recusa, as empresas doadoras recolheram as obras, que não constaram na lista de livros que seriam lidos pelos presos.

Percebe-se, dessa maneira, o temor de que a leitura possa ser um ato desestabilizador da ordem existente em ambientes de aprisionamento. Em *Sociologia da leitura*, de Chantal Horellou-Lafarge e Monique Segré, lemos que, por serem meios de comunicação indispensáveis, a escrita e a leitura

> inspiram medo. A escrita pode ser subversiva, a leitura também, pois, em determinadas condições sociais, permite ao leitor compreender e interpretar o texto, descobrir suas nuances e significados, até então ocultos. [...] É por isso que os mantenedores da ordem querem controlar as interpretações que os leitores, eternos insubmissos, dão. Essa vontade de controle efetuou-se ao longo da história, com a violência e a repressão, concretizou-se na censura da parte das autoridades, quer representassem a Igreja, quer o Estado (HORELLOU-LAFARGE; SEGRÉ, 2010, p. 16).

Após mais de 10 anos da primeira experiência de remição de pena pela leitura, no entanto, o saldo de propostas e ações é positivo. Em presídios dos 26 estados e do Distrito Federal foram implantadas dezenas de projetos de leitura como incentivo à redução dos dias de pena, seja por legislação própria, seja a partir da Portaria n.º 276/2012, da Justiça Federal. Um levantamento realizado pela *Revista Brasileira de Execução Penal* (*RBEP*) apresenta o seguinte quadro com as normas que regulamentam a remição pela leitura nos presídios estaduais e federais, atualmente:

Quadro 1 – Normas que regulamentam a remição pela leitura

ESTADO	INÍCIO/ ANO	LEGISLAÇÃO	NOME DO PROJETO
Sistema Penitenciário Federal SPF/Depen	2009	Portaria Conjunta n.º 276, 20 jun. 2012, Justiça Federal (JF) e Departamento Penitenciário Nacional (Depen)	Remição pela Leitura
Acre	2015	Portaria n.º 02, de 5 fev. 2015, Vara de Execução Penal	Leitura Livre
Alagoas	2017	Portaria n.º 02, de 10 abr. 2017, Vara Criminal da Capital/ Execuções Penais	Projeto Lêberdade
Amazonas	2015	Portaria n.º 027/2015, de 6 ago. 2015, GAB/SEC/SEAP, e Provimento n.º 272, CGJ/AM	Programa de Remição da Pena Através da Leitura
Bahia	2014	Provimento n.º 001/2018, CGJ/BA, e Procedimento Operacional n.º 03/19, Superintendência de Ressocialização	Remição pela Leitura
Ceará	2016	Lei Estadual n.º 15.718, 26 dez. 2014, publicada em 6 jan. 2015	Livro Aberto
Distrito Federal	2018	Portaria n.º 10, 17 nov. 2016, Varas de Execuções Penais	Ler Liberta
Espírito Santo	2017	Não há regulamentação própria	Ler Liberta; Virando a Página
Goiás	2014	Portaria n.º 01/2018, TJGO/MPGO/DGAP/SEDUCE	Programa de Remição pela Leitura

ESTADO	INÍCIO/ANO	LEGISLAÇÃO	NOME DO PROJETO
Maranhão	2017	Lei Estadual n.º 10.606, 30 de jun. 2017	Projeto Leitura Interativa
Mato Grosso	2018	Provimento n.º 24/2013, CGJ/MT	Remição pela Leitura
Mato Grosso do Sul	2014	Portaria Conjunta das Varas de Execuções Penais (VEPs) n.º 001-2019, 16 abr. 2019.	Remição pela Leitura/Educando para a Liberdade
Minas Gerais	2014	Resolução Conjunta n.º 204/2016, SEDS/TJMG	Projeto Remição pela Leitura
Pará	2012	Portaria Conjunta n.º 276, TJPA, SUSIPE/SEDUC	A Leitura que Liberta
Paraíba	2012	Provimento n.º 13/2013, Corregedoria Geral de Justiça – Tribunal de Justiça da Paraíba	Projeto de Remição pela Leitura
Paraná	2012	Lei n.º17.329/12, *Diário Oficial* n. 8814, 8 out. 2012	Remição pela Leitura
Pernambuco	2017	Portaria conjunta n.º 001/2016, Secretaria de Justiça e Direitos Humanos e Secretaria Estadual de Educação	Remição de Pena pela Leitura
Piauí	2015	Não há legislação estadual específica	Leitura Livre

ESTADO	INÍCIO/ANO	LEGISLAÇÃO	NOME DO PROJETO
Rio de Janeiro	2016	Resolução da Secretaria de Administração Prisional n.º 722, 7 ago. 2018	Remição de Pena pela Leitura
Rio Grande do Norte	2017	Lei Estadual n.º 10.182, 21 fev. 2017	Projeto Remição pela Leitura
Rio Grande do Sul	2019	Portaria n.º 33/2019, Superintendência dos Serviços Penitenciários	Remição pela Leitura
Rondônia	2014	Portaria n.º 004/2015/VEP	Remição pela Leitura
Roraima	2017	Portaria conjunta n.º 010/2017, Secretaria da Justiça e da Cidadania, Secretaria de Estado da Educação e Desportos e Vara de Execução Penal	Leitura pela Libertação
Santa Catarina	2016	Termo de cooperação técnica entre as Secretarias de Justiça e Cidadania e a Secretaria de Estado da Educação	Projeto Despertar pela Leitura
São Paulo	2019	Lei n.º 16.648, 11 jan. 2018, ALESP	Remição pela Leitura: dos Direitos Educativos ao Acesso à Justiça
Sergipe	2019	Lei n.º 8420, 22 maio 2017	Remição pela Leitura
Tocantins	2014	Portaria n.º 12, 2 jun. 2015, TJ/TO	Remição pela Leitura

Fonte: DEPEN, 2020a, p. 316-317.

A partir dessas decisões judiciais, foi possível o desenvolvimento de propostas variadas nas unidades federativas brasileiras. Em alguns estados, como São Paulo, Espírito Santo e Mato Grosso do Sul, mais de uma iniciativa se consolidou, permitindo maior abrangência da aplicação das medidas de remição pela leitura no sistema prisional, sobretudo para atender quem não era contemplado por outros benefícios de progressão da pena. É interessante notar que os nomes dos projetos encerram, em sua quase totalidade, as ideias de abertura, liberdade, mudança e renovação, sugerindo a transcendência dos limites da prisão pelo contato com os livros.

Por se tratar de uma atividade pedagógica complementar, a leitura não depende da existência de estrutura escolar para seu exercício, podendo ser realizada na própria cela, em pátios de banho de sol ou em bibliotecas, nos presídios onde esses espaços existem. Além disso, é uma prática passível de ser exercida em horários diversos do cotidiano de pessoas privadas de liberdade. Porém, os mesmos atributos que a tornam um benefício positivo dissimulam riscos à garantia da educação como um direito desses mesmos indivíduos. Isso porque a existência de projetos de leitura pode tão somente camuflar a carência de uma estrutura regular de ensino que assegure ao participante uma formação consistente e efetiva. Para que não se preste apenas a dissimular a precariedade da oferta de ensino em presídios, tais projetos devem ser estruturados em consonância com uma pedagogia da educação de jovens e adultos, o que corrobora o pensamento de pesquisadores como Ana Cláudia Ferreira Godinho e Elionaldo Fernandes Julião:

> Compreendemos que, quanto mais os projetos de leitura se articularem com a escolarização, maior a possibilidade de que a remição pela leitura se torne uma porta de entrada para a escola de EJA para quem tem baixa escolaridade e, portanto, a retomada do direito à educação, e não uma substituição precária daquilo que é essencial e insubstituível: escola pública, gratuita e de qualidade que garanta o direito à educação a toda a população brasileira (GODINHO; JULIÃO, 2019, p. 88).

Daí a importância da regulamentação que tornou a leitura uma prerrogativa para a remição da pena nos presídios brasileiros. Com alguns erros e muitos acertos, a legislação que viabiliza a execução desses projetos amadureceu ao longo do tempo, mas necessita sempre se ajustar à realidade instável e inconstante da estrutura penitenciária.

Experiências de remição de pena pela leitura

A partir da Recomendação n.º 44/2013, do CNJ, vários estados implantaram programas de leitura em seus presídios, como revelou o levantamento da *Revista Brasileira de Execução Penal*. Um dos projetos mais bem realizados entre as dezenas de iniciativas foi o Ler Liberta, desenvolvido no Distrito Federal, a partir de 2018. Alguns avanços importantes dessa experiência merecem destaque: a seleção de professores por meio de edital público; a oferta de curso de capacitação para os servidores das secretarias de Educação e de Segurança Pública designados a trabalhar no projeto; e o nivelamento educacional dos participantes, adequando as obras ao seu grau de formação: "A participação dos custodiados no projeto é voluntária. Os participantes contam com o prazo máximo de 30 dias para efetuar a leitura. As obras foram classificadas por diferentes níveis de escolaridade: 1º nível – alfabetizados com Ensino Fundamental incompleto; 2º nível – Ensino Fundamental completo e 3º nível – Ensino Médio completo ou incompleto e 4º nível – Ensino Superior (completo ou incompleto) e pós-graduados" (SANTOS; LECLERC; BARBOSA, 2019, p. 26).

A equiparação entre a instrução dos presos e o grau de dificuldade da obra visou corrigir desajustes como o observado no projeto pioneiro de Catanduvas (PR), no qual pessoas com níveis distintos de habilidade leitora foram submetidas ao mesmo desafio de compreensão e interpretação de uma obra da complexidade de *Crime e castigo*. É importante ressaltar que, de acordo com dados do Infopen (2019), 51,3% das pessoas privadas de liberdade no Brasil possuem o ensino fundamental incompleto; 14,9% não concluíram o ensino médio; 7,2% são analfabetos; e somente 0,5% têm ensino superior (BRASIL, 2020). Desse total, 9,6% estavam envolvidos em atividades de educação formal e apenas 1% participava de ações educacionais complementares. Diante desses números, fica evidente a necessidade da estruturação adequada de programas de leitura em presídios, reconhecendo-se a fragilidade educacional do público-alvo, sob pena de restringir a participação dos detentos e beneficiar apenas aqueles com melhor histórico educacional.

Os idealizadores do Ler Liberta realizaram levantamento diagnóstico da escolaridade média do público carcerário do Distrito Federal e constataram que 49,93% dos participantes tinham o nível fundamental incompleto, enquanto somente 19,64% haviam concluído essa etapa do ensino: "Uma vez constatado que a maioria dos participantes possui baixo nível de escolaridade, o Comitê Gestor do projeto propôs aos Chefes dos Nuens, em caráter experimental, a realização de oficinas de redação, desenvolvidas pelos coordenadores de cada unidade para possibilitar ao participante o desenvolvimento de sua competência linguística" (Santos; Leclerc; Barbosa, 2019, p. 29).

A promoção de encontros pedagógicos – debates, rodas de conversa, oficinas de leitura e de escrita etc. – é de extrema importância para o sucesso de iniciativas de incentivo à leitura nesses espaços. A simples disponibilização de livros, definidos, às vezes, por juízes e demais membros de conselhos penitenciários, sem o necessário diálogo com especialistas em educação – que dirá com o público-alvo dos programas –, não cumpre o objetivo de estimular o interesse dos presos por essa prática e apenas reitera um ideal elitista e excludente. Um exemplo desse comportamento se traduz na atuação do juiz Márcio Umberto Bragaglia, coordenador do projeto Reeducação do Imaginário, desenvolvido na vara criminal de Joaçaba (SC), desde 2012. Segundo o magistrado, as obras literárias oferecidas aos presos devem apresentar "experiências humanas sobre a responsabilidade pessoal, a percepção da imortalidade da alma, a superação das situações difíceis pela busca de um sentido na vida, os valores morais e religiosos tradicionais e a redenção pelo arrependimento sincero e pela melhora progressiva da personalidade, o que a educação pela leitura dos clássicos fomenta" (Bragaglia *apud* Delfim, 2016, p. 63).

Na lista de 26 autores a serem lidos nesse projeto – que não incluiu nenhum escritor brasileiro –, constavam o já citado Fiódor Dostoiévski, Joseph Conrad, William Shakespeare, Charles Dickens, Walter Scott, Robert Musil, entre outros. Trata-se de um rol de escritores da literatura mundial, cujos livros se destacam pela complexidade estrutural e temática, o que os distancia da realidade educacional da imensa maioria das pessoas presas no Brasil. Aqui se encontra, a nosso ver, o principal equívoco do idealizador do projeto: acreditar que os clássicos universais, tão somente pela legitimação canônica, sejam capazes de operar transformações na essência de pessoas em situação de reclusão em presídios brasileiros. Tal pensamento, desconectado da complexa realidade socioeducacional de nossas prisões, considera que a legitimidade da tradição literária esteja acima das reais necessidades e condições de recepção – tanto no nível temático quanto no estrutural – de obras como *Coração das trevas* ou *O homem sem qualidades*. "Não subestimo a competência deles. Não dou livros de autoajuda, só clássicos da literatura", afirma o juiz Bragaglia (*apud* Delfim, 2016, p. 63). Trata-se de uma interpretação distorcida da noção de *clássico*, um uso conveniente da literatura a serviço de um discurso conservador, com viés utilitário. Projetos como o Reeducação do Imaginário se prestam mais a confirmar as crenças e verdades prévias de quem os realiza do que, de fato, a atuar para a formação educacional do público a que se destina.

Italo Calvino, em seu ensaio seminal *Por que ler os clássicos*, afirma que tais obras não devem ser lidas porque "servem" para qualquer coisa, pois só operam efeitos de novidade e surpresa de modo muito particular e inesperado. Na leitura de um clássico, "se a centelha não se dá, nada feito: os clássicos não são lidos por dever ou por respeito, mas só por amor" (CALVINO, 1993, p. 12-13). Isso não impede que escolas e outros espaços alternativos de difusão da leitura ofereçam obras canônicas aos seus alunos, porém é necessário alterná-las – e cotejá-las – com obras contemporâneas, abrindo-se a seus múltiplos sentidos, sem reducionismos utilitaristas.

É importante, ainda, lembrar que há uma gama imensa de obras literárias no intervalo estético entre o "cânone" e a "autoajuda", para retomar a antítese reducionista do juiz responsável pelo projeto Reeducação do Imaginário. Operando fora desses extremos, é possível selecionar obras de qualidade, com linguagem e conteúdo adequados e acessíveis aos leitores do ambiente prisional. A literatura não deve atender apenas a um discurso normalizador e moralizante, pois, em seu conjunto, os livros podem reafirmar ou desconstruir discursos de poder. É o que Antonio Candido (1995, p. 243) afirma no já citado "O direito à literatura":

> Os valores que a sociedade preconiza, ou os que considera prejudiciais, estão presentes nas diversas manifestações da ficção, da poesia e da ação dramática. A literatura confirma e nega, propõe e denuncia, apoia e combate, fornecendo a possibilidade de vivermos dialeticamente os problemas. Por isso é indispensável tanto a literatura sancionada quanto a literatura proscrita; a que os poderes sugerem e a que nasce dos movimentos de negação do estado de coisas predominante.

Diferentemente do programa desenvolvido em Joaçaba (SC), o projeto Ler Liberta, do Distrito Federal, ao respeitar a formação dos participantes, promoveu leituras compatíveis com cada grupo, a partir da discussão entre alfabetizadores, professores de Língua Portuguesa, bibliotecários e pedagogos da equipe executora do projeto. No nível 1 (alfabetizados e ensino fundamental I), foram sugeridas obras como *O menino do dedo verde* (Maurice Druon), *Quarto de despejo* (Carolina Maria de Jesus) e *O quinze* (Rachel de Queiroz); no nível 2 (ensino fundamental II) constaram livros como *O homem que calculava* (Malba Tahan), *A hora da estrela* (Clarice Lispector) e *Não verás país nenhum* (Ignácio de Loyola Brandão); o nível 3 (ensino médio) trouxe *Triste fim de Policarpo Quaresma* (Lima Barreto), *A metamorfose* (Franz Kafka) e *Vidas secas* (Graciliano Ramos); por fim, o nível 4 (ensino superior) ofereceu a leitura de *Dom Casmurro* (Machado de Assis), *Crime e castigo* (Fiódor Dostoiévski) e *Madame Bovary* (Gustave Flaubert), entre outros.

A participação e a permanência de leitores em projetos como o Ler Liberta dependeu – e ainda depende –, em grande medida, da adequação da linguagem e do tema das obras, bem como da atuação de mediadores de leitura na discussão dos livros com o público leitor. Se, em tese, basta o conhecimento do livro e a escrita de uma resenha comprobatória para a efetivação da remição da pena, na prática, as fragilidades na formação comprometem o sucesso da maior parte da comunidade carcerária nesses programas. Reiterando o que foi dito anteriormente, a desconsideração dessa realidade implica beneficiar apenas a pequena parcela de apenados com melhor instrução educacional, reproduzindo a mesma segregação da sociedade extramuros contra jovens com baixa escolaridade. Por isso, a oferta de oficinas de escrita no projeto do Distrito Federal constituiu um avanço importante para a efetiva participação dos presos com menor escolaridade e sinalizou uma proposta pedagógica a ser replicada em outros estados.

A autonomia dos estados e do Distrito Federal em definir regras próprias para projetos de educação em presídios resultou em diferentes formas de implantação da leitura como modo de remição da pena. Cada experiência retomou e/ou remodelou iniciativas anteriores, a partir da legislação que permitiu ações desse tipo, desde 2009. O programa Despertar para Leitura foi implantado no Complexo Penitenciário de São Pedro de Alcântara, em Santa Catarina, a partir de um projeto-piloto realizado em 2015. Segundo a pesquisadora Vanessa Goes Denardi *et al.* (2019, p. 89), a iniciativa "entendeu a leitura como uma forma de reintegrar o infrator à sociedade e visou não somente à remição da pena, mas a promoção da educação, da cultura e da cidadania, estimulando o conhecimento, as capacidades cognitivas e o resgate da autoestima".

De início, foi oferecido um curso para as equipes envolvidas na oferta de educação em prisões daquele estado, que possibilitou a elaboração de um documento coletivo "apontando as possibilidades de melhorias para que o projeto se tornasse um programa com diretrizes e padronização estadual" (Denardi *et al.*, 2019, p. 93). Esse já foi um avanço importante em se tratando de iniciativas de promoção da leitura em presídios, já que, normalmente, o alcance e a duração limitada desses projetos se deve ao fato de serem ações de governo, e não políticas públicas de Estado.

A metodologia do Despertar para a Leitura considerou os seguintes procedimentos:

> 1) Elaboração de cronograma individual e semestral para cada setor onde o Projeto é desenvolvido, respeitando e intercalando as atividades já programadas e de rotina dos diversos setores (escola, saúde, visitas, audiências, pecúlio, entre outros procedimentos internos) do complexo prisional.
>
> 2) Aplicação de diagnóstico individual aos participantes, contemplando escolaridade, nível e/ou dificuldades de leitura, preferências literárias, avaliação do Projeto até o momento e sugestões de melhorias. Mediante os relatos, foi possível reavaliar o Projeto com inserção de outros títulos e gêneros literários conforme o nível de letramento e de leitura de cada participante, assim como suas sugestões e preferências. Esta atividade foi possível com o apoio da biblioteca, assim como de novas doações de livros que foram promovidas pela equipe e recebidas no período.
>
> 3) Readaptação dos formulários de controle de obras lidas, como nova ficha de acompanhamento individual e novo modelo do documento de avaliação, assim como redistribuição das turmas por setor, para que cada turma não ultrapassasse a média sugerida pela SED-SC de 20 participantes [...].
>
> 4) Outras atividades paralelas foram desenvolvidas durante o período, como orientações de escrita e rodas de conversa sobre gêneros literários, leitura e discussão de outros textos de apoio (incluindo resenhas, crônicas, contos, poesia, etc.), dicas de ortografia e gramática, *feedbacks* individuais a cada encontro (com devolutiva da avaliação anterior), atividades literárias, avaliação do Projeto, doação de alguns livros pela equipe para leitura de férias e sugestões de novos títulos à SED para aquisição e ampliação do atual acervo para o ano de 2019 (Denardi *et al.*, 2019, p. 94).

A organização e o cuidado durante a implantação de programas de leitura são determinantes para o sucesso de sua execução. A resistência a atividades educacionais advindas da própria estrutura carcerária obriga a equipe organizadora a se resguardar, a fim de que ações educacionais em presídios tenham êxito. A rigidez do aparato carcerário justifica o planejamento minucioso de ações como a da Secretaria de Educação de Santa Catarina. O cronograma prévio e o respeito a outras atividades dos apenados é fundamental para que não surjam imprevistos que obriguem à ausência dos participantes nas rodas de leitura. O mesmo se pode dizer sobre o nivelamento dos leitores quanto à formação e às preferências estéticas/temáticas, medida necessária para evitar a evasão durante os cursos.

A adequação entre o leitor e a obra é uma chave importante nesse processo de difusão da leitura em ambientes prisionais, como se verificou na iniciativa do Distrito Federal. Assim também são o acompanhamento individual e a limitação do número de participantes nas turmas, medidas necessárias para garantir um melhor controle do desempenho dos participantes. O projeto Despertar para a Leitura foi oferecido em presídios masculinos e femininos do Complexo Penitenciário de Florianópolis e contou, em 2018, com a participação de 240 reeducandos. A diversificação das atividades educacionais, a escuta dos alunos e a atuação dos profissionais no suporte às falhas da formação do público carcerário são dignas de nota e configuram procedimentos paradigmáticos para iniciativas desse mesmo tipo.

Concluímos os exemplos de experiências de remição pela leitura com o Projeto Lêberdade, iniciado no ano 2017 no sistema prisional de Alagoas, por iniciativa da equipe administrativa do complexo prisional em parceria com a Secretaria de Educação do estado. O público-alvo do programa eram os presos condenados e já alfabetizados, aptos à leitura e à escrita da resenha comprobatória dessa prática. A experiência inicial ocorreu no presídio feminino de Santa Luzia e contou com uma equipe executora formada por três profissionais, das áreas de Letras, de Pedagogia e de Ciências Sociais. O projeto realizou-se em parceria com a Universidade Federal de Alagoas e o Centro Universitário CESMAC, que disponibilizaram docentes e discentes envolvidos em atividades de extensão. Em artigo sobre essa experiência, o pesquisador Hugo Santos, um dos participantes, esclarece detalhes sobre a implementação do Lêberdade:

> Cada ciclo de leitura possui a previsão de três encontros mensais, para a realização de: 1) uma oficina de leitura e escrita que orienta e auxilia as detentas no tocante à Língua Portuguesa e às questões sociais trazidas nas leituras; 2) a escrita da resenha, que ocorre após a leitura do livro; e 3) a reescrita, momento em que as reeducandas que não obtiveram sucesso na escrita inicial ou, por algum motivo, não puderam comparecer no dia da escrita, têm uma nova oportunidade para escrever suas resenhas (Santos, 2018, p. 161).

Há no projeto uma preocupação em comum com outras ações analisadas neste capítulo, quanto à qualificação prévia dos participantes em oficinas de leitura e escrita. Fica claro que, por se tratar de atividades pedagógicas complementares, projetos de remição pela leitura não suprem as lacunas na formação escolar ampla dos apenados, demandando práticas de capacitação pontuais e objetivas, voltadas para a finalidade da remição. Por essa razão, não se pode pensar que tais ações tenham uma função formadora, a não ser que estejam associadas a atividades educacionais regulares mais amplas, como a frequência dos reeducandos nos ensinos fundamental e médio.

A novidade do projeto de Alagoas ficou por conta da possibilidade de reelaboração da resenha, medida justa e necessária, pois, a depender da competência de escrita do participante, nem sempre na primeira tentativa seu texto vai traduzir – e comprovar – sua atividade como leitor. E, diante dos números já apresentados sobre a defasagem escolar do público carcerário, é importante pensar em alternativas para as dificuldades enfrentadas na elaboração do resumo crítico exigido para a remição da pena. Outro ponto a ser valorizado no Projeto Lêberdade foi a parceria com a universidade, que permitiu o contato entre os universos acadêmico e prisional, durante as oficinas de escrita e rodas de leitura.

O trabalho no presídio de mulheres também evidenciou a problemática do aprisionamento feminino, fato que mereceu destaque na observação dos extensionistas:

> Assim, um dos aspectos que chamaram a atenção, desde o início, foi a condição de abandono de várias das mulheres encarceradas, na medida em que boa parte das reeducandas não recebe visitas ou raramente tem contato com seus familiares e amigos. No caso das visitas conjugais, pode-se afirmar que são ainda mais escassas, sendo que poucas apenadas exercem regularmente o direito de contato íntimo com seus companheiros. Aliás, infelizmente tal dado não é exclusivo do cárcere alagoano, e se constata a frequência bem menor das visitas a reeducandas, com relação àquelas recebidas por detentos (Santos, 2018, p. 163).

Em termos absolutos, o Brasil ocupa o quarto lugar mundial em número de mulheres presas. Se considerarmos as taxas de encarceramento, o país sobe para a terceira posição entre os países que mais aprisionam esse público. Segundo levantamento do Depen, em 2017, o Brasil tinha 37.828 mulheres encarceradas (Depen, 2017). Entre 2000 e 2016, a taxa cresceu cinco vezes, mas não houve um acompanhamento desse crescimento nas políticas públicas voltadas para o tratamento de questões específicas do gênero feminino em situações de privação de liberdade. Se a prisão representa um lugar de exclusão em uma estrutura social, em seu ambiente interno também se reproduzem modos de segregação, claramente percebidos quando se analisam questões de gênero: presídios de mulheres são menos assistidos por políticas públicas voltadas para a população carcerária, e essa população enfrenta maiores dificuldades diante da burocracia prisional. Segundo levantamento do Observatório de Desigualdades da Fundação João Pinheiro, a violência de gênero opera formas variadas de opressão sobre mulheres na cadeia: há situações em que grávidas são obrigadas a parir algemadas, a arquitetura prisional não prevê espaços para gestantes e lactantes, há carência de produtos de higiene feminina etc. (O Aumento..., 2020).

Programas de leitura como atividades de extensão universitária tornam essa realidade visível e palpável, para além da simples teorização que caracteriza a rotina acadêmica, sobretudo na área de ciências humanas. Daí a importância do envolvimento dos docentes e discentes do Projeto Lêberdade em rodas de leitura e na capacitação das reeducandas. Para além do objetivo prático da remição, o programa viabilizou o diálogo entre sujeitos de instâncias distintas da estrutura social, fato relevante para a ressignificação da trajetória pessoal dos participantes.

As experiências de projetos executados de 2009 a 2020 sinalizaram direções importantes para as novas ações a serem realizadas sob a chancela dos marcos legais que norteiam práticas pedagógicas em espaços prisionais. Considerando que a prática de leitura é uma atividade paralela à educação formal – e levando-se em conta que nem 10% da população carcerária têm acesso ao ensino básico –, é fundamental o nivelamento do público participante dos programas, a fim de equalizar diferenças de formação e oferecer obras adequadas a cada grupo. Os livros selecionados devem respeitar a diversidade escolar constitutiva do público-alvo, suas limitações e dificuldades, bem como suas preferências de temas, gêneros e estilos. Quanto mais se identificarem ou se sentirem instigados pelas obras literárias, maior será o engajamento dos participantes na dinâmica dos projetos. Os responsáveis pela curadoria das obras devem manter diálogo constante com os leitores, sugerindo, mas, ao mesmo tempo, acatando proposições a respeito do acervo a ser construído ao longo da execução dos programas.

Há que considerar, inclusive, a expansão da noção de *texto* no trabalho interno ao cenário prisional, permitindo a fruição e a análise, para fins de remição, de obras cinematográficas, teatrais ou multilinguagens. Nos presídios onde há bibliotecas, deve-se incrementar esse espaço, transformando-o em um núcleo multimeios que permita contato com códigos diversos de linguagem, como sugere Marc De Mayer (2013, p. 47):

Ler não é a atividade de um ser passivo, de alguém que quer passar o tempo. Ler é uma relação dinâmica com o texto, com a imagem, com o filme, com as questões, com a história. Multipliquemos os lugares de informações, multipliquemos as categorias de informação, diversifiquemos os suportes da informação (imagens, música, expressão corporal, desenhos, grafites, o escrito, etc.) para que a biblioteca seja realmente integrada à prisão e possa modestamente contribuir com a capacidade reflexiva do detento, com seu conhecimento de causa, com um outro futuro quando da saída do estabelecimento.

O apego à tradição escrita e a tudo que se representa por esse meio de expressão limita a atividade de observação, análise e interpretação dos participantes de programas de leitura. A cultura letrada pressupõe que os saberes só se legitimam se atenderem aos seus princípios, que são, via de regra, excludentes. A necessidade da comprovação da leitura de obras literárias, clássicas, científicas ou filosóficas por meio de um gênero como a resenha é uma evidência dessa fetichização da cultura letrada, tendo como foco pessoas provenientes de culturas cuja base é, muitas vezes, oral. Além disso, como já dito, sabemos que uma parcela considerável dos presos no Brasil possui formação escolar precária, prescindindo dos instrumentos básicos de expressão, bem como do conhecimento sobre tipos textuais diversos.

Uma sugestão para atender pessoas em processo de alfabetização – que, por isso, ainda não possuem habilidades de leitura e escrita para participar de projetos de remição – seriam as rodas de oralização da leitura ou o trabalho com audiolivros, com os quais se poderia acessar o enredo das histórias e compreender suas ideias, reflexões e demais conteúdos. Da mesma forma, seja por essa alternativa, seja por meio do livro tradicional, deve-se considerar a possibilidade de validação oral dessa atividade, visto não haver prejuízo para a finalidade principal da avaliação: a comprovação do trabalho de leitura ou escuta de uma obra.

Independentemente do modelo escolhido, é essencial a promoção de oficinas de interpretação e de síntese das obras, que capacitem os participantes a compreenderem textos diversos e a organizarem resumos analíticos convincentes. Nos espaços prisionais onde há acesso ao ensino escolar, as oficinas deverão estar associadas à atuação de professores de Linguagem, a fim de ampliar conceitos, auxiliar a formação leitora e evitar restringir tal prática a uma finalidade meramente burocrática para a redução dos dias de condenação. Quando a objetividade da remição se sobrepõe ao processo pedagógico e à melhora das habilidades e competências dos alunos, inverte-se o propósito dos programas, abrindo-se espaço para ações que comprometem os princípios fundamentais da promoção da leitura em espaços prisionais:

> Dessa forma, para que a leitura e a escrita sejam significativas aos sujeitos privados de liberdade e não tenham caráter apenas utilitário para a diminuição da pena, é preciso que sejam possibilitados momentos (aulas, oficinas) para o desenvolvimento de práticas que propiciem o encontro do participante com o ato de ler, escrever, compreender e interpretar. Assim, a política da remição de pena pela leitura será, de fato, uma atividade educacional complementar, conforme preconiza a Resolução (CNJ) n.º 44 (Tomaz; Martins, 2019, p. 395).

É preciso, pois, lutar contra a lógica da "educação bancária" aplicada a projetos de leitura em prisões. Por meio do diálogo e da seleção conjunta de temas, deve-se construir um processo coletivo de interpretação para, a partir daí, realizar a síntese comprobatória dessa ação. Paulo Freire destaca a necessidade dessa troca constante entre educadores e educandos, a fim de se atingir um objetivo comum no processo pedagógico:

> Quanto mais investigo o pensar do povo com ele, tanto mais nos educamos juntos. Quanto mais nos educamos, tanto mais continuamos investigando. Educação e investigação temática, na concepção problematizadora da educação, se tornam momentos de um mesmo processo. Enquanto na prática "bancária" da educação, antidialógica por essência, por isto não comunicativa, o educador deposita no educando o conteúdo programático da educação, que ele mesmo elabora ou elaboram para ele, na prática problematizadora, dialógica por excelência, este conteúdo, que jamais é "depositado", se organiza e se constitui na visão do mundo dos educandos, em que se encontram seus temas geradores (Freire, 2019, p. 142).

Portanto, a seleção e capacitação de educadores para o trabalho com a população carcerária é também um tópico a ser ressaltado. Diante da realidade heterogênea do sistema prisional brasileiro, é necessário reforçar competências docentes para o enfrentamento dos desafios inerentes a essa atividade. O trabalho com mediação de leitura em ambientes de crise exige preparo, estratégias e metodologias específicas, diferentes das da prática pedagógica comum. Para lidar com um público eclético, atuando sob vigilância constante, em espaços, muitas vezes, improvisados, o profissional do ensino necessita de orientação e apoio, sob pena de não concluir a execução dos projetos.

Essas são algumas sugestões para o incremento das iniciativas, após 10 anos das primeiras ações de promoção da leitura como alternativa ao cumprimento da pena no Brasil. É fundamental pensar nesses projetos, desde a concepção até a execução, como mecanismos de emancipação dos sujeitos, e evitar que a leitura seja apenas mais um instrumento para a aculturação e a despersonalização. Em um espaço de relações tão fragmentadas e inconstantes, as rodas de leitura, discussão e escrita podem operar a favor das noções de pertencimento, comunhão e coletividade, fundamentais para o cuidado e a reconstrução de si.

Novos cenários para a leitura nas prisões: a Resolução n.º 391 do CNJ

Recentemente, o CNJ revogou a Recomendação n.º 44/2013, por meio da Resolução n.º 391, de 10 de maio de 2021, que estabeleceu novos "procedimentos e diretrizes a serem observados pelo Poder Judiciário para o reconhecimento do direito à remição de pena por meio de práticas sociais educativas em unidades de privação de liberdade" (GEP, 2021, p. 25). Com a nova legislação, houve alterações significativas na oferta de ações educacionais não escolares e leitura de obras literárias. Boa parte das questões levantadas ao longo deste livro foram contempladas no texto da Resolução, que configura um novo marco para ações pedagógicas complementares em espaços de privação de liberdade:

> II – práticas sociais educativas não-escolares: atividades de socialização e de educação não-escolar, de autoaprendizagem ou de aprendizagem coletiva, assim entendidas aquelas que ampliam as possibilidades de educação para além das disciplinas escolares, tais como as de natureza cultural, esportiva, de capacitação profissional, de saúde, dentre outras, de participação voluntária, integradas ao projeto político-pedagógico (PPP) da unidade ou do sistema prisional e executadas por iniciativas autônomas, instituições de ensino públicas ou privadas e pessoas e instituições autorizadas ou conveniadas com o poder público para esse fim (p. 25).

O direito à remição dos dias de pena por meio dessas práticas dependerá da existência de projeto específico, que deverá definir a modalidade da oferta – se presencial ou à distância –, a instituição responsável pela execução, os objetivos propostos, a metodologia, a carga horária, o conteúdo e a forma de realização dos registros de frequência dos participantes. Os dias remidos por livro lido e o limite de 12 obras por ano ficam inalterados. Inovações significativas da resolução dizem respeito aos gêneros dos livros – "qualquer obra literária" – e da escrita comprobatória – um "relatório de leitura":

> Art. 5º Terão direito à remição de pena pela leitura as pessoas privadas de liberdade que comprovarem a leitura de *qualquer obra literária*, independentemente de participação em projetos ou de lista prévia de títulos autorizados, considerando-se que:
> I – a atividade de leitura terá caráter voluntário e será realizada com as obras literárias constantes no acervo bibliográfico da biblioteca da unidade de privação de liberdade;
> II – o acervo bibliográfico poderá ser renovado por meio de doações de visitantes ou organizações da sociedade civil, *sendo vedada toda e qualquer censura a obras literárias, religiosas, filosóficas ou científicas*, nos termos dos art. 5º, IX, e 220, § 2º, da Constituição Federal;
> [...]
> IV – para fins de remição de pena pela leitura, a pessoa em privação de liberdade registrará o empréstimo de obra literária do acervo da biblioteca da unidade, momento a partir do qual terá o prazo de 21 (vinte e um) a 30 (trinta) dias para realizar a leitura, devendo apresentar, em até 10 (dez) dias após esse período, *um relatório de leitura* a respeito da obra, conforme roteiro a ser fornecido pelo Juízo competente ou Comissão de Validação (p. 25, grifos meus).

A despeito de a definição do termo "literário" suscitar complexa discussão na área dos estudos de linguagem, o texto do CNJ adota um sentido amplo para o conceito, a fim de contemplar a máxima gama de gêneros e estilos que poderão compor o acervo a ser lido pelos apenados. Há também a preocupação em resguardar os leitores de atos de censura a livros, como ocorreu com o projeto Remição em Rede no estado de São Paulo. Destaca-se, desse modo, no item II, a defesa da liberdade de escolha das obras, com a garantia do texto constitucional, que proíbe qualquer tipo de cerceamento da autonomia dos cidadãos. Quanto à forma de validação da atividade de leitura, a determinação do órgão judiciário altera a obrigatoriedade do gênero resenha e amplia as possibilidades de comprovação dessa atividade, respeitando graus de capacitação do público leitor, conforme se lê nos parágrafos do item V do artigo 5º da Resolução n.º 391:

> § 1º – O Juízo competente instituirá Comissão de Validação, com atribuição de analisar o relatório de leitura, considerando-se, conforme o grau de letramento, alfabetização e escolarização da pessoa privada de liberdade, a

estética textual (legibilidade e organização do relatório), a fidedignidade (autoria) e a clareza do texto (tema e assunto do livro lido), observadas as seguintes características:

[...]

III – a validação do relatório de leitura não assumirá caráter de avaliação pedagógica ou de prova, devendo limitar-se à verificação da leitura e ser realizada no prazo de 30 (trinta) dias, contados da entrega do documento pela pessoa privada de liberdade.

§ 2º – Deverão ser previstas formas de auxílio para fins de validação do relatório de leitura de pessoas em fase de alfabetização, podendo-se adotar estratégias específicas de leitura entre pares, leitura de audiobooks, relatório de leitura oral de pessoas não-alfabetizadas ou, ainda, registro do conteúdo lido por meio de outras formas de expressão, como o desenho.

§ 3º – O Poder Público zelará pela disponibilização de livros em braile ou audiobooks para pessoas com deficiências visual, intelectual e analfabetas, prevendo-se formas específicas para a validação dos relatórios de leitura.

§ 4º – Na composição do acervo da biblioteca da unidade de privação de liberdade deverá ser assegurada a diversidade de autores e gêneros textuais, incluindo acervo para acesso à leitura por estrangeiros, sendo vedada toda e qualquer forma de censura (p. 25).

O relatório de leitura é um tipo textual expositivo-explicativo que exige atenção ao tema, aos acontecimentos do enredo e à caracterização dos personagens. Diferentemente da resenha, não se trata de um texto argumentativo, pois dispensa o posicionamento crítico-analítico, já que sua função é tão somente sintetizar a experiência do leitor em contato com a obra. Quanto à forma, um relatório aceita maneiras variadas de expressão, desde a narração descritiva até a exemplificação por tópicos, contanto que, no geral, apresente-se uma síntese explicativa do livro. Por se tratar de uma simples verificação de leitura, a atividade comprobatória de projetos de remição de pena não necessita testar outros saberes para além desse objetivo principal. O relatório de leitura afigura-se, portanto, como um gênero textual adequado à realidade educacional das prisões, por sua versatilidade, precisão e objetividade.

A resolução traz avanços importantes que corrigem exageros e distorções de decisões anteriores. Ao considerar o grau de formação do participante, assim como já vinha ocorrendo em projetos como o Ler Liberta, do Distrito Federal, a decisão respeita níveis distintos de expressão verbal, organização textual e capacidade de síntese. Esse é um encaminhamento importante, pois considera que uma mesma atividade de leitura possa ser comprovada de formas diferentes, a depender dos recursos expressivos e dos conhecimentos prévios do leitor. O item III do § 1º deixa claro que a validação do relatório não deve assumir um caráter de "avaliação pedagógica ou de prova", pois não se trata de uma atividade valorativa para a finalidade de uma aprovação acadêmica.

Com isso, o texto legal enfatiza que ações de promoção da leitura em presídios devem ser pensadas paralelamente à capacitação escolar, dispensando seus modelos avaliativos e seus critérios de aprovação/reprovação. Se as primeiras ações, desde 2009, foram direcionadas aos presos e presas não contemplados por outros projetos de remição, muitos dos quais com formação escolar irregular ou incompleta, não seria coerente submeter esses mesmos participantes às regras avaliativas e aos critérios de seleção da escola tradicional. Ao se limitar à verificação da leitura, o avaliador pode utilizar-se de outros instrumentos de confirmação dessa atividade, como os descritos no § 2º, citado anteriormente: registro de leitura oral, desenho etc.

Trata-se de uma alteração importante, que abre espaço para novas formas de apreensão/representação do processo de leitura em projetos de remição de pena. O ensino da cultura letrada deve ser uma atribuição da escola regular, responsável pela oferta de ferramentas variadas para o processo de compreensão e interpretação dos conteúdos. Como projetos de leitura em prisões não têm um caráter propriamente formador – inclusive por não disporem de tempo necessário, de local adequado e de instrumentos pedagógicos voltados para esse fim –, é necessário que as de rodas de leitura, as oficinas de interpretação, bem como a verificação da atividade leitora incorporem novos métodos, mais condizentes com o princípio do trabalho com o livro que tem a finalidade da remição da pena.

Por fim, com a intenção de democratizar a atividade, a possibilidade do uso de audiolivros procura contemplar um público mais amplo, assegurando que mesmo os apenados não alfabetizados tenham direito à remição – desde que, por meio da oralidade, sintetizem o enredo das obras, para a confirmação dessa prática. Nesse mesmo sentido, a resolução contempla pessoas com deficiência visual e o público estrangeiro, que passa a ter direito a livros adequados a sua realidade. O texto final da Recomendação n.º 391 define, ainda, as regras para a composição do acervo das bibliotecas prisionais, os projetos de fomento e qualificação da leitura, a divulgação das atividades entre os apenados, a garantia da participação do público carcerário na escolha das obras, a agilidade da homologação no juízo competente e o acesso da pessoa privada de liberdade à relação dos dias remidos por estudo, leitura e demais práticas sociais educativas.

Ao revogar a Recomendação n.º 44/2013 e instituir novas regras para a oferta de atividades pedagógicas complementares nas unidades prisionais brasileiras, o documento do CNJ consolida o direito de acesso à leitura, pleiteado desde as primeiras iniciativas jurídicas, no ano 2009. Uma resolução judicial é um marco legal, com mais efetividade que uma recomendação, cuja carga normativa é menor. Isso implica que magistrados ficam obrigados a aceitar a leitura para fins de remição da pena, desde que cumpridas as regras estabelecidas na Resolução n.º 391. Anteriormente, juízes podiam indeferir a redução dos dias de pena pela leitura, por não considerarem essa prática uma atividade adequada à progressão da pena pelo estudo, como ocorreu na Vara de Execuções Penais do Distrito Federal (BRASIL, 2018c).

Os avanços e atualizações presentes nessa nova legislação se devem, em grande medida, à atuação de instituições de defesa dos direitos humanos e, em especial, de entidades promotoras da educação em espaços de privação de liberdade. O Grupo Educação nas Prisões (GEP) publicou, recentemente, o *Diagnóstico de práticas de educação não formal no Sistema Prisional do Brasil*, em que apresenta propostas baseadas em dados coletados nas instituições promotoras de atividades educacionais em presídios. A atualização das normas da resolução do CNJ incorporou vários encaminhamentos nascidos da pesquisa realizada pelas instituições que formam esse coletivo. Criado em 2006, o grupo é composto pela Ação Educativa, Unifesp, Conectas Direitos Humanos, Instituto Terra, Trabalho e Cidadania (ITTC), Remição em Rede, Núcleo Especializado de Situação Carcerária da Defensoria Pública/SP e Grupo de Atuação Especial de Educação (GEDUC), do Ministério Público/SP. O Grupo Educação nas Prisões "tem atuado na defesa do direito à educação de pessoas privadas de liberdade no sistema prisional, implementando estratégias como produção de conhecimento, posicionamentos públicos, *advocacy* junto aos poderes legislativo e executivo, promoção de ações judiciais e na organização de debates, seminários, audiências públicas e rodas de conversa sobre a garantia do direito humano à educação de pessoas privadas de liberdade" (GEP, 2021, p. 25).

O diagnóstico do GEP é o estudo mais completo já publicado sobre práticas de leitura nos presídios do Brasil, realizado a partir de dados colhidos em instituições diversas. Participaram da pesquisa 22 organizações, entre coletivos, projetos isolados e universidades de sete estados das cinco regiões do país. Dentre os participantes, destacam-se:

Grupo de Estudos e Pesquisas sobre Cultura Psicologia Educação e Trabalho (CPET), Câmpus do Pantanal (CPAN), da Universidade Federal do Mato Grosso do Sul (UFMS); Sarau Asas Abertas – Poetas do Tietê; Corpos Indóceis e Mentes Livres – Organização de Mulheres Negras em Defesa da Vida de Pessoas Encarceradas; Cárcere Expressão e Liberdade; Instituto Federal do Norte de Minas Gerais (IFNMG) – Campus Januária; Observatório da violência e sistema prisional vinculado, CPET – CPAN – UFMS; Tribunal de Contas do Estado de Rondônia; Centro Federal de Educação Tecnológica (Cefet) - Minas Gerais, Programa de Extensão Virando a Página; Vara de Execuções Penais da Comarca de Joinville – Santa Catarina; Remição Em Rede; Liberdades Poéticas; Leitura Liberta e Companhia das Letras (p. 7).

Uma constatação inicial, deduzida a partir de levantamento realizado nos presídios paulistas – que comportam 30% da população carcerária brasileira (p. 10-11) – é que a pandemia de covid-19 teve impacto significativo sobre ações de educação e leitura nas prisões. Comparando-se os dados de 2019 e 2020, observa-se um aumento na presença de apenados e apenadas em atividades laborais, e uma redução no número de participantes em práticas pedagógicas. No ano anterior ao início da pandemia, 69,7% do total de presos e presas estavam envolvidos em projetos de trabalho prisional, 26,2%, em ações educacionais formais, e 4,1%, em atividades de leitura. Em 2020, esses números se alteraram para 87,6% (trabalho), 9,2% (estudo) e 3,2% (leitura): "A principal hipótese para que isso tenha ocorrido é que os órgãos do governo não garantiram as condições necessárias para que as pessoas presas dessem continuidade às atividades educacionais no modelo remoto, privando-as ainda mais desse direito. Nas unidades femininas a participação em atividades de leitura caiu de 8,1% em 2019, para 2,1% em 2020" (p. 10).

O diagnóstico avaliou itens relativos aos projetos de incentivo à leitura nos presídios, como o objetivo das ações, as estratégias utilizadas, as possíveis articulações com a educação formal, a formação dos mediadores e as modalidades de leitura utilizadas. A existência e o uso do acervo também foram avaliados, considerando os gêneros textuais mais utilizados, a preferência entre livros de não ficção e a diversidade entre obras clássicas e contemporâneas; escritas por homens ou mulheres; negros, brancos ou indígenas etc.

Dos 35 itens examinados, interessa sobremaneira à investigação aqui desenvolvida a avaliação dos critérios de comprovação da leitura em cada projeto. Como nem todas as iniciativas vinculavam-se a programas de remição de pena, havia flexibilidade nas formas de validação da leitura. Na maioria dos programas, a escrita foi a maneira de expressão mais utilizada para essa finalidade (33%); em algumas iniciativas, bastava a presença (21,2%) e a participação nas atividades e debates (21,2%) como forma de comprovar a leitura. Expressões artísticas (15,2%) e manifestações orais (9,1%) também foram utilizadas como critérios válidos para esse fim.

A maioria dos organizadores considerou os critérios adequados (76,9%), enquanto os demais (23,1%) sugeriram inovações, julgando que:

> A participação nas rodas/clubes de leitura devem [sic] contar para atestar compreensão e experimentação da obra (27,3%);
> A resenha não pode ser o único instrumento para medir a compreensão da leitura (27,3%);
> As regras de correção não podem ser rígidas, escolares, precisam atender às especificidades das diferentes realidades (18,2%);
> Outras formas devem ser consideradas: expressão corporal, desenhos, expressão oral, colagens (18,2%);
> Aspectos socioemocionais [sic] devem ser levados em consideração (9,1%) (p. 25).

Ao longo deste capítulo, problematizamos a fetichização da cultura letrada e o caráter excludente dos pressupostos para a legitimação dos saberes, cujo principal exemplo se traduziu na necessidade de escrita do gênero resenha como única forma de validação da leitura em programas de remição de pena. As sugestões de modos alternativos para a comprovação de tal atividade oferecem um panorama inovador importante para pensarmos na democratização de programas de incentivo à leitura em presídios. No diagnóstico do GEP, as equipes consideravam que "o gênero resenha, muitas vezes exigido pelo juízo, era inadequado à realidade das pessoas presas que, em sua maioria, têm baixa escolaridade e que isso não deveria ser impedimento para a remição, já que a experimentação e compreensão da obra pode ser aferida de outras maneiras" (p. 33).

Nos exemplos de projetos analisados, destacamos a necessidade de ampliação dos critérios de verificação da atividade de leitura, tópico contemplado tanto no diagnóstico do GEP quanto no texto final da Resolução n.º 391 do CNJ. A atuação das instituições que formam o coletivo foi determinante para os avanços da legislação, e, dentre as sugestões importantes do seu levantamento, foram incorporadas ao texto final da Resolução "estratégias para envolver pessoas com baixa escolaridade e não alfabetizadas possibilitando que no lugar da resenha sejam aceitas outras formas de expressão, como colagens, roteirização da narrativa contada, letras de músicas, poemas, desenhos, etc. E que a remição não assumisse caráter de avaliação ou de prova, mas que resultasse de alguma produção com foco na releitura e desdobramento da obra" (p. 25).

Diante dos importantes avanços chancelados pelo CNJ, resta agora o trabalho de monitoramento, para que os sistemas estaduais e federais cumpram o direito garantido à remição de pena por atividades educacionais não formais, como leitura, esporte e cultura. Sabemos que a mera existência da legislação não assegura o exercício de um direito, sobretudo se o público contemplado forem minorias sociais, étnicas ou culturais. É necessário, para além dos artigos e parágrafos do texto legal, que indivíduos e instituições atuem para assegurar a aplicação da norma, assim como faz o GEP. Como se sabe, ações pedagógicas em espaços de privação de liberdade enfrentam resistência de campos conservadores na esfera político-social brasileira, que se traduz nos impedimentos impostos pela burocracia prisional. Diante disso, é importante haver articulação e diálogo entre os atores do processo educacional, para minimizar os efeitos do boicote promovido por esse sistema e envolver a comunidade prisional em ações de leitura na prisão.

Capítulo 5
O projeto Rodas de Leitura

A iniciativa do SERVAS

Ainda assim acredito
Ser possível reunirmo-nos
Tempo, tempo, tempo, tempo
Num outro nível de vínculo
Caetano Veloso, *Oração ao tempo*

Em Minas Gerais, a Resolução Conjunta SEDS/TJMG n.º 204/2016 instituiu e regulamentou o funcionamento do projeto Remição pela Leitura aos custodiados nas Unidades Prisionais do estado. O artigo 2º dessa resolução esclarece que o projeto "tem como objetivo oportunizar aos recuperandos os direitos ao conhecimento, à educação, à cultura e ao desenvolvimento da capacidade de pensamento crítico, por meio de atividade de leitura e produção de resenha" (MINAS GERAIS, 2016b). À pessoa presa é dada a oportunidade da leitura mensal de uma obra literária, clássica, científica ou filosófica, entre outras, com a finalidade da remição de quatro dias da pena.

Seguindo parâmetros de experiências de outras unidades federativas, a resolução da Secretaria de Estado de Defesa Social de Minas Gerais delegou a escolha das obras a uma comissão organizadora de responsabilidade das unidades prisionais, composta por, no mínimo, três integrantes: um profissional com nível de escolaridade superior, preferencialmente graduado em Letras, um profissional com qualquer graduação superior e um profissional do Núcleo de Ensino e Profissionalização (NEP); também vinculou o programa Remição pela Leitura à instituição de um Projeto Político Pedagógico nessas mesmas unidades, autorizando, ainda, os recuperandos em prisão cautelar a participarem da iniciativa; conforme sugerido na Recomendação n.º 44/2013, do CNJ, a resolução ofereceu atendimento preferencial aos apenados excluídos do ensino formal ou profissional e do trabalho como forma de progressão da pena, e manteve o caráter voluntário da participação; por fim, em seu artigo 15, estabeleceu: "A SAPE (Superintendência de Atendimento ao Preso), por meio de sua DEP (Diretoria de Ensino e Profissionalização), bem como as unidades prisionais poderão promover exposições, rodas de leitura, saraus, concursos literários e outras atividades de enriquecimento cultural, envolvendo os integrantes das ações do Projeto Remição pela Leitura" (MINAS GERAIS, 2016b).

O projeto Rodas de Leitura, baseado na Resolução n.º 204/2016, foi implementado, a partir de abril de 2017, nos presídios da região metropolitana de Belo Horizonte, "com a missão de estimular o público carcerário [...], substituindo seu tempo ocioso pela literatura, instigando novas formas de enxergar o mundo e possíveis mudanças de trajetória" (SERVAS, 2017, p. 1). Conforme seus objetivos específicos, o projeto idealizado pelo SERVAS propôs-se a:

> Despertar o prazer pela leitura.
> Contribuir para a reflexão crítica no processo de ressocialização.
> Aprimorar a escrita por meio da leitura e da elaboração das resenhas.
> Proporcionar o resgate da autoestima, trocando momentos ociosos por leitura.
> Possibilitar a remição de pena, em apoio e incentivo à Resolução Conjunta SEDS/TJMG n.º 204/2016 (p. 2).

Sem restringir a atividade à redução dos dias de condenação, a proposta intentou motivar o gosto, o senso crítico, as habilidades de leitura e escrita, a construção da autoestima e o combate ao ócio. Por se tratar da projeção de um horizonte ideal, os objetivos do programa traduzem o anseio coletivo de que a leitura seja capaz de operar mudanças substanciais em um ambiente de segregação e cerceamento da individualidade. Ainda que de forma genérica e carente de problematizações – que serão objeto deste capítulo –, a diretriz do projeto se coaduna com o propósito emancipador da leitura desenvolvido por Michèle Petit ao tratar dessa prática em contextos sociais desprivilegiados:

> Eu acredito que a difusão da leitura pode contribuir para a democratização em outro registro e em certas condições; e por democratização entendo um processo em que cada homem e cada mulher podem ser mais sujeitos de seu destino, singular e partilhado. Escutando os leitores falarem, percebemos que, por meio da leitura, ainda que episódica, é possível estar mais bem equiparados para ter controle sobre esse destino, inclusive em contextos sociais muito restritivos. Mais bem equipados para resistir a alguns processos de marginalização ou a mecanismos de

opressão. Para elaborar ou reconquistar uma posição de sujeito, e não ser apenas objeto dos discursos dos outros (PETIT, 2013, p. 102-103).

De abril de 2017 a novembro de 2018, foram realizadas 45 rodas de leitura em 11 presídios da região metropolitana de Belo Horizonte. Houve a participação de 400 homens e mulheres, além do público LGBTQIA+ do sistema prisional, com aprovação de 291 resenhas, de um total de 355. Foram analisadas 19 obras literárias, com a colaboração de 32 voluntários, em encontros semanais de duas horas. O estímulo à leitura buscou contribuir para o "fortalecimento da perspectiva idealística que defende a transformação das instituições penais em estruturas de reafirmação e recuperação de sujeitos de direito, não as validando, simplesmente, como centros de repressão e punição" (SERVAS, 2017, p. 2), conforme é descrito na justificativa do projeto Rodas de Leitura. Nesse sentido, para além do objetivo prático da remição da pena, buscou-se estimular o contato com narrativas e poemas como forma de humanizar um ambiente marcado pela violência física e simbólica dos sujeitos.

As unidades do complexo prisional de Minas Gerais participantes do projeto foram:

1. Complexo Penitenciário Feminino Estevão Pinto (PIEP)
2. Presídio de Caeté
3. Presídio de São Joaquim de Bicas (unidades 1 e 2)
4. Penitenciária Professor Jason Soares Albergaria (São Joaquim de Bicas)
5. Penitenciária José Maria Alkimim (Ribeirão das Neves)
6. Penitenciária José Abranches Gonçalves (Ribeirão das Neves)
7. Presídio Promotor José Costa (Sete Lagoas)
8. Presídio Inspetor José Martinho Drumond (Ribeirão das Neves)
9. Presídio Antônio Dutra Ladeira (Ribeirão das Neves)
10. Centro de referência à gestante privada de liberdade (Presídio de Vespasiano)

A iniciativa do SERVAS contou com o trabalho de voluntários com formação diversa para a tarefa de mediação da leitura. Entre os 32 participantes, havia profissionais de Letras, Biblioteconomia, Filosofia, Psicologia, Assistência Social, Cinema e Engenharia, além de uma integrante com formação no ensino médio. A metodologia do projeto considerou a realização de dois encontros iniciais de sensibilização, como estímulo à adesão dos detentos: em um primeiro momento, propôs-se uma dinâmica de contação de histórias e um bate-papo sobre a importância da leitura para a formação do indivíduo; no segundo encontro, o voluntário – ou um autor convidado – conduziu a leitura do fragmento de um conto, de modo a instigar a curiosidade e o interesse dos participantes. A partir do terceiro encontro, iniciou-se a execução do programa, com a análise das obras literárias e orientações sobre o gênero resenha. Após 30 dias, os participantes redigiam o resumo crítico, que, em seguida, era corrigido por uma comissão de três integrantes.

O Rodas de Leitura seguiu princípios estruturais e metodológicos de programas já implementados a partir da Resolução n.º 44/2013, do CNJ, com a flexibilidade de permitir aos professores a escolha de novas obras no decorrer do programa, a partir do diálogo com o público leitor. Outro ponto importante foi a presença de autores que, a convite do SERVAS, em parceria com o projeto Sempre um Papo, dispuseram-se a visitar as unidades prisionais e conversar com os apenados sobre impressões de leitura, curiosidades sobre os livros, motivações da escrita etc. Ao todo, 19 escritores participaram do programa, o que permitiu um contato plural entre os autores e leitores, numa perspectiva inovadora em relação a outras iniciativas de incentivo à leitura em prisões. O trânsito entre sujeitos de universos distintos viabilizou o diálogo e a troca de experiências, motivando a participação de novos leitores nos encontros subsequentes. Dentre os escritores que visitaram os presídios, destacam-se Xico Sá, Leonardo Boff, Frei Betto, Humberto Werneck, Luiz Fernandes de Assis, Pedro Muriel, Carla Madeira e Ricardo Aleixo. No final do projeto, foram doados 1.800 livros para unidades que careciam de um acervo bibliográfico, como os presídios de Sete Lagoas e de Caeté, além da penitenciária feminina Estêvão Pinto, de Belo Horizonte.

O acervo do Rodas de Leitura, com 23 obras, compôs-se dos seguintes títulos:

Quadro 2 – Acervo do projeto Rodas de Leitura

Livro	Autor(a)
Agora que morri	Álvaro Nascimento
Apaixonada por palavras	Paula Pimenta
Cinderela pop	Paula Pimenta
Das Minas	Zulmira S. T. Furbino
Diário da mãe de Alice	Mariana Rosa
Faça amor não faça jogo	Ique Carvalho
Hilda Furacão	Roberto Drummond
Na esquina do século	Luiz Fernandes de Assis
Na minha onda	Laura Conrado
O amargo e o doce	Fuad Noman
O arroz de Palma	Francisco Azevedo
O encontro marcado	Fernando Sabino
O mestre do amor	Augusto Cury
O portal de Magmund	Marcos Baccarini
Olhos de carvão	Afonso Borges
Os homens a cavalo	Álvaro Nascimento
Os machões dançaram	Xico Sá
Perdas & ganhos	Lya Luft
Pesado demais para a ventania	Ricardo Aleixo
Ponciá Vicêncio	Conceição Evaristo
Quarto de despejo	Carolina Maria de Jesus
Tudo é rio	Carla Madeira
Uísque, por favor	Gladston Mamede

Fonte: Elaborado pelo autor, 2021.

A seleção dos títulos teve curadoria dos próprios voluntários, em parceria com a coordenação do programa e dos gestores do Sempre um Papo, responsável pela captação da quase totalidade das obras, junto a editoras parceiras. Alguns títulos foram adquiridos diretamente pelo SERVAS, a pedido dos mediadores de leitura. Havia, no mínimo, 20 exemplares de cada obra, quantidade necessária para a implementação das rodas de leitura nas 11 unidades prisionais habilitadas a participar do projeto.

A efetivação de ações pedagógicas em presídios geralmente causa impacto positivo entre setores progressistas da sociedade, por oferecer alternativas ao cotidiano de aniquilamento da individualidade em espaços prisionais. A análise de projetos de remição pela leitura em outros estados brasileiros permite, no entanto, matizar algumas propostas da iniciativa do SERVAS, a fim de corrigir e ampliar estratégias pedagógicas em favor de ações mais inclusivas e abrangentes. Como uma atividade complementar, programas a exemplo do Roda de Leitura funcionam como um diagnóstico para a implantação de projetos educacionais consistentes, mas não podem, por si só, dar conta das lacunas da formação de seu público. As metas de sua proposta inicial são extremamente complexas, sobretudo se a prática da leitura não estiver vinculada a um planejamento curricular mais amplo nos espaços prisionais.

O primeiro item dos objetivos específicos do projeto Rodas de Leitura já oferece motivos para uma discussão importante sobre os limites da ação pedagógica na mudança de hábitos e no estímulo do prazer pela participação em programas educativos. O gosto pela leitura é fruto de uma construção que se afirma com o tempo, resultado das trocas afetivas, intelectuais e estéticas que se operam entre o leitor e a obra, bem como na relação com outros leitores e mediadores. Acreditar que a oferta do livro e a proposta de debates ocasionais serão o bastante para instigar o prazer no público prisional é incorrer em uma interpretação ingênua e idealizante sobre a atividade leitora. É importante ter em conta as ressalvas sobre o desequilíbrio da formação educacional nesses espaços, sob pena de comprometer a democratização do acesso ao livro que a resolução busca garantir. Para traduzir em números, dos 20 participantes inscritos na primeira rodada do projeto em um dos presídios, apenas sete concluíram o ciclo com a entrega da resenha. Os demais, alegando motivos diversos, não se sentiram capacitados para a realização das etapas de leitura e escrita; ou seja, não tiveram a chance de aprovar ou reprovar o livro, por prescindirem de habilidades e competências básicas para esse enfrentamento.

O mesmo se pode dizer sobre a contribuição da prática leitora para a reflexão crítica dos participantes, em seu processo de ressocialização. A proposta se coaduna com uma das 22 metas do Plano Diretor do Sistema Penitenciário, elaborado pelo Departamento Penitenciário Nacional e pelo Ministério da Justiça em 2008, que considerava a leitura "um dos meios alternativos para a ressocialização do preso", que, por meio dessa prática, "passa a ocupar melhor o tempo e a desenvolver um raciocínio crítico sobre o mundo em que vive" (BRASIL, 2008, [s.p.]). Em um espaço que opera sistematicamente a despersonalização e a objetificação, por meio da violência e do aniquilamento do "eu", o pensamento crítico desconectado de outras ações de resgate da subjetividade – apoio psicológico, assistência social, acesso ao trabalho e ao estudo regulares etc. – podem agravar o sentimento de impotência e a noção distorcida do livro como instrumento de alienação. Um dos grandes paradoxos da prisão consiste em privar os indivíduos de práticas sociais com a intenção de fazê-los reaprenderem normas da vida em sociedade.

Há que considerar, de acordo com Elenice Cammarosano Onofre, que "a prisão subjuga o detento ao comando de uma estrutura autoritária e de uma rígida rotina. O controle sobre os indivíduos é exercido de maneira ininterrupta, regulando todos os momentos de sua vida, o que os leva a assimilar, em maior ou menor grau, a cultura carcerária" (ONOFRE, 2007, p. 18). Pensar e agir criticamente é incompatível com essa cultura prisional, o que não implica que o indivíduo seja incapaz de elaborar pensamentos discordantes em relação a esse sistema. Nessa perspectiva, desde que alicerçados em políticas de assistência social e educacional consistentes, programas de leitura podem sinalizar modos de questionamento de si e dos outros quanto a escolhas, ações, juízos e valores, permitindo uma reflexão crítica (e autocrítica) ao sujeito leitor nas prisões.

Outro tópico a ser problematizado no programa do SERVAS diz respeito ao aprimoramento da escrita pela prática do gênero resenha. Discutimos, no decorrer do quarto capítulo, a necessidade de adequação da forma de validação da leitura para a finalidade da remição da pena, considerando-se, inclusive, a arguição oral dos participantes. Projetos de leitura dissociados de uma formação escolar paralela não dão conta da defasagem das competências para a escrita dos apenados, sobretudo na construção do resumo crítico de um livro. Ler e escrever são habilidades de grande importância em um ambiente prisional, seja como forma de comunicação – com o mundo interno e com o externo –, seja como instrumento de defesa perante a burocracia penal. Para a pesquisadora Vanessa Goes Denardi *et al.* (2019, p. 90): "A leitura também pode ser compreendida como uma distinção social, principalmente quando se trata da sua realização em espaços de privação de liberdade. A legitimação do ato de ler para os(as) reeducandos(as) faz-se importante à [*sic*] medida em que se criam leitores em um local de sujeitos excluídos do seio acadêmico, e que, apesar de sua condição, não devem ser mantidos na ignorância e reféns da alienação".

Além disso, em um ambiente prisional, tais habilidades implicam uma autonomia essencial à sobrevivência:

> Ler e escrever na prisão é fundamental, pois não ter essas qualidades implica dependência do companheiro. É com esses conhecimentos que os detentos podem escrever e ler cartas, bilhetes e acompanhar o desenrolar de seus processos criminais, e isso significa ter mais liberdade, autonomia e privacidade, até porque quem não sabe pede, e quem pede, [*sic*] deve. Na prisão até favor é dívida, e dívida é risco de vida, como esclarece Leite (ONOFRE, 2007, p. 21).

É importante ter em conta a função da leitura e da escrita como ferramentas de práticas sociais, desde a participação em cultos religiosos à compreensão de leis para o acompanhamento dos processos criminais. Dessa forma, se projetos de leitura conseguirem despertar, minimamente, o interesse para a finalidade da interpretação dos códigos da rotina carcerária, já terão contribuído substancialmente para o processo de letramento dos participantes.

Um último questionamento sobre os objetivos do projeto do SERVAS diz respeito à expectativa de que a leitura seja uma opção à inatividade característica de um sistema que encarcera indivíduos sem oferecer opções laborais ou de estudo. Segundo os pesquisadores Ana Cláudia Ferreira Godinho e Elionaldo Fernandes Julião, deve-se evitar que projetos de leitura em contexto de privação de liberdade apenas reproduzam a ideia do combate ao ócio: "Com argumento bastante semelhante ao usado para justificar o trabalho na prisão, nesses casos, a leitura é reduzida a uma função moralizante, que busca dar ensinamentos que assegurem a mudança de valores e a aculturação dos participantes desses projetos" (GODINHO; JULIÃO, 2019, p. 84). A leitura deve ser promovida como uma atividade de construção/resgate – do imaginário, do conhecimento, da sensibilidade –, e não como prática de confronto a comportamentos rotineiros, sob pena de atuar como mais um mecanismo de cerceamento e opressão em ambientes prisionais.

Como analisado no segundo capítulo, a oferta de educação para pessoas privadas de liberdade apresenta algumas peculiaridades que não são encontradas em outros contextos de educação para jovens e adultos. Cada uma das 10 unidades prisionais da região metropolitana de Belo Horizonte em que o projeto Rodas de Leitura foi implantado possuía regras próprias para o gerenciamento das atividades educacionais dos custodiados. Em alguns presídios, as aulas ocorriam em um prédio escolar, com infraestrutura e apoio pedagógico; em outros, no pátio destinado ao banho de sol e à prática de esportes. Com isso, os voluntários foram obrigados a se adaptar às regras de cada unidade – em sua maioria, desfavoráveis à atividade docente – para que um mínimo de troca e de aprendizado fosse possível durante as aulas. Por outro lado, foram essas mesmas condições que ofereceram questões relevantes para uma investigação que busca analisar os desafios educacionais de práticas de leitura em espaços de privação de liberdade.

Após o fim do mandato de Fernando Pimentel (PT, 2015-2018), o projeto Rodas de Leitura foi encerrado. O governo de Romeu Zema (Novo), iniciado em 2019, entendeu que o apoio a atividades pedagógicas complementares em ambientes prisionais não era atribuição da entidade beneficente responsável por ações sociais do governo. Por não se ancorar em instituições de ensino nem mesmo contar com o trabalho remunerado de profissionais de educação, o projeto ficou circunscrito aos limites de uma ação de governo, suscetível aos humores políticos, que operam mudanças de acordo com as ideologias dos partidos que se sucedem no poder.

O legado do programa, no entanto, pode ser percebido em iniciativas de algumas penitenciárias que mantiveram atividades de remição pela leitura – como a de Sete Lagoas –, bem como na manutenção das bibliotecas doadas pelo programa para algumas unidades. A publicação do livro *Rodas de Leitura*, pelo SERVAS, em dezembro de 2018, sintetizou a experiência, a partir de imagens fotográficas dos encontros, de um ensaio analítico de minha autoria e de poemas sobre o cárcere, escritos por Pedro Muriel, um dos escritores lidos pelos participantes.

O projeto deste livro nasceu do trabalho voluntário realizado em duas unidades – que nomearei a partir de agora como Presídio 1 e Presídio 2 –, de abril a dezembro de 2018. Durante estes nove meses foi possível registrar dados, ouvir relatos e anotar impressões dos participantes, a partir da leitura e análise das obras de Carla Madeira e de Ricardo Aleixo. A ideia inicial era retornar aos presídios para dar continuidade à pesquisa, entrevistar os participantes, oferecer oficinas de escrita e de leitura e avaliar os números do programa com os gestores prisionais. A descontinuidade do projeto pelo SERVAS e, posteriormente, a pandemia de covid-19 inviabilizaram a reentrada no sistema prisional, acarretando mudanças no direcionamento da pesquisa. Com isso, a análise se concentrou nos dados colhidos durante os meses de voluntariado, com destaque para o conteúdo das resenhas, as gravações em áudio e as impressões anotadas no caderno de campo, durante o contato entre autores e leitores.

As anotações e gravações realizadas durante a visita de Carla Madeira e de Ricardo Aleixo aos presídios permitiram uma análise da recepção das obras entre os leitores aprisionados, bem como o registro das trocas simbólicas entre sujeitos habitantes de mundos tão diversos. Do tensionamento entre a liberdade da invenção em narrativas e poemas e a opressão do meio em que esses códigos foram acessados, vieram à tona questões, *insights*, olhares, dúvidas e descobertas que viabilizaram trocas importantes entre os sujeitos de um processo tão particular de interação, mediada pelo texto literário.

Pensar o tempo: a recepção do romance *Tudo é rio*, de Carla Madeira

> *Assaz o senhor sabe: a gente quer passar um rio a nado, e passa; mas vai dar na outra banda é num ponto muito mais em baixo, bem diverso do que em primeiro se pensou. Viver não é muito perigoso?*
>
> João Guimarães Rosa. *Grande sertão: veredas*

Entre os meses de abril e agosto de 2018, foram lidas três obras no Presídio 1: *Tudo é rio*, de Carla Madeira; *Na esquina do século*, de Luiz Fernandes de Assis; e *Pesado demais para a ventania*, de Ricardo Aleixo – as duas primeiras, narrativas; e a última, uma antologia poética. No processo de escolha das obras, considerou-se a possibilidade da presença dos autores em um dos encontros, experiência que oferece elementos importantes para a reflexão desenvolvida até aqui.

A obra de Carla Madeira, publicada em 2014 pela editora Quixote+Do, conta a história de Dalva, Venâncio e Lucy, protagonistas de um triângulo amoroso que se constrói por circunstâncias trágicas da vida dos personagens. Dalva é a caçula de uma família de comerciantes de uma pequena cidade do interior do Brasil. Seu pai, Antônio, era dono de um sítio, onde plantava verduras e legumes que comercializava em sua venda na cidade. Aurora, mãe de Dalva, cuidava da produção de doces, salgados e biscoitos caseiros que abasteciam o comércio do marido, cujo lucro possibilitou a criação de seus sete filhos. Venâncio era filho de um marceneiro, seu José, e uma dona de casa, Inês. Seu pai era violento na criação do filho, o que levou sua mãe a abandonar o marido, na intenção de proteger o menino. Quando seu José adoece, mãe e filho retornam, e Venâncio assume o trabalho na marcenaria. Lucy era uma menina órfã, criada pela tia Duca e seu marido, Brando, chefes de uma família com valores rígidos e tradicionais. Na adolescência, dotada de uma beleza e sensualidade incomuns, Lucy usa esse poder para desestabilizar o ambiente repressor em que vivia. Acaba sendo expulsa de casa e, realizando um desejo pessoal, torna-se prostituta.

As circunstâncias que levam esses três personagens a se relacionarem são fruto de paixões humanas como desejo, ciúme, aversão e medo. Dalva e Venâncio se casam após um namoro intenso, porém contaminado pelo caráter possessivo do amor do rapaz. Quando Dalva engravida, Venâncio não suporta o ciúme de um filho que, em sua visão distorcida, figurava como uma ameaça para a união do casal. Na primeira vez que vê Dalva amamentando o bebê, retira-o da mãe e atira-o longe. Em seguida leva o bebê supostamente morto para ser enterrado por Francisca, uma antiga conhecida da família de Dalva. Separados por esse fato trágico, o casal segue morando sob o mesmo teto. A jovem não conta sua dor para ninguém, porém relega o marido ao silêncio e ao desprezo absolutos.

Nesse contexto, Venâncio passa a frequentar o prostíbulo da cidade, onde conhece Lucy. A jovem era a mais desejada das prostitutas, mas Venâncio não a procurava em suas visitas à Casa de Manu. Isso aguça o instinto sedutor e libidinoso de Lucy, que assume o desafio de ir para a cama com o marido de Dalva. Sua frustração em não conseguir o intento a leva a agredir a rival, mordendo seus dedos em uma cena de tensão e violência. Dalva segue resignada diante das ofensas de Lucy e do convívio com Venâncio. Na verdade, seu filho não morrera e era criado por Francisca, que recebia visitas diárias de Dalva, sem que ninguém soubesse de seu paradeiro.

Por fim, Lucy consegue seduzir Venâncio, de quem engravida de um menino. Quando a criança nasce, é deixada na porta da casa de Dalva, que assume a criação do garoto. Ao final do livro, após Venâncio dar mostras de seu arrependimento, Dalva apresenta-o a Vicente, o filho dos dois. O desfecho fica em aberto, mas oferece esperança quanto à possibilidade de o casal permanecer junto, após a superação da dor e do sofrimento.

Tudo é rio suscita discussões importantes sobre temas como o crime, a punição, o arrependimento, o perdão e a superação. Um dos pontos fortes do início do livro é a sensualidade de Lucy, elemento que a leva a desestabilizar a vida de pessoas da sociedade em que vivia. Discutiu-se, durante as rodas de conversa no Presídio 1, sobre a coexistência do bem e do mal em uma mesma personagem, que traz em seu nome uma alusão a Lucíola, de José de Alencar. Resgatou-se, na análise, a história de Lúcifer, o anjo decaído que incorpora a ambivalência de ter sido fiel a Deus e, posteriormente, traí-lo, o que o leva à condenação ao Inferno. Lucy é oriunda de uma classe média apegada a valores como o trabalho, a moral, a religiosidade e a fidelidade à família. No entanto, sente-se oprimida e desprezada por ter sido criada diferentemente das duas primas, Cléia e Valéria. Ela era a "filha de criação", uma espécie de serviçal com parentesco direto, semelhante a muitas jovens incorporadas a famílias tradicionais para exercerem papéis subalternos no núcleo familiar. A personagem se rebela contra essa condição, primeiramente seduzindo o próprio tio e depois elegendo figuras da sociedade para experimentar a potência de sua sensualidade, tais como o dentista, o farmacêutico e o açougueiro. A cena em que sua tia, Duca, flagra Lucy fazendo sexo oral no marido é seguida de uma discussão que traduz esse sentimento da jovem:

> – [...] Sai da minha casa, sua filha da puta. Eu quero que você morra de fome, na miséria, sozinha. Eu te dei tudo, vagabunda, te dei casa, te dei amor. Ingrata, miserável. Eu te tratei como uma filha!
>
> – Mentira! Men-ti-ro-sa! Lucy, que ouvia o ódio de Duca com a melhor cara de vagabunda que sabia fazer, zombando sem cerimônia com o pau de Brando aguando sua boca, foi golpeada, explodiu em berros. Men-ti-ro-sa! Você me tratou como filha? Mentirosa!, beata de meia-tigela. Não teve um dia sequer que você não tenha me lembrado que eu não sou sua filha e jamais seria. Você não me deu amor, me deu migalhas, restos. Me usou pra tentar convencer Deus de sua bondade! Seu Deus. Você trancou as latas de biscoito e só escondeu as chaves de mim. Serviu o meu prato com o tamanho da sua fome. Lavou separado as minhas roupas. Meu cobertor era ralo. Você me controlou, exalou sutil o seu asco grosseiro, me fez respirar todos os dias o seu ódio cordial. Megera. Eu vou embora, mas não vou passar fome, não vou ser miserável, não vou para o inferno. Sabe por que, titia? Porque não é você que decide isso. Porque Deus não gosta mais de você do que de mim. Implore por minha desgraça, reze todos os terços pra Deus me levar pro inferno, e, ainda assim, as minhas chances de conhecer o paraíso são iguais às suas. Sua buceta gelada peca tanto quanto a minha. Peca de desamor. Eu acabei de fazer esse homem, que dorme na sua cama morna, ir para o paraíso. Então me diga, titia, quem faz o bem aqui, você ou eu? (MADEIRA, 2014, p. 62-63).

Não são gratuitas as menções ao inferno e ao paraíso no contexto dessa cena do livro. Lucy, simultaneamente como anjo e demônio, relativiza o bem e o mal, desestabilizando a hipocrisia das regras morais e religiosas que regiam a família. A cena escancara a falsidade da relação que se estabeleceu desde sua infância, quando perdeu os pais e foi adotada por Duca e Brando.

Refletiu-se, junto aos apenados, sobre as noções de marginalidade e exclusão social, bem como sobre as escolhas individuais e as possíveis punições para aqueles que não se enquadram em um sistema social. Buscou-se entender por que os atos fora da lei têm consequências mais explícitas e violentas quando uma pessoa não faz parte de uma estrutura social e econômica que a proteja e a oriente por meio da educação familiar, escolar ou religiosa.

Dentre os sete apenados que concluíram a etapa, com idade média de 23 anos, apenas um era branco. Com exceção dele, um leitor contumaz no cotidiano do presídio, todos eram negros, oriundos de famílias de classe média baixa, tinham escolaridade abaixo do 8º ano do ensino fundamental e não praticavam a leitura assiduamente. Um dos participantes declarou não ter lido um único livro desde sua infância, os demais costumavam ler apenas a Bíblia.

Outra cena do livro que possibilitou uma discussão importante com os leitores do Presídio 1 foi a do crime praticado por Venâncio. Abordou-se, primeiramente, o conceito de "paixão", palavra cuja etimologia remete a *passio*, termo latino que designa "sofrimento". Também se associou a palavra ao conceito de *pathos*, elemento do grego ligado às ideias de "doença", "enfermidade", mas também associado a "excesso", "sentimento" e "assujeitamento". O ciúme, como uma das paixões humanas, é motivador de crimes "passionais", como o praticado por Venâncio. O rapaz não controlava o desejo de posse e o consequente sentimento de abandono, quando se via preterido por outro pela esposa. O ciúme do próprio filho é a evidência de uma alma conturbada e torturada por esse tipo de paixão. A cena em que Venâncio arranca o filho dos braços da esposa é precedida de uma reflexão do narrador de *Tudo é rio*, que nos serve de apoio para a análise: "A loucura começa como a doença, miúda. Vai se alastrando célula a célula, ocupando tudo, destruindo a saúde, acabando com a vida de quem não encontra recurso para deter os pensamentos ruins, fazedores dos mais profundos infernos. O pensamento solto, insistente e amargo constrói e antecipa a desgraça, é cruel no jeito de destruir" (Madeira, 2014, p. 20).

A menção à doença na passagem é uma evidência do caráter patológico do amor de Venâncio. Seu crime não é punido pelas instituições do Estado, pois Dalva não o denuncia, mas o personagem passa toda a história amargando a dor do arrependimento por ter destruído sua relação com a esposa. A infância do personagem foi marcada pela violência do pai, e a crueldade dessa relação se traduz numa cena em que seu José bate a cabeça do filho na mesa, por ele ter deixado cair um copo de suco na toalha. Venâncio nutria ódio por seu José e lutava para ser diferente na relação com as pessoas que amava. No entanto, seu ciúme violento evidencia a herança da brutalidade do pai, o que o faz sofrer de modo redobrado, ao longo da narrativa: "A covardia do pai em fazer aquilo com um menino de sete anos era imensa e ainda assim menor do que a covardia de atirar o filho recém-nascido longe. Reconheceu: era pior do que seu pai. Agora sentia de novo um ódio maior ainda dele mesmo, não era melhor do que aquela puta ordinária. Ela mordeu os dedos de Dalva; ele, o coração. Ela feriu a mulher que odeia; ele, a mulher que ama. Quem é pior, seu merda, quem é pior?" (p. 146).

Esse aspecto da autopunição de Venâncio é, paradoxalmente, sua saída para um novo estado afetivo. Isso porque, se ele mesmo é quem se pune, somente ele se julga capaz de se perdoar ao longo da obra. O caminho do personagem para a realização desse autoperdão é tortuoso e cheio de percalços. Venâncio não tem nenhuma garantia de que conseguirá recuperar o amor e o afeto de Dalva, que, ao longo da história, ignora-o e despreza-o. Suas atitudes e seus sentimentos se alternam entre a raiva, o arrependimento e a autopunição, como descrito na passagem citada. Venâncio culpava o pai por aquela herança maldita e lastimava não ter controle sobre seu livre-arbítrio: "A liberdade é uma conversa fiada, é palavra de efeito, sempre no meio de uma frase para impressionar os desatentos, no fundo estamos presos à incapacidade de ser outra coisa diferente do que somos, do que a história da gente tramou" (p. 160). No entanto, os pequenos gestos de humanização do personagem vão, aos poucos, causando em Dalva a surpresa e a esperança por ver o ex-marido assumindo novas atitudes.

Um exemplo disso é sua reação de ternura quando Venâncio constrói um berço para João, o filho de Lucy que era criado por Dalva; ou a cena em que, ao sair do banho, não vendo o menino no berço, corre aflita para a sala e depara com a cena de Venâncio dormindo com o filho sobre seu peito. Nada disso, porém, foi mais importante do que a constatação do personagem de que o verdadeiro perdão só viria de dentro de sua alma conturbada: "Já tinha cumprido a sua pena, eram anos de tortura diária, sua alma vivia uma fome corrosiva, seu exílio foi ser enterrado vivo. Chega, não quero mais mastigar esse rancor, cuspo, quero ser condenado à morte, me matem, mas, se me deixarem vivo, quero meu próprio perdão, pelo menos isto: ser perdido por mim mesmo. Entendeu? Eu me perdoo. Gritou: eu me perdoo" (p. 208-209).

Ainda que não tenha consciência do processo reflexivo do marido, Dalva entende que deve desvendar o mistério sobre o paradeiro de seu filho com Venâncio, revelando a ele que Vicente está vivo, o que vai configurar a libertação do personagem de seu passado de sofrimento e culpa. Isso porque a personagem percebe que o marido desenvolveu a capacidade de amar e que sua presença perto de Vicente não será mais uma ameaça.

A análise desses acontecimentos com os participantes do projeto Rodas de Leitura, no Presídio 1, teve como destaque a reflexão sobre a culpa e o perdão do personagem Venâncio. Diante de uma realidade de reclusão forçada, imposta pelas leis do Estado, buscou-se pensar em que medida o cumprimento da pena se reflete no perdão – ou em sua negação – pela sociedade. A situação dos presos em liberdade condicional ou dos que finalizaram o cumprimento da pena é reveladora de um quadro de preconceito e cerceamento das oportunidades de reentrada dos indivíduos no convívio social. Os jovens presos não tinham esperança de que, ao sair da cadeia, teriam oportunidades melhores do que no período anterior a sua prisão, conforme os depoimentos compartilhados durante a análise da obra. Apesar de haver leis que incentivam empresas a contratarem ex-presidiários, a realidade brasileira se mostra avessa a essa prática: "A criação de meios pelo Estado para reinserir ex-detentos no mercado é prevista desde 1984, quando foi criada a Lei de Execução Penal, mas normas que determinam ou incentivam a contratação de ex-presos são recentes" (GASPARIN, 2010, [s.p.]). O depoimento de alguns ex-reclusos é revelador dessa resistência da sociedade em transformar o perdão do Estado em novas oportunidades para indivíduos egressos do sistema penitenciário:

> "A liberdade que eu sonhava e almejava passou a ser uma tormenta." Desempregado e com três filhos, sua família tem sobrevivido com o trabalho de sua mulher, que é depiladora. R. N. foi condenado em 1999 por assassinato por motivo passional. Ele disse que não se conformou com uma traição. "Já paguei o que tinha de pagar e estou enfrentando a sociedade, que é conservadora e não quer me oferecer oportunidades" (GASPARIN, 2010, [s.p.]).[7]

---

[7] De acordo com Departamento Penitenciário Nacional, somente os presos por tráfico de drogas totalizam 218 mil pessoas, 30% da população carcerária brasileira (BRASIL, 2017).

A atitude de Venâncio de se perdoar após cumprir sua "pena" de sofrimento e angústia ao longo da narrativa de *Tudo é rio* foi um mote para a reflexão, com os leitores, sobre o significado simbólico da ideia de absolvição. A realidade precária da vida na cadeia, o ambiente de vigilância e ameaça, a condição decadente das celas e o convívio com pessoas atormentadas e deprimidas foram citados pelos participantes como exemplos da intensidade da punição pelos crimes cometidos.

Esse espaço de *penitência* cumpre um papel objetivo – que se traduz na dosimetria da pena e nos prazos de privação – e, ao mesmo tempo, simbólico – por reiterar *ad infinitum* o tormento da culpa a ser purgada. Angela Davis discorre sobre esse histórico da prisão como lugar da expiação do mal, conforme idealizaram seus criadores: "Como está indicado na designação 'penitenciária', o aprisionamento era encarado como reabilitador e a prisão penitenciária foi concebida com o objetivo de proporcionar aos condenados condições de refletir sobre seus crimes e, por meio da penitência, remodelar seus hábitos e até mesmo sua alma" (Davis, 2020, p. 28).

Nascida do pensamento racional iluminista, a privação da liberdade como finalidade última da punição – e não apenas como meio ou passagem para o martírio dos condenados – deveria motivar as transformações no caráter dos que nela ingressavam. Nesse sentido, o romance na qualidade de gênero literário teve função importante na reafirmação desse aspecto regenerativo do espaço prisional, conforme o pensamento de John Bender, citado por Angela Davis:

> "As novas penitenciárias", de acordo com Bender, "suplantando tanto as antigas prisões como as casas de correção, buscavam explicitamente [...] três objetivos: manutenção da ordem em uma força de trabalho em sua maioria urbana, salvação da alma e racionalização da personalidade." Ele argumentava que era precisamente isso que o romance conseguia por meio da narrativa. Ordenava e classificava a vida social, representava os indivíduos como seres conscientes de seu entorno, autoconscientes e capazes de se moldar. Bender, portanto, vê uma semelhança entre dois grandes acontecimentos do século XVIII – a ascensão do romance na esfera cultural e o surgimento da penitenciária na esfera sociojurídica. Se o romance como forma de expressão cultural ajudou a dar origem à penitenciária, então os reformadores da prisão devem ter sido influenciados pelas ideias geradas por e através do romance do século XVIII (p. 57-58).

Pode-se pensar que o romance de Carla Madeira se insere em uma tradição de obras que tematizam a superação da culpa pelo perdão, bem ao gosto dos reformadores e ativistas prisionais do século XIX, ainda que sua narrativa não se limite a um recorte moralista dos comportamentos humanos. A aventura dos personagens de *Tudo é rio* se coaduna com as noções de "salvação da alma" e "racionalização da personalidade", a partir do sacrifício, da abnegação e da expiação. Nesse sentido, todo um legado romântico – sintetizado na forma *romance* – atravessa o livro e sinaliza princípios adequados ao leitor de projetos de remição em presídios. Aí reside uma tentação pedagógica a ser evitada, de acordo com o que foi discutido no Capítulo 4: há que ter em conta o possível artificialismo dos comportamentos entre mediadores e educandos numa perspectiva utilitária da leitura como forma de apaziguamento das tensões. Dessa forma, livros com o apelo "redentor" de *Tudo é rio* devem provocar antes a problematização do tema do que o incentivo à imitação de comportamentos.

Um último elemento de destaque dos encontros do projeto Rodas de Leitura no Presídio 1 foi a interpretação do título da obra. A partir da metáfora desenvolvida pelo pensamento de Heráclito, buscou-se entender o significado amplo da ideia de que "nunca nos banhamos no mesmo rio". A obra de Carla Madeira traz – direta ou indiretamente – menções a essa simbologia, como nas passagens:

> Mas era tarde, não comandava o curso do rio. Estava feito (MADEIRA, 2014, p. 20).

> Nunca lamentava, dava um jeito de trazer a alegria para perto. E como o rio corre para o mar, a alegria sempre dava um jeito de amanhecer com Aurora (p. 69).

> Não tô dizendo que ela vai se deitar com Venâncio agora, tá cedo, tem muita água pra rolar, mas, se esse amor se afirmar, é lá que o rio vai desaguar (p. 90).

> Seu sorriso iluminava cada palmo da igreja. O véu longo, como um rio em queda livre, flutuava imenso sobre o tapete vermelho (p. 107).

> Tudo no leito do previsível, é lá que o caminho está, é lá que a água vira rio (p. 152).

> [...] ela me levava uma gemada quente todas as manhãs, botava a mão no meu coração e dizia: Tudo passa, você vai ver, tudo passa (p. 201).

> Agora, cruzar o descampado entre a igreja e a casa de Francisca, depois de tanto correrem os rios, era um voo com asas coloridas (p. 202).

O período de privação da liberdade pode ser entendido como um tempo suspenso na vida dos apenados. O alheamento da realidade externa – que só chega a eles durante os períodos de visitas de parentes, amigos e advogados –, a ausência de convívio social e a impossibilidade do exercício de funções rotineiras de trabalho e estudo tornam a cadeia um espaço de atemporalidade e monotonia. A reflexão sobre a metáfora do *rio* como o um fluxo constante foi importante para reorganizar essa relação com a temporalidade. O tempo psicológico da obra, com sua densidade filosófica e existencial, foi um componente significativo para a retomada desse conceito. As horas semanais de análise do livro expandiram-se para além da cronologia real dessa prática. Em um espaço de monotonia e repetição, a leitura afigurou-se como uma saída possível dessa estagnação, de acordo com os depoimentos dos participantes do projeto.

A presença da escritora Carla Madeira no encontro que antecedeu a escrita da resenha ofereceu uma oportunidade especial para os participantes compartilharem sua experiência como leitores diretamente com a autora. Carla Madeira é publicitária e diretora da empresa Lápis Raro, uma renomada agência de comunicação de Minas Gerais. Primeiramente, a escritora esclareceu que publicou *Tudo é rio* em 2014, mas que sua escrita teve início 15 anos antes. Carla confessou que a cena em que Venâncio atira o filho na parede fez com que ela tivesse um bloqueio em seu processo de escrita. Esse abalo psicológico, devido ao fato de estar grávida naquele contexto, só foi superado anos depois, quando decidiu dar sequência à história dos personagens. A partir daí, a escrita fluiu, durante oito meses, na ordem em que é retratada na obra, sem alteração da sequência dos acontecimentos.

A primeira questão levantada pelos participantes abordou a relação entre ficção e realidade no livro. O Participante 1 (evitaremos o uso de nomes ou iniciais para resguardar a identidade dos apenados) perguntou se a autora se inspirou na história de alguém, se havia algum fundo de realidade no enredo da obra. Carla esclareceu que se tratava de ficção e que nenhum personagem era inspirado em fatos reais. No entanto, havia uma inspiração em sentimentos ou fragmentos de histórias, como o fato de Dalva gostar de cantar com os parentes, à semelhança da memória familiar da própria autora. Por ser um leitor assíduo no cotidiano do presídio, o Participante 1 quis saber ainda se a autora lia frequentemente e se isso a ajudou a escrever o livro, fato confirmado por Carla Madeira, que citou a importância e a influência de autores como Monteiro Lobato em sua infância.

A escritora devolveu a pergunta aos leitores do projeto, questionando-os a respeito de suas impressões sobre a obra. Segundo o depoimento geral, os temas que mais lhes chamaram a atenção foram a superação, o perdão, o amor, a dor, o sofrimento e o prazer. Arguida sobre a significação do nome dos personagens, Carla destacou a associação entre Lucy e Lúcifer, mas deu destaque para o nome da personagem Aurora, que descrevia, segundo ela, uma personagem suave, "que chega como um amanhecer". O Participante 2 chamou a atenção para o tema do livre-arbítrio. Carla reiterou essa questão, destacando que as circunstâncias e as oportunidades da vida de cada um podem levar a vários caminhos. A autora afirmou, no entanto, que evitou o maniqueísmo ao construir os personagens, não trabalhando com pares antagônicos. Em *Tudo é rio*, o bem e o mal são elementos constituintes do humano e se alteram de acordo com as circunstâncias e com história individual de cada personagem.

Sobre a recepção da leitura, a autora abordou a importância da obra para a vida dos apenados. Destacam-se três respostas transcritas a partir da gravação de áudio realizada durante a visita de Carla Madeira ao presídio:

> A parte de se perdoar para seguir em frente foi interessante; a parte em que o Venâncio se perdoa e entende que aquele dilema que ele carrega é um modo de se compreender melhor; a parte das crianças: como uma criança pode mudar a vida das pessoas (Participante 1).

> O livro foi muito importante porque eu tinha um rancor muito grande por uma pessoa e depois que eu li o livro... me fez na minha mente perdoar essa pessoa; inclusive é a mãe do meu filho; por exemplo, neste fim de semana ela esteve aqui com o meu filho e eu tratei ela de outra forma, já não era a mesma forma que eu tratava ela; tipo uma pessoa normal, antes eu tinha ódio dela. Não quero ela de volta do meu lado, mas a vida dela ela segue do jeito que ela bem entender; como se diz... é um fluxo... a água leva. Tudo é rio (Participante 2).

> Aparência e essência; a partir do momento em que você conhece a pessoa, o que ela é por dentro, a aparência não faz diferença, pode ser de qualquer jeito, o que vale é o que a pessoa é (Participante 3).

O Participante 2 afirmou ainda que o livro lhe permitiu pensar em atitudes e sentimentos que normalmente evitava em suas reflexões, sobretudo a raiva e a culpa. Esse é um possível efeito da literatura a ser considerado na experiência do Rodas de Leitura: ainda que os participantes não se tornem leitores assíduos após a finalização do projeto, a leitura compartilhada terá servido para que eles percebam que há maneiras de se interpretar a própria história pela observação da história dos outros. E que, nesse intervalo entre o próprio e o alheio, podem-se construir novas possibilidades de relacionamento com o mundo a sua volta, dentro ou fora da prisão.

A filósofa Hanna Arendt reflete sobre essa capacidade de construção do indivíduo como um ser político a partir de sua ação: "O que torna o homem um ser político é sua faculdade de agir; ela o capacita a se unir a seus pares, atuar de comum acordo e partir para metas e empreendimentos que nunca lhe passariam pela cabeça, sem falar nos seus desejos reais, se não lhe tivesse sido dada a dádiva de iniciar coisas novas" (ARENDT, 2004, p. 152).

Ao sair da inércia e agregar-se a outros sujeitos com um mesmo propósito, o indivíduo inaugura novas possibilidades de transformação, ainda que a proposição de "coisas novas" se dê em um ambiente refratário a qualquer tipo de ação. A existência de um projeto de mediação voluntária, somada à disposição dos detentos em se fazerem presentes na roda de leitura, são um ato de resistência, já que configuram um modo de agir nesse espaço de mobilidade física, política e intelectual limitadas. O que se busca por meio desse trabalho não é a simulação de um perdão, mas o estímulo à sensibilidade, à reflexão e à imaginação inerentes ao exercício da leitura literária. Trata-se de um gesto que visa à ressocialização, que busca valorizar uma sensibilidade adormecida – ou nunca despertada – nesses indivíduos.

Retomando o pensamento de Hanna Arendt, é importante pensar em que medida a ação é fundamental para a (re)construção dos sujeitos e da sua relação com a realidade. O tempo de prisão só faz sentido se pensarmos que, após seu cumprimento, os indivíduos estarão quites com o Estado e poderão retomar – ou construir – uma vida normal. No entanto, como já visto, a situação dos presos em liberdade condicional ou dos que finalizaram o cumprimento da pena é reveladora de um quadro de preconceito e cerceamento das oportunidades de reentrada na sociedade.

Outro assunto discutido no encontro entre Carla Madeira e os leitores do Presídio 1 foi a motivação da autora em retomar a escrita do livro, 15 anos após seu início. Carla destacou que sua primeira experiência de maternidade ocasionou um estado de depressão e o consequente medo de praticar algum ato que colocasse em risco a vida do filho. Esse fato provocou um necessário redimensionamento de sentimentos como o medo e a alegria, bem como a necessidade de se expressar para se esvaziar do sentimento de angústia. Para a autora, a escrita de um livro, mesmo que não se dê a partir da memória de um fato vivido, põe em movimento uma memória afetiva, que a capacita como escritora a pensar a história de outros personagens, sobretudo mulheres na condição de Lucy e Dalva em *Tudo é rio*.

Outro tema desenvolvido no encontro foi o desafio de perdoar as falhas graves dos personagens. Carla questionou: "Será que é perdoável o que Venâncio fez com Dalva e Vicente?", e provocou os leitores reclusos no presídio: "O que vocês acham que provocou em Dalva a capacidade de perdoar tudo o que aconteceu? E de trazer a esperança de que uma outra história poderia começar a ser escrita?". Os leitores destacaram alguns pontos que julgaram importantes: o amor de Dalva por Venâncio, que talvez a tenha incentivado a manter o filho escondido, na esperança de que o marido transformasse seus afetos; o nascimento da segunda criança, filho de Venâncio e Lucy, que teria possibilitado ao marido descobrir seu instinto paterno; a influência que o silêncio e o desprezo de Dalva causaram na relação de Venâncio com a ideia de família; por fim, concluiu-se que o personagem precisava de dois perdões, o de Dalva e o dele próprio; e que essa era a condição fundamental para se começar um novo ciclo na vida do casal.

O Participante 1 associou esse fato ao título do livro, ressaltando que na vida tudo pode mudar. A autora destacou que, apesar dessa leitura, o desfecho do livro não oferece ao leitor uma certeza, mas uma esperança de que esse novo ciclo possa surgir para os protagonistas. Para isso, citou as palavras do fim do livro, "Deus estava de volta", frase que remete à personagem Aurora e sua ideia sobre um poder divino que rege os homens. Para ela, Deus não é um lugar de certeza, já que nada é fixo, e existe uma possibilidade de o rio-tempo passar e transformar tudo. O autoperdão de Venâncio, na opinião da autora, é a evidência de que os homens sempre podem ser maiores que o mal cometido, e que sua humanidade e existência não se resumem ao ato criminoso.

A questão do perdão é um tema recorrente no pensamento de vários filósofos, dentre os quais se destacam Paul Ricœur, Hanna Arendt e Jacques Derrida. No texto de sua última conferência no Brasil, "O perdão, a verdade, a reconciliação: qual gênero?", Derrida reflete sobre o tema, a partir do contexto do pós-*apartheid* na África do Sul, quando se estabeleceu a Comissão Verdade e Reconciliação. Naquele momento, foi necessário um esforço da sociedade para "restabelecer suas condições normais de funcionamento", uma vez que era "necessário purgar o passado para reconstruir uma sociedade desfigurada pela violência" (PERRONE-MOISÉS, 2009, p. 10). Essa comissão devia "restaurar a dignidade civil e humana das vítimas, recomendar medidas de 'reparação' e prevenir contra a renovação de tais atos" (DERRIDA, 2005, p. 52). Nelson Mandela e o arcebispo Desmond Tutu foram os protagonistas da reconstrução da identidade sul-africana, dilacerada por décadas de ódio racial. Para isso, ambos propuseram o ideal de uma *liberação* para os opressores e para os oprimidos, sem a qual seria impossível construir um modelo de nação. Segundo Mandela (*apud* DERRIDA, 2005, p. 72):

> Foi durante esses longos anos de solidão que a fome de liberdade para meu próprio povo se tornou uma fome de liberdade para todos os povos, os brancos e os negros. Aprendi que o opressor deve ser tão seguramente liberado quanto o oprimido. Quando saí da prisão, tal foi então minha missão; liberar de uma só vez o oprimido e o opressor. A verdade é que ainda não somos livres; simplesmente adquirimos a liberdade de ser livres, o direito de não ser oprimidos.

De acordo com o texto de Derrida, esse aparente paradoxo visava construir um ideal de nação em que os cidadãos se sentissem livres, prerrogativa de toda democracia. Para tanto, seria necessário investigar os crimes praticados durante o período do *apartheid* e realizar o que Desmond Tutu chamou de *confrontação*:

> Não acreditaram em mim [...] quando expliquei que era favorável à liberdade. Ora, não se trata de liberdade para o povo negro, trata-se muito particularmente de liberdade para os brancos. Porque eles não são perfeitamente livres enquanto não o formos.
> [...]
> A reconciliação custa muitos esforços, implicando a confrontação. Se tal não fosse o caso, Jesus Cristo não teria morrido na cruz. Ele veio e conseguiu nos reconciliar. Mas foi confrontado aos outros, sendo causa de divisões (TUTU *apud* DERRIDA, 2005, p. 73).

A experiência sul-africana nos faz refletir sobre a ideia do perdão e nos oferece uma nova perspectiva de pensamento, quando ressalta a necessidade da *liberação* do opressor para que haja liberdade plena para uma nação em busca da unidade. Tal pensamento coincide com a teoria de Paulo Freire sobre a necessidade de superação da contradição entre opressores e oprimidos. Para o pedagogo, "aí está a grande tarefa humanista e histórica dos oprimidos – libertar-se a si e aos opressores. Estes, que oprimem, exploram e violentam, em razão de seu poder, não podem ter, neste poder, a força de libertação dos oprimidos nem de si mesmos. Só o poder que nasça da debilidade dos oprimidos será suficientemente forte para libertar ambos" (FREIRE, 2019, p. 41).

Em que medida a interpretação da realidade sul-africana pode ser útil para a reflexão sobre leitura em ambientes prisionais no contexto brasileiro da segunda década do século XXI? Antes de qualquer hipótese, é importante ressaltar que não se trata de comparar a realidade de condenados por crimes comuns no Brasil com a ação criminosa dos agentes da política de segregação implementada e executada por um Estado nacional. A intenção é refletir sobre os temas do *perdão* e da *liberação* a partir de um modelo de pensamento que ofereça perspectivas que transcendam a acepção religiosa ou moralista que esses termos podem assumir.

A abordagem do livro *Tudo é rio* no ambiente prisional, durante o projeto Rodas de Leitura, pôs em cena o tema do perdão – mais precisamente, o do autoperdão – de indivíduos que praticaram crimes e se encontram em situação de privação de liberdade, como foi visto no decorrer desta análise. Para tentar responder à pergunta do parágrafo anterior, é necessário pensar que qualquer *liberação* para os praticantes de crimes só pode ser pensada se o cumprimento da pena for aceito pela sociedade como o pagamento pelo mal cometido. Infelizmente não é o que ocorre no Brasil. Sabemos que a sociedade brasileira é refratária à reinserção desses cidadãos em práticas sociais elementares, como o trabalho e o estudo, negando-lhes oportunidades de recomeçar a vida após o cumprimento da pena. Sabemos também que as condições de vida dentro dos presídios são precárias e que são poucos os projetos de capacitação e aprimoramento das habilidades dos detentos durante o transcorrer da pena. Há ainda que considerar o crescimento de organizações criminosas que agem dentro e fora das unidades prisionais, cooptando indivíduos para a prática de novos crimes e para a perpetuação da violência. Diante desse quadro, qual seria a possibilidade de se pensar no modelo sul-africano da *liberação* dos oprimidos e dos opressores no contexto brasileiro, se muitos dos reclusos em cadeias são, ao mesmo tempo, vítimas e algozes desse ciclo perverso?

Projetos como o Rodas de Leitura buscam garantir o acesso à literatura como estímulo à humanização do ambiente prisional, pois, na esteira de Antonio Candido, entendem esse conceito como "o processo que confirma no homem aqueles traços que reputamos essenciais, como o exercício da reflexão, a aquisição do saber, a boa disposição para com o próximo, o afinamento das emoções, a capacidade de penetrar nos problemas da vida, o senso da beleza, a percepção da complexidade do mundo e dos seres, o cultivo do humor" (CANDIDO, 1995, p. 249).

Se a sociedade não os libera para que eles se sintam integrados a um sistema, o trabalho se volta para a valorização da sensibilidade e da capacidade de interpretação do mundo, a partir da experiência da leitura literária pelos detentos. É importante ressaltar que o projeto não buscou capacitar os participantes a se tornarem profissionais de Letras, mas sim estimulá-los a inserirem em sua rotina a reflexão e o entretenimento inerentes à prática da leitura. O depoimento do preso Participante 2 quanto a ter deixado de odiar alguém após a leitura de *Tudo é rio* é revelador da importância dessa prática no cotidiano dos presos. Não porque, de fato, ele tenha deixado de odiar a ex-esposa, pois não há como investigarmos a veracidade do depoimento; e sim, por ter pensado e refletido sobre essa possibilidade, a partir da experiência de um personagem ficcional com cuja história teve contato ao participar das rodas. Por meio da literatura, o projeto oferece a possibilidade de se buscar um ideal de *liberação*, via de regra negado pela sociedade.

A epígrafe do livro *A roda do mundo*, dos poetas Edimilson de Almeida Pereira e Ricardo Aleixo, traz uma frase retirada do filme *Yaaba*, de Idrissa Ouédraogo, que diz: "O futuro está sempre à sua frente. Ou às suas costas, cada vez que você dá meia-volta" (Pereira; Aleixo, 1996, p. 5). Essa imagem, que reorienta a relação com o tempo, oferece uma interpretação rica para as reflexões desenvolvidas até aqui. Muitos poemas de *A roda do mundo* apontam para o aspecto cíclico do tempo em culturas distintas das que se construíram pela herança cristã europeia. Povos africanos, como os antepassados dos negros escravizados no Brasil, representados no livro, pensam o tempo numa outra perspectiva, em que o passado, o presente e o futuro se constroem simultaneamente numa temporalidade indissociada, concomitante. Dentro dos muros de um presídio, no entanto, há uma impressão de um tempo suspenso, preso a uma angústia que se perpetua infinitamente. Ali os dias são iguais, e a referência de passado e futuro se confunde, mantendo todos num eterno presente circular e torturante. A possibilidade de ruptura com esse estado se dá nos poucos momentos em que os presos aceitam estímulos externos ao seu mundo e participam, como agentes, de uma ação renovadora do tempo, como ocorre nas rodas de leitura de textos literários. As poucas horas semanais em que se iniciam "coisas novas" por meio da leitura e do debate põem em movimento a roda estagnada do mundo de pessoas privadas de liberdade. No tempo da literatura, todos, professores, voluntários e apenados, podem voltar-se ao passado, ressignificar o presente e conceber novos futuros, mantendo "teso o arco da promessa" (Veloso, 1975), esperança e alento de todos os que se entregam a esse trabalho.

Construir sobre ruínas: a poesia de Ricardo Aleixo entre os leitores presos

A antologia *Pesado demais para a ventania*, do poeta belo-horizontino Ricardo Aleixo, foi um dos livros trabalhados durante o projeto Rodas de Leitura nos presídios 1 e 2. O desafio de estimular o contato com a poesia no ambiente prisional se deu a partir da observação de que mais de 90% dos livros oferecidos pelo programa compunham-se de narrativas – romances, contos, crônicas – e textos memorialísticos. Buscou-se diversificar o gênero literário como estímulo a outra percepção da literatura, mais sugestiva e fragmentária, a partir de formas híbridas que colocavam em movimento a relação entre o texto e a imagem, como ocorre no livro de Ricardo Aleixo. A recepção da obra foi positiva, visto que, durante a visita do poeta ao Presídio 2, os reclusos demonstraram enorme interesse no diálogo sobre o gênero lírico com o autor.

A coletânea, publicada em 2018 pela editora Todavia, reúne poemas dos 11 volumes que compõem a obra de Ricardo Aleixo. O livro se divide em seis partes, que contemplam temas importantes da poética do autor: "Desde e para sempre", poemas sobre a memória pessoal e familiar do poeta, bem como experiências com gêneros da tradição africana, em homenagem aos orixás, os *orikis*; "Outros, o mesmo", textos que exprimem a face múltipla do eu-escritor; "Ter escrito ainda não existe", reflexões sobre o fazer poético; "O coração, meu limite", poemas que abordam o tema do amor e seus desdobramentos; "Multidão nenhuma", a relação do poeta com a cidade e com os outros indivíduos; e "Queridos dias difíceis", poemas sobre a resistência e o combate ao racismo.

A trajetória de Ricardo Aleixo, iniciada com o livro *Festim* (1991), é um exemplo de perseverança e dedicação à palavra artística. Autor inquieto, Aleixo sempre buscou operar no limite da expressão poética e em sua interseção com outras artes, como a música, o *design*, as artes plásticas e o cinema. Os poemas que compõem a antologia oferecem um panorama desse trajeto, desde a sua formação heterodoxa – o poeta é autodidata, tendo optado por não seguir o ensino formal –, passando pelas experiências com a poesia visual, que marcaram sobretudo seu início de carreira.

O título da obra remete ao poema "Inferno", em que Aleixo situa esse espaço simbólico num plano existencial, para além de qualquer reducionismo místico ou moral:

Inferno

sob um
silêncio pesado

demais para
a ventania sob a

pequena noite
vista da primeira

> janela
> à esquerda
>
> sob a trilha de
> estrelas novas
>
> sob um
> nome nunca
>
> pronunciado sob um
> trilo terrível
>
> sob o
> monstro re
>
> – pior, o mundo –
> animado
>
> (ALEIXO, 2018, p. 179)

Ampliando esses versos para o título do livro, desloca-se, metonimicamente, a imagem de um "silêncio pesado demais para a ventania" para toda a poética do autor, que não será facilmente varrida pelo vento, seja por seu valor estético, seja por seu caráter de resistência. Esse traço, aliás, é um forte componente da poesia de Aleixo, sobretudo nos poemas que abordam a condição marginal de pessoas negras diante de uma sociedade excludente e racista. Destaquem-se os poemas da parte "Queridos dias difíceis", em que o autor aborda a militância ("Eu, militante, me confesso"), a invisibilidade social ("Dor"), o exílio dentro da própria pátria ("Fábula"), a resistência ("Queridos dias difíceis"), a brutalidade ("Chamado cavalo"), a injustiça ("Geral"), o compadrio na crítica literária ("New old criticism"), o patriarcalismo ("Brancos") e o racismo ("Meu negro").

Pesado demais para a ventania é um livro denso, complexo, mas não por isso indecifrável. Seus poemas provocam a reflexão sobre o estar no mundo e levam o leitor a olhar para si mesmo nessa babel em que muitos falam e ninguém se escuta. O desafio de se trabalhar essa obra num ambiente prisional se deu menos pela surpresa diante da linguagem do que pelo reflexo que o livro produziu na vivência de cada participante. Ali estão pessoas que em grande parte foram excluídas de uma sociedade segregadora e desigual. A experiência de uma vida no crime – e sua consequente punição – ofereceram uma condição propícia para a discussão sobre alguns temas desenvolvidos por Ricardo Aleixo em sua obra. Os leitores puderam experimentar esse deslocamento que a linguagem e os temas do livro ofereceram, mirando para fora da prisão, ao mesmo tempo que abriam uma janela para dentro de si e analisavam a própria história.

Durante as rodas de leitura, foram escolhidos alguns poemas que compõem as seis partes em que se divide o livro. O objetivo foi trabalhar temas como a memória, a marginalidade, a estética das palavras, as questões sociais e raciais e a representação da cidade na obra de Ricardo Aleixo. Buscou-se com isso contemplar alguns assuntos que permeavam o cotidiano de boa parte dos reclusos que cumpriam penas por crimes variados, com destaque para o tráfico de drogas e o roubo.

O primeiro texto do livro é "Língua lengua", poema em que Aleixo trabalha com o conceito de origem, do ponto de vista da identidade tanto linguística quanto racial:

Figura 2 – Poema "Língua lengua"

Fonte: ALEIXO, 2018, p. 13.

O poeta se inclui na tradição de uma prática linguística não oficial e híbrida, que assimila elementos das culturas europeia e africana, operando na liberdade da expressão popular: o "pretoguês". Sendo assim, essa língua afigura-se como o código adequado para o gênero poético desenvolvido pelo poeta, por ser renovadora da expressão – como deve ser qualquer poesia – e plena da complexidade e do hibridismo – como, particularmente, é a poesia de Aleixo.

O contato dos leitores com esse poema suscitou uma discussão importante sobre modos de expressão. No universo da cadeia, as gírias são o recurso mais comum para se trabalhar a língua em seu aspecto inventivo e plural. Como se sabe, a gíria é uma ferramenta de expressão que constitui uma comunidade de falantes e a protege em relação ao poder instituído; trata-se de uma forma de comunicação necessária e eficaz em um ambiente hipervigiado como um presídio. Alguns detentos revelaram o significado de algumas expressões peculiares do seu cotidiano, demonstrando consciência sobre o papel da linguagem nas relações de poder. Outro ponto destacado na interpretação do poema foi a questão da identidade racial, visto que a maioria dos homens presos eram negros ou pardos. A ideia de um "pretoguês" foi entendida como um modo de veicular ideias peculiares às tradições afro-brasileiras, presentes no linguajar das periferias, no cancioneiro popular ou nos ritos das religiões afrodescendentes.

Outro texto discutido durante as rodas de leitura foi "Conheço vocês pelo cheiro", poema em que Aleixo critica a ganância da sociedade materialista. A reflexão com os leitores considerou os indivíduos que têm "amor ao dinheiro / que algum / ancestral remoto / lhes deixou / como herança" (ALEIXO, 2018, p. 57), mas também aqueles que, ao buscarem a vida do crime, deixam-se levar pela mesma ganância, desprezando o valor da vida pelo acúmulo de bens materiais, como destacou o Participante 1 desse presídio. Segundo ele, apesar de focalizar o comportamento do universo burguês, o poema evocou atitudes comuns no mundo do crime, sobretudo no universo do tráfico, em que dívidas não pagas são punidas com a morte. Esse depoimento foi importante por relativizar a noção de materialismo, demonstrando que, independentemente da origem social, o acúmulo de bens pode tornar o indivíduo ganancioso e egoísta, reflexão que expandiu e problematizou a compreensão do poema.

A leitura e análise de "Poética", texto que abre a parte "Ter escrito ainda não existe", suscitou uma discussão importante durante o projeto.

Figura 3 – Poema "Poética"

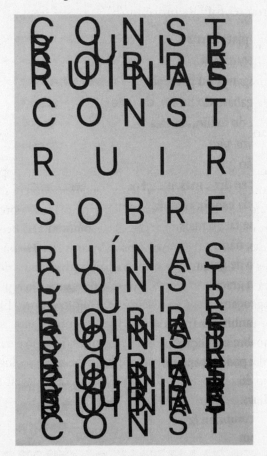

Fonte: Aleixo, 2018, p. 79.

Buscou-se discutir, na relação entre as palavras e a imagem, a ideia de ruína/construção desenvolvida no poema. A partir dessa análise, chegou-se à ideia de que, metaforicamente, toda construção simbólica só se faz a partir do acúmulo de experiências e vivências que se realizam durante o percurso existencial de cada um. O destaque dessa abordagem foi a associação entre as ideias "construção" e "ruína" com o trabalho de leitura literária para pessoas privadas de liberdade. Segundo a interpretação do Participante 2, o contato com narrativas e poemas permitiu a elaboração de pensamentos e reflexões que ajudavam a suportar a rotina rígida de quem vive aprisionado. Em meio à ruína momentânea, os encontros semanais abriam a possibilidade de se "construir" algo, tanto pelas trocas verbais quanto pela escrita da resenha e a possível remição da pena.

Outro poema do livro de Ricardo Aleixo cuja interpretação gerou reflexões importantes foi "Re:provérbio":

> quem nunca comeu farelos
> aos porcos se misturando
> que atire a primeira
> pérola
>
> (ALEIXO, 2018, p. 84)

Primeiramente buscou-se destacar a presença dos ditos populares modificados parodicamente no poema: "Quem come farelos aos porcos se mistura", "Atire a primeira pedra quem nunca pecou" e "Jogar pérolas aos porcos". Discutiu-se a presença da moral e da ideologia nos ditos populares, bem como o papel da paródia na desconstrução desse discurso. A partir daí deixou-se espaço para a interpretação dos participantes, dentre as quais se destacou a do Participante 3. Partindo da letra da canção "Jesus Chorou", do grupo de rap Racionais MC's (2002) ("Não joga pérolas aos porcos, irmão, / Joga lavagem / Eles prefere assim, / Cê tem de usar piolhagem!"), o participante chamou a atenção para a ideia de que todos estamos sujeitos a percorrer os caminhos do vício e da virtude, e que o que nos faz cidadãos é o conhecimento dos limites entre esses lugares simbólicos.

Um último destaque das análises durante as rodas de leitura no Presídio 2 foi o poema "Brancos".

Figura 4 - Poema "Brancos"

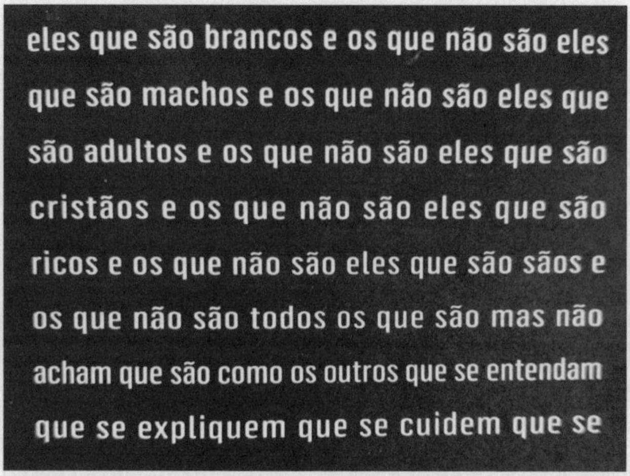

eles que são brancos e os que não são eles que são machos e os que não são eles que são adultos e os que não são eles que são cristãos e os que não são eles que são ricos e os que não são eles que são sãos e os que não são todos os que são mas não acham que são como os outros que se entendam que se expliquem que se cuidem que se

Fonte: ALEIXO, 2018, p. 189.

Novamente, o foco inicial da abordagem foi a relação palavra/imagem, tão cara à tradição concretista, a que parte da poesia de Ricardo Aleixo se filia. Refletiu-se sobre a função do fundo negro da página, suporte de um poema que trata da questão racial e da crítica aos privilégios dos brancos em um país marcado pelo racismo, como o Brasil. A partir dessa análise, discutiu-se o modelo de poder que encerram as palavras "brancos", "machos", "adultos", "cristãos", "ricos" e "sãos". Resgatou-se o ditado "Eles que são brancos que se entendam" como ponto de partida para a reflexão, uma vez que os brancos, na crítica presente no poema, além de se entenderem, são instigados a se explicarem e a se cuidarem. Falou-se também do final "em aberto" do texto, a partir da expressão "que se" no desfecho do poema. O texto gerou uma reflexão sobre a hierarquia presente numa sociedade patriarcal, em que o contraponto dos termos destacados diz muito sobre a exclusão presente em nossa realidade: os "não brancos", negros, mestiços, índios; os "não adultos", crianças, adolescentes; os "não cristãos", umbandistas, candomblecistas, budistas, pagãos, ateus; os "não ricos", pobres, mendigos, miseráveis; e os "não sãos", drogados, alcoólatras, doentes, deprimidos.

O trabalho com os poemas de Ricardo Aleixo no ambiente prisional permitiu a discussão de diversos temas inerentes à condição de pessoas privadas de liberdade, tais como exclusão, memória, marginalidade, identidade e opressão. A dinâmica dos encontros semanais permitia a cada um a elaboração de opiniões e interpretações a respeito dos textos, o que resultou numa importante troca de experiências e saberes. Para Paulo Freire, a educação deve sempre ter em conta a construção de temas geradores que digam respeito ao universo dos educandos, modo de aproximar e motivar o interesse pelo objeto do estudo. Para o pedagogo, esses temas devem nascer da comunhão entre os indivíduos, mediados pelo mundo. A esse respeito, João Colares da Mota Neto (2016, p. 208) considera que:

> Os temas geradores estão para a pós-alfabetização assim como as palavras geradoras estão para a alfabetização. Ambos, temas e palavras, cumprem essa função de expressar/sintetizar/codificar o universo socioantropológico das comunidades populares, suas questões existenciais, políticas, econômicas, culturais, gerando debates, aprendizagens, problematizações, os quais podem se desdobrar em outros temas e outras palavras, igualmente geradores, que culminarão na possibilidade dos [sic] sujeitos compreenderem criticamente a totalidade na qual estão situados, e se engajarem com conhecimento e autonomia na transformação da sociedade.

A leitura da obra instigou a construção de temas geradores importantes, em um movimento circular que se iniciava com a análise dos poemas, repercutia nas histórias de vida e retornava com descobertas e contribuições dos leitores no cárcere. Apesar da estrutura hierarquizada da escola, com o agravante de esse espaço situar-se em uma penitenciária – aonde presos chegavam para a aula algemados dois a dois –, a dinâmica dos encontros transcorria com a naturalidade de uma roda de conversa, realidade que corrobora as ideias de Paulo Freire e sua proposta de uma prática dialógica de ensino, em que educadores e educandos se situam em uma horizontalidade propícia à troca do saber:

> Esta investigação implica, necessariamente, uma metodologia que não pode contradizer a dialogicidade da educação libertadora. Daí que seja igualmente dialógica. Daí que, conscientizadora também, proporcione, ao mesmo tempo, a apreensão dos "temas geradores" e a tomada de consciência dos indivíduos em torno dos mesmos. Esta é a razão pela qual (em coerência ainda com a finalidade libertadora da educação dialógica) não se trata de ter nos homens o objeto da investigação, de que o investigador seria o sujeito. O que se pretende investigar, realmente, não são os homens, como se fossem peças anatômicas, mas o seu pensamento-linguagem referido à realidade, os níveis de sua percepção desta realidade, a sua visão do mundo, em que se encontram envolvidos seus temas geradores (FREIRE, 2019, p. 121-122).

A visita do poeta ao Presídio 2 permitiu a expressão desse "pensamento-linguagem" dos participantes do projeto do SERVAS, por meio da troca de impressões de leitura sobre a obra *Pesado demais para a ventania*. Inicialmente, antes mesmo de falar sobre a antologia, Aleixo destacou o papel de seus pais em sua escolha pela carreira de escritor. Apesar da realidade social desfavorável, sua família nutria grande apreço pela leitura e pelas artes, sobretudo a música e o cinema. Moradores da periferia de Belo Horizonte, o pai, Américo, e a mãe, Íris, sempre incentivaram seus filhos à leitura e à escrita no ambiente doméstico, onde foram alfabetizados. O poeta mencionou o costume de seu pai de ler em voz alta para ele e sua irmã, ensinando-lhes a postura correta, a entonação, o volume, as pausas, o modo de segurar o livro, enfim, tudo que diz respeito à oratória. A reverência a essa herança pessoal deu o tom do encontro, desmistificando a imagem do poeta como uma figura distante e inacessível, conforme relato de alguns dos participantes.

A conversa foi entrecortada de perguntas sobre aspectos da carreira de Ricardo Aleixo e dúvidas sobre a motivação e o conteúdo dos poemas.

Questionado sobre a influência da vida urbana em sua escrita, Aleixo destacou a importância da rua como um elemento constante em sua obra. Para exemplificar, leu o poema "Convivo muito bem com os cães da rua", em que se cria um paralelo entre o cão e o poeta em sua relação com o espaço urbano, "cada um caçando, do seu jeito, a vida". O escritor destacou seu gosto pela cidade, ao mesmo tempo que ressaltou seu apreço pelo ambiente doméstico, em sua casa, no bairro Campo Alegre, em Belo Horizonte. Segundo ele, o gosto pela rua não se limita à vida boêmia, mas se estende ao prazer em se sentir mais um no meio da multidão, como um homem comum.

Indagado sobre a presença de aspectos biográficos ao longo dos poemas – sobretudo nos que citam nomes de parentes –, Aleixo ressaltou a importância da memória afetiva em sua obra, componente de uma trajetória iniciada num ambiente familiar que o incentivou a fazer as escolhas de sua carreira artística. Após a leitura de "Qual deles morrerá primeiro", em que reproduz uma conversa com a irmã sobre o destino dos pais, o poeta discorreu sobre a importância da mãe em sua escrita, tanto pela inteligência quanto pela sensibilidade em seu trato com a vida. Dona Íris deixou ao poeta o legado da percepção e da atribuição de valor a todo elemento disposto na página de um livro ou revista, influenciando-o em seu trabalho como designer gráfico.

Ironicamente, após manifestar os sintomas do mal de Alzheimer, a mãe deixou de se lembrar dos familiares, fato mencionado no trecho do poema:

> [...]
> Um dia sua mãe já
> não se recordará
>
> dessas viagens.
> Nem de muitas outras coisas.
>
> Ela deixará de lembrar
> até de que se casou
>
> Com seu pai. Um dia.
> E que fizeram dois filhos:
>
> primeiro sua irmã
> depois você.
>
> (Aleixo, 2018, p. 21)

Ricardo Aleixo comentou o aspecto não ficcional do poema, destacando que a rememoração das cenas familiares perpetua o afeto por um núcleo de pessoas preocupadas tão somente com o bem-estar uns dos outros.

Em outro momento importante desse encontro, Aleixo discorreu sobre as dificuldades do lançamento do primeiro livro, no contexto do início dos anos 1990. Um primeiro empecilho dizia respeito à distância física e simbólica de um escritor negro, nascido na periferia de Belo Horizonte, apartado do circuito literário da cidade. Aleixo destacou que a literatura de então era a expressão de escritores de classe média que podiam publicar sem esperar recompensa financeira. Só após perceber que a venda dos exemplares de *Festim* pagou sua publicação, ele se deu conta de que poderia seguir escrevendo e publicando, pois já havia rompido a primeira e resistente barreira para um autor novato no circuito literário da cidade. Após ter seu segundo livro comprado pelo governo do estado para ser distribuído nas bibliotecas escolares, Ricardo Aleixo constatou que poderia viver de seu ofício de escritor.

Arguido sobre os principais artistas que o influenciaram, o poeta leu o poema "Música mesmo", em homenagem a Milton Nascimento. Para Aleixo, trata-se da melhor expressão da identidade mineira, embora tenha confessado ser avesso a rótulos que definam comportamentos em razão da origem. Os traços peculiares atribuídos aos mineiros, tais como a desconfiança excessiva e a hipocrisia no jogo das relações sociais, nunca o agradaram, razão pela qual constam na coletânea poemas críticos à mineiridade, como "Antiode: Belorizonte".

Outro poema comentado por Ricardo Aleixo foi "Poética", um dos textos trabalhados durante as aulas. Foi interessante para os leitores notar que muitas vezes a motivação da escrita se encontra em elementos da própria palavra. O poeta destacou o fato de que no interior da palavra "construir" existe o termo "ruir", ou seja, na própria palavra que remete a "elaboração", "montagem", "construção" encontra-se sua antítese, como se toda construção estivesse destinada a um tipo de falência. O Participante 1 comentou que o contrário também pode ser verdade, pois, na cadeia, toda ruína pode ser uma nova construção.

Aleixo aproveitou o comentário para dizer que nada é mais parecido com um presídio do que uma escola, onde até mesmo o professor é um prisioneiro. Por mais que ele esteja na frente com o direito à palavra, ele está submetido a um conjunto de regras e modos de fazer que não respeitam sua individualidade e sua singularidade e o direito de ser ele mesmo. A distribuição espacial reflete e designa papéis muito específicos: um fala, e outros ficam calados. Segundo o autor, a sensibilidade do professor é muito mais testada quando ele está em roda, assim como ocorria naquele momento do seu encontro com os presos. Esse pensamento está de acordo com as teses de Michel Foucault, que cita as escolas, os hospitais, os hospícios e as prisões como locais de controle dos corpos:

> Em primeiro lugar, o hospital, depois as escolas, e, mais tarde, a oficina, não foram simplesmente "postos em ordem" pelas disciplinas; graças a estas, tornaram-se aparelhos tais que qualquer mecanismo de objetivação pode valer neles como instrumento de sujeição, e qualquer aumento de poder dá lugar a conhecimentos possíveis; foi a partir deste laço, específico dos sistemas tecnológicos, que se puderam formar no elemento disciplinar a medicina clínica, a psiquiatria, a psicologia infantil, a psicopedagogia, a racionalização do trabalho (FOUCAULT, 2013a, posição 149).

Por fim, Ricardo Aleixo leu e comentou o poema "Meu negro", texto em que discute a identidade racial de pessoas historicamente segregadas, em um país de passado escravocrata, que até os dias de hoje exclui e violenta pessoas em virtude da cor de sua pele.

Figura 5 – Poema "Meu negro"

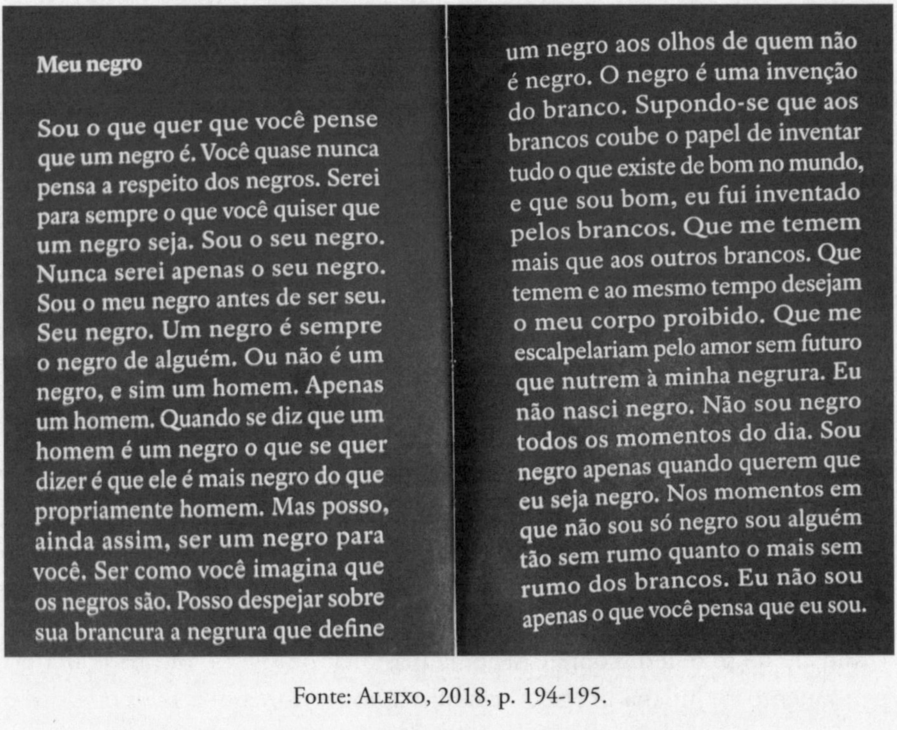

Meu negro

Sou o que quer que você pense que um negro é. Você quase nunca pensa a respeito dos negros. Serei para sempre o que você quiser que um negro seja. Sou o seu negro. Nunca serei apenas o seu negro. Sou o meu negro antes de ser seu. Seu negro. Um negro é sempre o negro de alguém. Ou não é um negro, e sim um homem. Apenas um homem. Quando se diz que um homem é um negro o que se quer dizer é que ele é mais negro do que propriamente homem. Mas posso, ainda assim, ser um negro para você. Ser como você imagina que os negros são. Posso despejar sobre sua brancura a negrura que define um negro aos olhos de quem não é negro. O negro é uma invenção do branco. Supondo-se que aos brancos coube o papel de inventar tudo o que existe de bom no mundo, e que sou bom, eu fui inventado pelos brancos. Que me temem mais que aos outros brancos. Que temem e ao mesmo tempo desejam o meu corpo proibido. Que me escalpelariam pelo amor sem futuro que nutrem à minha negrura. Eu não nasci negro. Não sou negro todos os momentos do dia. Sou negro apenas quando querem que eu seja negro. Nos momentos em que não sou só negro sou alguém tão sem rumo quanto o mais sem rumo dos brancos. Eu não sou apenas o que você pensa que eu sou.

Fonte: ALEIXO, 2018, p. 194-195.

O poeta diz ter se inspirado no filme de Raoul Peck *Eu não sou seu negro*, baseado no livro *Remember this House*, em que James Baldwin relata a vida e a morte de alguns dos seus amigos, como Medgar Evers, Malcolm-X e Martin Luther King Junior. A escolha de um fundo preto com as palavras em branco representava a tela de um cinema, além de criar um contraponto para o tensionamento racial entre negros e brancos. Segundo Aleixo, o poema é sobre a recusa em se aceitar como negro conforme o olhar do outro, apenas. Ser negro é existir para si, para sua cultura e para sua tradição. Juliana Borges, em seu livro *O que é o encarceramento em massa*, aborda essa apropriação do corpo negro como um mecanismo do racismo "à brasileira". Citando a historiadora Beatriz Nascimento, que diz que "ser negro é uma identidade atribuída por quem nos dominou" (NASCIMENTO *apud* BORGES, 2018, p. 51), a pesquisadora aborda as sutilezas de um processo que retira o sujeito de si mesmo. O poema de Aleixo realiza, portanto, um movimento inverso de reapropriação de sua negritude, assumindo e demarcando uma identidade.

O contato com o gênero poético ofereceu um desafio a mais para o trabalho com a leitura junto a pessoas em privação de liberdade, mais familiarizados com narrativas ficcionais, religiosas e históricas. No entanto, a compreensão da temática do livro, associada ao contato direto com o autor, tornou esse desafio uma excelente oportunidade para o aprendizado, para a fruição literária e, sobretudo, para a reflexão sobre a construção (ou o resgate) da identidade daqueles sujeitos. Como disse Ricardo Aleixo ao final do encontro, após perguntar o nome de cada participante do projeto:

> Eu não tenho nenhuma razão para dizer, ao sair daqui, que eu visitei presidiários. Eu sei agora que cada um tem um nome e eu falei com homens que estão aqui com a sensibilidade e os ouvidos abertos pra mim. Eu não tenho o direito de sair daqui dizendo que conversei com presidiários. Portanto, quando nós anulamos a identidade de grupos, nós estamos anulando a individualidade, a identidade e o direito desses corpos serem o que são.

Os poemas da coletânea *Pesado demais para a ventania* permitiram aos leitores esse jogo entre o conhecimento e a crítica, tão caro ao processo de letramento literário. As palavras do Participante 1 foram elucidativas nesse sentido. Segundo o leitor, as rodas de leitura naquele ambiente "tornavam a mente sã, ainda que o corpo estivesse lacerado". Essa fala evidencia a necessidade de se refletir sobre o sistema prisional brasileiro, ou, na trilha do pensamento de Juliana Borges, "pensar em novos horizontes mais ousados e radicalizados. Precisamos repensar o sistema de justiça para que se organize não pela vingança e punição, mas, principalmente, pela restauração e reconciliação" (Borges, 2018, p. 118).

A literatura como saúde

Presídios e demais espaços de privação de liberdade são um termômetro para se avaliar o bem-estar social de uma coletividade. A quantidade dessas instituições, bem como os números de sua ocupação, dizem muito sobre a constituição de um povo, seus mecanismos de exclusão, suas ferramentas de controle e suas técnicas de punição. Também permitem avaliar o grau de tolerância e perdão, bem como a capacidade de integração dos que não se incluem em suas normas de conduta. Uma sociedade em desequilíbrio – econômico, social, cultural – certamente aprisiona indivíduos em maior número que aquelas onde há o respeito às diferenças e o acesso igualitário ao trabalho, à educação, à saúde, ao lazer etc.

Dentre os teóricos que analisam a instituição prisional nas sociedades contemporâneas – sobretudo as que, na esteira dos Estados Unidos, colocaram em prática o projeto do Estado penal –, Angela Davis se destaca pela abordagem crítica às políticas de encarceramento em massa, voltadas, sobretudo, para a punição da população pobre e das minorias raciais. Para a filósofa abolicionista, "a prisão se tornou um ingrediente essencial do nosso senso comum. Ela está lá, à nossa volta. Não questionamos se deveria existir. Ela se tornou uma parte tão fundamental de nossa existência que é necessário um grande esforço de imaginação para visualizar a vida sem elas" (Davis, 2020, p. 20). Por causa dessa naturalização da existência de espaços de aprisionamento, não percebemos também que sua replicação em variados modelos é um sintoma do mal-estar de um corpo social ferido, esgarçado e frágil.

Uma sociedade incapaz de se conciliar e equalizar suas diferenças delega à prisão o papel predominantemente punitivo que hoje ela assume no Brasil e em muitos outros países do mundo. Sabemos que, historicamente, a prisão dissimula seu real propósito, traduzido brilhantemente por Michel Foucault (2015, p. 7): "A instituição prisão é, de longe, um iceberg. A parte aparente é a justificativa: 'É preciso prisões porque há criminosos'. A parte escondida é o mais importante, o mais temível: a prisão é um instrumento de repressão social". Sendo assim, indivíduos e organizações defensoras dos direitos humanos têm nos ambientes de privação de liberdade um objeto de atuação e de investigação importantes, tanto para a denúncia de sua função perversa quanto para o combate de seus efeitos sobre a massa de indivíduos marginalizados pelo sistema.

Quando se pensa na justiça restaurativa como opção às políticas punitivas tão em voga nos tempos atuais, busca-se uma alternativa para minimizar os efeitos desumanos do aprisionamento em massa. É importante ressaltar que a lógica da reconciliação pressupõe diálogo, negociação e troca, atitudes mais complexas e trabalhosas que o silenciamento punitivo. Também há que destacar que a restauração não implica o mero esquecimento ou a anistia das faltas cometidas, modo objetivo de apaziguar crises urgentes de uma sociedade. Na raiz da palavra "anistia", há um radical associando-a a "amnésia". Se, por um lado, seu dispositivo atenua momentaneamente uma crise, ao silenciar o passado, por outro produz o ressentimento e o rancor, energias capazes de gestar crises futuras em uma sociedade. Segundo Maria Luci Buff, por meio da anistia, "põe-se fim à violência pelo contrário do sacrifício, a saber, pela absolvição e pelo esquecimento; um esquecimento geral, que apaga tudo, sem fazer diferenças entre os crimes e os atos de resistência. O risco da anistia seca é a indiferenciação moral que se articula com a indiferenciação violenta" (MIGLIORI, 2009, p. 244).

A justiça restaurativa não propõe o esquecimento, mas o tensionamento das diferenças, visando purgar o conflito pela negociação e pelo acordo. Políticas de educação formal e informal em ambientes prisionais operam no intervalo entre esses polos da punitividade e da reconciliação, por sinalizarem a possibilidade de emancipação dos sujeitos em meio à rigidez dos mecanismos de controle da prisão.

O desafio de combater o sistema a partir de seu centro recebe um incremento dificultador quando se pensa a educação no cárcere. Por não ser inerente à arquitetura simbólica desses espaços, a educação emancipadora cumpre apenas parcialmente seu papel, por esbarrar nos mecanismos de controle e vigilância. Sabe-se que sua eficácia depende de inúmeras variáveis que escapam ao planejamento, à didática e aos objetivos da atividade docente. Se não contribuem efetivamente para o apaziguamento das tensões entre punitivismo e restauração, ações educativas de promoção da leitura têm o mérito de atuar no estímulo à reflexão, à imaginação e à inventividade, instrumentos que promovem o diálogo entre os sujeitos no cárcere, como ocorreu nos exemplos do projeto Rodas de Leitura analisados.

A recepção das obras de Carla Madeira e Ricardo Aleixo nos presídios visitados dá uma medida das possibilidades de elaboração de temas com um público tão diverso e heterogêneo como o da comunidade carcerária. Questões relativas à ação do tempo sobre as pessoas, às transformações existenciais, à relativização dos antagonismos e à superação da culpa pelo perdão emergiram da leitura de *Tudo é rio*, narrativa que inspirou trocas e vivências importantes entre os participantes das rodas de leitura. O mesmo se pode dizer sobre a interpretação dos poemas de *Pesado demais para a ventania*, motivadores da reflexão sobre questões sociais e raciais, sobre a identidade individual e coletiva, sobre a força inventiva das palavras e a importância da memória como elemento estruturante dos indivíduos.

A interação e o diálogo entre os internos, bem como entre estes e os mediadores de leitura, permitiu um diagnóstico sobre atividades de educação não formal em ambientes prisionais, sua importância para o equilíbrio emocional dos apenados, seu poder agregador, sua capacidade de motivação. Para além da finalidade objetiva da remição da pena, o projeto Rodas de Leitura instaurou uma rotina de encontros de reflexão, de diálogo e de comunhão em torno do livro, oferecendo uma alternativa à desumanização dos espaços penitenciários. A reflexão de Paulo Freire em torno da práxis libertadora aponta para a necessidade desse exercício do diálogo e da elaboração conjunta do conhecimento. Para o pensador brasileiro,

> os homens são seres da práxis. São seres do quefazer, diferentes, por isto mesmo, dos animais, seres do puro fazer. [...] Mas, se os homens são seres do quefazer [sic] é exatamente porque seu fazer é ação e reflexão. É práxis. É transformação do mundo. E, na razão mesma em que o quefazer é práxis, todo fazer do quefazer tem de ter uma teoria que necessariamente o ilumine. O quefazer é teoria e prática. É reflexão e ação. Não pode reduzir-se [...] nem ao verbalismo nem ao ativismo (FREIRE, 2019, p. 168).

Nesse sentido, ações de leitura em prisões oferecem a possibilidade dessa construção coletiva do saber, para além da mera teorização. A experiência do contato com narrativas, poemas, memórias e demais gêneros textuais instiga o diálogo e permite que a literatura contribua para a atenuação do caráter adoecido do ambiente prisional.

Em "A literatura e a vida", ensaio que abre o livro *Crítica e clínica*, Gilles Deleuze aborda o aspecto curativo da escrita, definindo a literatura como um "empreendimento de saúde" (DELEUZE, 2011, p. 14). O filósofo entende ser o escritor um médico de si próprio e do mundo, entendido como o "conjunto dos sintomas cuja doença se confunde com o homem" (p. 14). Para Deleuze, ao fazer literatura, o escritor resiste à força das neuroses que interrompem o processo de criação e faz ecoar uma voz coletiva, promovendo a saúde pela força da fabulação: "A saúde como literatura, como escrita, consiste em inventar um povo que falta. Compete à função fabuladora inventar um povo. Não se escreve com as próprias lembranças, a menos que delas se faça a origem ou a destinação coletivas de um povo por vir ainda enterrado em suas traições e renegações" (p. 14).

A função fabuladora da escrita confirma sua força no processo de recepção, sobretudo em espaços de aprisionamento, onde o sujeito leitor limita-se às grades, cercas e muros que privam o olhar e reprimem a sensibilidade. Tanto a criação como a leitura literária implicam a resistência à dominação, seja aquela que obriga o escritor aos limites da língua – que, para Deleuze, deve ser sempre reinventada –, seja a que subjuga os leitores a regras e hierarquias para a fruição dos livros: "A literatura é delírio e, a esse título, seu destino se decide entre dois polos do delírio. O delírio é uma doença, a doença por excelência a cada vez que erige uma raça pretensamente pura e dominante. Mas ele é a medida da saúde quando invoca essa raça bastarda oprimida que não para de agitar-se sob as dominações, de resistir a tudo o que esmaga e aprisiona e de, como processo, abrir um sulco para si na literatura" (p. 15).

A sociedade que segrega, condena e aprisiona um público majoritariamente formado por pessoas jovens, pobres e negras evidencia o delírio da pureza e da dominação que, muitas vezes, traduz-se, estética e politicamente, em obras literárias. Ao mesmo tempo, essa "raça bastarda oprimida que não para de agitar-se" manifesta-se, literariamente, na autoria marginal, em personagens e enredos periféricos e na recepção heterodoxa do público, cuja representação mais potente se traduz nos leitores do espaço prisional. Essa "raça bastarda e oprimida" deve sempre se agitar a fim de lutar contra um sistema opressor e excludente: se não pela devolução da violência real – que sempre os colocará em posição vulnerável –, ao menos pela resistência simbólica cuja munição são as palavras, e a arma são os livros. A despeito das limitações estruturais, da reduzida abrangência e das dificuldades de implantação, projetos de leitura constituem um "empreendimento de saúde" fundamental para o resgate e a manutenção da humanidade no adoecido sistema prisional brasileiro.

Considerações finais

Em dezembro de 2019, durante a realização do V Seminário Internacional de Pesquisa em Prisão, organizado pela Associação Nacional de Direitos Humanos, Pesquisa e Pós-Graduação (ANDHEP), um dos encontros discutiu o tema "Prisão, gênero, raça e juventude". Durante o debate, um grupo de três participantes da plateia (dois homens e uma mulher) pediu a palavra para questionar os motivos da ausência de representantes do público carcerário na mesa, composta por pesquisadores, acadêmicos e membros da defensoria pública do estado de São Paulo. Os debatedores integravam o grupo "Eu sou Eu: reflexos de uma vida na prisão", composto por egressos do sistema prisional. Segundo Cristiano Silva de Oliveira:

> O coletivo "Eu sou Eu: Reflexos de uma vida na prisão" é composto por egressos e egressas do sistema penitenciário fluminense e busca deixar de ser apenas "objeto de estudo" para ocupar o papel de protagonistas de suas próprias narrativas, vivências e na ressignificação de trajetórias após o cárcere. [...] É junto a inúmeros outros atores que tratam destes temas que nasce o desejo de contribuir nos debates através de nossas próprias narrativas, vivências e olhares sobre tudo o que passamos no sistema prisional enquanto privados de liberdade e sobre as possibilidades e condições de acesso à universidade e ao mercado de trabalho durante e após o encarceramento (Oliveira, [s.d., n.p.]).

Os integrantes do coletivo reivindicavam visibilidade em um evento acadêmico sobre o encarceramento e suas consequências. A despeito de terem composto um grupo de trabalho (Oliveira, [s.d., n.p.]), aqueles indivíduos não constavam nas mesas principais do seminário, o que motivou um importante debate no encerramento do encontro. A academia deveria estar sempre pronta a fazer autocrítica e a rever seus métodos e suas escolhas, sob pena de reiterar os mesmos mecanismos de exclusão que se propõe a combater. De fato, um seminário sobre pesquisa em prisão que não oferece protagonismo aos sujeitos encarcerados (ou egressos do sistema carcerário) pode estar apenas reafirmando o lugar de invisibilidade em que a sociedade situa essas pessoas.

O episódio ilustra uma realidade discutida ao longo desta obra, desde a experiência inicial de Luiz Alberto Mendes até os exemplos de programas de remição pela leitura nos presídios brasileiros: pessoas privadas de liberdade sofrem a violência física – no enfrentamento do sistema prisional – e simbólica – no silenciamento de suas ações – durante e após o cumprimento da pena. Ainda que tenham direitos garantidos pela Constituição e por normas específicas, como a Lei de Execução Penal, há um estigma que compromete seu protagonismo e os situa em uma posição subalternizada nos muitos circuitos em que pleiteiam transitar: postos de trabalho, ambientes acadêmicos, artísticos etc. Aos que conseguem ultrapassar a barreira da discriminação resta uma liberdade precária, sempre condicionada pela suspeita e pela desconfiança, quando não vigiada e cerceada pelo olhar social.

Em *Verdade tropical*, Caetano Veloso (2017, p. 409) menciona a frase do amigo designer Rogério Duarte: "Quando a gente é preso, é preso para sempre". Essa condição simbólica da restrição da liberdade marca a experiência do indivíduo, ainda que se trate de uma reclusão provisória. Para o músico, que passou 54 dias detido pela ditadura militar brasileira, até os breves momentos de banho de sol reafirmavam sua condição aprisionada: "me tiraram da cela por alguns minutos apenas para que me sentisse mais preso do que nunca" (p. 366). Se esse sentimento permanece como uma memória traumática de um artista consagrado, 53 anos após o ocorrido, o que dizer de indivíduos comuns, que adentram o sistema prisional – muitas vezes, por carecerem de trabalho e estudo, vítimas da exclusão social, do preconceito racial e da violência de um sistema que insiste em silenciar e oprimir – e saem sem perspectiva de reinserção ou ressocialização?

A motivação inicial deste estudo foi analisar o papel do livro e da leitura como ferramentas da reeducação (ou, simplesmente, da educação) de pessoas em situação de encarceramento. Os meses de trabalho que realizei nos presídios durante o projeto Rodas de Leitura suscitaram questionamentos e apontaram direções possíveis para a investigação que se iniciava. O que primeiramente chamou a atenção foi o interesse dos gestores prisionais e o envolvimento do público com o projeto, fatores que sinalizaram a eficácia da leitura como instrumento de sensibilização e reeducação dos apenados e apenadas. A receptividade de uns e a dedicação de outros, no entanto, diminuíram, à medida que os encontros aconteciam, fato que me instigou a entender os limites das práticas educacionais dentro dos presídios. No decorrer da pesquisa, ficou evidente que, para a estrutura penitenciária, ações pedagógicas só podem acontecer se servirem para validar a lógica do assujeitamento dos indivíduos, submetendo-os a mais um mecanismo de despersonalização. Por essa razão, qualquer fator que gere instabilidade no frágil equilíbrio da máquina carcerária tende a ser suprimido ou silenciado. O trabalho de profissionais da educação deveria operar na contramão dessa realidade, negociando e aceitando concessões, ao mesmo tempo que realiza a "trapaça salutar" de que nos fala Barthes (1989, p. 16), a fim de driblar os mecanismos de poder.

Por ser oferecido por um órgão de assistência social, o projeto Rodas de Leitura foi entendido por alguns gestores prisionais como uma ação solidária em prol da redução dos dias de pena e de oferta de entretenimento para os participantes. À medida que o projeto foi sendo desenvolvido, no entanto, cada unidade prisional reagiu diferentemente à realidade do trabalho com livros durante os encontros. Houve aquelas que acolheram os voluntários, auxiliando-os em suas demandas e incentivando os participantes; houve outras cujos gestores – diretores, guardas, agentes prisionais – impuseram limites e expressaram seu desacordo com o que julgavam ser um privilégio para o público carcerário.[8] Muitos(as) dos(as) participantes sentiam-se desestimulados(as) e abandonavam os encontros, fator que também suscitou questões importantes para a investigação.

O mergulho na história dos autores – Tomás Gonzaga, Graciliano Ramos, Waly Salomão e a dupla Dexter e Afro-X – permitiu um deslocamento para a representação literária dos espaços prisionais. A relação desses sujeitos com os livros e com a escrita trouxe elementos importantes para a reflexão já iniciada sobre os espaços de crise e suas práticas educativas. A poesia como autodefesa de Gonzaga, a escrita confessional e crítica de Graciliano, a fuga pela invenção em Waly e a denúncia do sistema pelo 509-E traduziram o

---

[8] Duas situações extremas que ilustram essa postura ocorreram no Presídio de São Joaquim de Bicas – que abriga a população LGBTQIA+ –, onde uma voluntária foi submetida a revista íntima; ali também houve a entrada da tropa de choque durante um dos encontros do Rodas de Leitura.

enfrentamento da condição aprisionada, ao mesmo tempo que constituíram experiências de criação literária exemplares e únicas. Se, de acordo com os especialistas, a prisão ideal deve investir nos três "re-" (reeducar, reinserir e ressocializar), a análise da trajetória de sujeitos escritores submetidos ao rigor do aprisionamento – e da resistência a ele pela via da leitura e da escrita – é de fundamental importância para a reflexão sobre metodologias educacionais em espaços de privação de liberdade.

A história das prisões se confunde com a história da progressão da pena e dos métodos de regeneração de criminosos. A modernização do sistema punitivo teve como princípio a racionalização das técnicas de penitência dos apenados. Criada como um espaço provisório, a prisão se tornou o fim último do cumprimento da pena; com o advento das reformas iluministas, as consequências para as populações de excluídos – mendigos, prostitutas, viciados, pedintes, menores abandonados etc. – foram terríveis. A superlotação desses espaços, suas condições precárias e insalubres tornaram a prisão um local voltado, tão somente, para a purgação do mal representado pelos indesejados da sociedade. A velocidade com que se construíam novas edificações não coincidia com o contingente de encarcerados, que crescia cada vez mais: o que se pretendia moderno já nascia antiquado. Essa é, aliás, uma realidade que acomete populações socialmente periféricas nos grandes centros urbanos: o discurso de modernização sempre fará recrudescer os mecanismos de sua exclusão. Retomando os versos de Caetano Veloso que inspiraram o título deste livro, o que se vê como construção já traz em si o germe da ruína, vide a história da Casa de Correção e Detenção do Rio de Janeiro, analisada no segundo capítulo.

A despeito dessa realidade, a consolidação das normas legais que permitiram a oferta da educação – e, mais especificamente, da leitura – como forma de remição de pena abriu a possibilidade de se operar na minimização dos danos desse sistema perverso sobre homens e mulheres encarcerados no Brasil. Vimos que a escola, como um espaço de reflexão e crítica, constitui uma heterotopia inserida na arquitetura prisional, que inverte a lógica punitiva e atua pela emancipação dos sujeitos apenados – desde que não seja cooptada como um serviço de adaptação e controle dos seus corpos. O papel dos mediadores – professores, pedagogos, assistentes sociais, psicólogos, voluntários de projetos de leitura – mostrou-se fundamental para que a educação sinalizasse novos modos de existência para essas pessoas. A esse propósito, é importante aqui retomar Paulo Freire e sua reflexão sobre formas de se escapar da massificação a que todos estamos sujeitos: "enquanto o animal é essencialmente um ser da acomodação e do ajustamento, o homem o é da integração. A sua grande luta vem sendo, através dos tempos, a de superar os fatores que o fazem acomodado ou ajustado. É a luta por sua humanização, ameaçada constantemente pela opressão que o esmaga, quase sempre até sendo feita – e isso é o mais doloroso – em nome de sua própria libertação" (Freire, 2020, p. 59-60).

Por isso, projetos como o Rodas de Leitura e os demais programas de remição de pena analisados no quarto e no quinto capítulo possibilitam que a literatura constitua um modo simbólico de libertação – para além da objetividade da remição da pena –, ao oferecerem histórias, ideias e reflexões propícias ao resgate – ou à construção – do humano mortificado pela massificação e pela violência. Se essa experiência resultará na reconstrução plena dessa condição fundamental da existência, não há como se ter certeza. Porém, espera-se que a educação seja capaz de refazer os caminhos tortuosos que levam pessoas a serem apartadas do convívio social e a se submeterem a mecanismos de despersonalização. Em meio à ruína, educar será sempre construir.

Este livro se soma aos estudos sobre educação e leitura no sistema prisional, na intenção de que as ideias e reflexões aqui desenvolvidas contribuam para a discussão sobre ações pedagógicas voltadas para a humanização de ambientes de privação de liberdade. Em um contexto refratário às ideias de perdão e de reconciliação, é necessário resistir e fazer valer o ideal emancipador da educação. Pela via dos livros e da implantação de programas de leitura em presídios, almeja-se atuar pela construção de novas janelas, novas saídas, novos caminhos para pessoas submetidas ao encarceramento no Brasil.

Referências

509-E. Só os fortes. *In*: *Provérbios 13*. São Paulo: Atração Fonográfica, 2000.

AGAMBEN, Giorgio. O que resta de Auschwitz. *In*: *Homo sacer: o poder soberano e a vida nua I*. Trad. Henrique Burigo. Belo Horizonte: Editora UFMG, 2002.

AGÊNCIA MINAS. Escolas nas unidades prisionais voltam às aulas. 27 fev. 2019. Disponível em: http://www.agenciaminas.mg.gov.br/noticia/escolas-nas-unidades-prisionais-voltam-as-aulas. Acesso em: 13 abr. 2021.

AGUIRRE, Carlos. Cárcere e sociedade na América Latina. *In*: MAIA, Clarissa Nunes; SÁ NETO, Flávio de; COSTA, Marcos; BRETAS, Marcos Luiz (org.). *História das prisões no Brasil*. Rio de Janeiro: Anfiteatro, 2017. p. 35-77.v. 1.

ALEIXO, Ricardo. *Pesado demais para a ventania*. São Paulo: Todavia, 2018.

ALEXANDER, Michelle. *A nova segregação: racismo e encarceramento em massa*. São Paulo: Boitempo, 2007.

ALGRANTI, Leila Mezan. *O feitor ausente: estudo sobre a escravidão urbana no Rio de Janeiro*. Petrópolis: Vozes, 1988.

ALMEIDA, Dannylo Cegala. Decisões impensadas. *In*: GIOSTRI, Alex (org.). *Contos tirados de mim: a literatura no cárcere*. São Paulo: Giostri, 2016. p. 28-31.

ALMEIDA, Sandra Regina Goulart. Apresentando Spivak. *In*: SPIVAK, Gayatri Chakravorty. *Pode o subalterno falar?*. Belo Horizonte: Editora UFMG, 2010. p. 7-21.

AMARAL, Mônica G. T. do. *O que o rap diz e a escola contradiz: um estudo sobre a arte de rua e a formação da juventude na periferia de São Paulo*. São Paulo: Alameda, 2016.

ANDRADE, Carlos Drummond de. Câmara e Cadeia. *In*: *Contos de aprendiz*. Rio de Janeiro: Record, 1987.

ANGELO, Tiago. Taxa de retorno ao sistema prisional entre adultos é de 42%, aponta pesquisa. *Consultor Jurídico*, 3 mar. 2020. Disponível em: https://www.conjur.com.br/2020-mar-03/42-adultos-retornam-sistema-prisional-aponta-pesquisa. Acesso em: 17 maio 2021.

ANOS 70: trajetórias. *In*: ENCICLOPÉDIA Itaú Cultural de Arte e Cultura Brasileira. São Paulo: Itaú Cultural, 2022. Disponível em: http://enciclopedia.itaucultural.org.br/evento268098/anos-70-trajetorias. Acesso em: 25 out 2022.

ARAÚJO, Carlos Eduardo M. de. Entre dois cativeiros: escravidão urbana e sistema prisional no Rio de Janeiro, 1790-1821. *In*: MAIA, Clarissa Nunes; SÁ NETO, Flávio de; COSTA, Marcos; BRETAS, Marcos Luiz (orgs.). *História das prisões no Brasil*. Rio de Janeiro: Anfiteatro, 2017. p. 225-226.v. 1.

ARENDT, Hannah. *Crises da república*. 2. ed. São Paulo: Perspectiva, 2004.

AUGUSTO, Cristian de Souza. *Afro-X EX-157*. São Paulo: Auto-Estima Entertainment Records, 2009.

BARRA, Tiago Bruno Areal; CHAVES, Flávio Muniz; SOARES, Carla Poennia Gadelha. O conceito de ressocialização e sua relação com a pedagogia do oprimido. *In*: SOARES, Carla Poennia Gadelha; VIANA, Tania Vicente (orgs.). *Educação em espaços de privação de liberdade: descerrando grades*. Jundiaí: Paco Editorial, 2016. *E-book*, posição 784-1094.

BARTHES, Roland. *Aula*. São Paulo: Cultrix, 1989.

BAUMAN, Zygmunt. *Vidas desperdiçadas*. Rio de Janeiro: Zahar, 2005.

BELLENGER, Lionel. *Os métodos de leitura*. Rio de Janeiro: Jorge Zahar, 1979.

BENDER, John. *Imagining the Penitentiary: Fiction and the Architecture of Mind in Eighteenth-Century England*. Chicago; London: University of Chicago Press, 1987.

BENTHAM, Jeremy *et al*. *O panóptico*. Belo Horizonte: Autêntica, 2019.

BISILLIAT, Maurren (org.). *Aqui dentro, páginas de uma memória: Carandiru*. São Paulo: Imprensa Oficial do Estado de São Paulo; Fundação Memorial da América Latina, 2003.

BOAVENTURA, Flávio. *O amante da algazarra: Nietzsche na poesia de Waly Salomão*. Belo Horizonte: Editora UFMG, 2009.

BOLETIM Mensal CNJ de Monitoramento Covid-19. Portal CNJ, 19 abr. 2022. Disponível em: https://www.cnj.jus.br/wp-content/uploads/2022/05/boletim-covid-19-abril-2022.pdf. Acesso em 10 jan. 2023.

BONASSI, Fernando. Apresentação. *In*: MENDES, Luiz Alberto. *Memórias de um sobrevivente*. São Paulo: Companhia das Letras, 2009.

BORGES, Jorge Luiz. A escrita de Deus. *In*: *O Aleph*. São Paulo: Globo, 1992.

BORGES, Juliana. *O que é encarceramento em massa?*. Belo Horizonte: Letramento; Justificando, 2018.

BRASIL. Constituição. *Diário Oficial da União*, Brasília, 1988. Disponível em: http://www.planalto.gov.br/ccivil_03/constituicao/constituicao.htm. Acesso em: 10 maio 2021.

BRASIL. Lei n.º 3.274, de 2 de outubro de 1957. Dispõe sobre Normas Gerais do Regime Penitenciário. *Diário Oficial da União*, Brasília, 2 out. 1957. Disponível em: http://www.planalto.gov.br/CCivil_03/leis/1950-1969/L3274.htm. Acesso em: 14 abr. 2021.

BRASIL. Lei n.º 7.210, de 11 de julho de 1984. Institui a Lei de Execução Penal. *Diário Oficial da União*, Brasília, 11 jul. 1984. Disponível em: http://www.planalto.gov.br/ccivil_03/leis/L7210compilado.htm. Acesso em: 4 fev. 2021.

BRASIL. Lei n.º 9.394, de 20 de dezembro de 1996. Estabelece as diretrizes e bases da educação nacional. *Diário Oficial da União*, Brasília, 1996. Disponível em: http://www.planalto.gov.br/ccivil_03/leis/l9394.htm. Acesso em: 9 fev. 2021.

BRASIL. Lei n.º 12.433, de 29 de junho de 2011. Altera a Lei n.º 7.210, de 11 de julho de 1984 (Lei de Execução Penal), para dispor sobre a remição de parte do tempo de execução da pena por estudo ou por trabalho. *Diário oficial da União*, Brasília, 29 jun. 2011. Disponível em: http://www.planalto.gov.br/ccivil_03/_ato2011-2014/2011/lei/l12433.htm. Acesso em: 16 jul. 2020.

BRASIL. Câmara dos Deputados. Sistema carcerário brasileiro: negros e pobres na prisão. 6 ago. 2018a. Disponível em: https://www2.camara.leg.br/atividade-legislativa/comissoes/comissoes-permanentes/cdhm/noticias/sistema-carcerario-brasileiro-negros-e-pobres-na-prisao#:~:text=Entre%20os%20presos%2C%2061%2C7,48%25%20na%20popula%C3%A7%C3%A3o%20em%20geral. Acesso em: 16 abr. 2020.

BRASIL. Conselho Nacional de Justiça. Recomendação n.º 44, de 26 de novembro de 2013. Dispõe sobre atividades educacionais complementares para fins de remição da pena pelo estudo e estabelece critérios para a admissão pela leitura. Brasília, 26 nov. 2013. Disponível em: https://atos.cnj.jus.br/atos/detalhar/1907. Acesso em: 7 maio 2021.

BRASIL. Ministério da Cultura. *Tornar visíveis os invisíveis, um desafio instigante*. [2016]. Disponível em: https://regionalnorte.wixsite.com/minc/tornar-visiveis-os-invisiveis. Acesso em: 7 abr. 2020.

BRASIL. Ministério da Educação. MEC e Pronatec incentivam capacitação em sistema prisional. 2018b. Disponível em: http://portal.mec.gov.br/component/tags/tag/populacao-carceraria. Acesso em: 8 fev. 2021.

BRASIL. Ministério da Justiça e Segurança Pública. Depen lança Infopen com dados de dezembro de 2019. *Penitenciário Nacional*, 2020. Disponível em: https://www.gov.br/depen/pt-br/assuntos/noticias/depen-lanca-infopen-com-dados-de-dezembro-de-2019. Acesso em: 30 abril 2021.

BRASIL. Ministério da Justiça e Segurança Pública. Há 726.712 pessoas presas no Brasil. 8 dez. 2017. Disponível em: https://www.justica.gov.br/news/ha-726-712-pessoas-presas-no-brasil. Acesso em: 22 maio 2019.

BRASIL. Ministério da Justiça. Departamento Penitenciário Nacional. *Relatório da situação atual do sistema penitenciário: bibliotecas*. Brasília: MJ; Depen, 2008.

BRASIL. Tribunal de Justiça do Distrito Federal e dos Territórios. VEP/DF nega pedido de remição da pena pela leitura a ex-senador. 2018c. Disponível em: https://www.tjdft.jus.br/institucional/imprensa/noticias/2018/setembro/vep-df-nega-pedido-de-remicao-da-pena-pela-leitura-a-ex-senador. Acesso em: 22 jun. 2021.

BRETAS, Marcos Luiz. O que os olhos não veem: histórias das prisões no Rio de Janeiro. *In*: MAIA, Clarissa Nunes; SÁ NETO, Flávio de; COSTA, Marcos; BRETAS, Marcos Luiz (orgs.). *História das prisões no Brasil*. Rio de Janeiro: Anfiteatro, 2017. p. 185-213.v. 2.

CALVINO, Italo. *Por que ler os clássicos*. São Paulo: Companhia das Letras, 1993.

CANDIDO, Antonio. A literatura brasileira em 1972. *Arte em Revista*, São Paulo, ano 1, n. 1, p. 7-16, 1979.

CANDIDO, Antonio. Dialética da malandragem. *Revista do Instituto de Estudos Brasileiros*, n. 8, p. 67-89, 1970. Disponível em: https://doi.org/10.11606/issn.2316-901X.v0i8p67-89. Acesso em: 27 set. 2020.

CANDIDO, Antonio. *Formação da literatura brasileira: momentos decisivos, 1750-1880*. Rio de Janeiro: Ouro sobre Azul, 2006.

CANDIDO, Antonio. O direito à Literatura. *In*: *Vários escritos*. São Paulo: Duas Cidades, 1995.

CARRASCOSA, Denise. *Técnicas e políticas de si nas margens, seus monstros e heróis, seus corpos e declarações de amor: literatura e prisão no Brasil pós-Carandiru*. Curitiba: Appris, 2015. E-book.

CARREIRA, Denise. *Relatório nacional para o direito humano à educação: educação nas prisões brasileiras*. São Paulo: Plataforma Dhesca Brasil, out. 2009.

CASTELLO, José Aderaldo. *A literatura brasileira: manifestações literárias da era colonial*. São Paulo: Cultrix, 1970.

CICERO, Antonio. A falange de máscaras de Waly Salomão. *In*: SALOMÃO, Waly. *Poesia total*. São Paulo: Companhia das Letras, 2014. p. 492-514.

COMISSÃO DE DIREITOS HUMANOS E MINORIAS. Sistema carcerário brasileiro: negros e pobres na prisão. Câmara dos Deputados, 6 ago. 2018. Disponível em: https://www2.camara.leg.br/atividade-legislativa/comissoes/comissoes-permanentes/cdhm/noticias/sistema-carcerario-brasileiro-negros-e-pobres-na-prisao. Acesso em: 16 abr. 2020.

COSTA, Marcos Paulo Pedrosa. Fernando e o mundo: o presídio de Fernando de Noronha no século XIX. *In*: MAIA, Clarissa Nunes; SÁ NETO, Flávio de; COSTA, Marcos; BRETAS, Marcos Luiz (orgs.). *História das prisões no Brasil*. Rio de Janeiro: Anfiteatro, 2017. v. 1. p. 135-177.

COUTINHO, Afrânio. *A literatura no Brasil*. Rio de Janeiro: Editorial Sul Americana, 1968.

CRUZ E SOUSA, João da. *Obra completa*. Rio de Janeiro: Nova Aguilar, 1995.

DAVIS, Angela. *Estarão as prisões obsoletas?*. Rio de Janeiro: Difel, 2020.

DE MAEYER, Marc. A educação na prisão não é uma mera atividade. *Educação & Realidade*. Porto Alegre, v. 38, n. 1, p. 33-49, jan./mar. 2013. Disponível em: https://www.seer.ufrgs.br/index.php/educacaoerealidade/article/view/30702. Acesso em: 15 abr. 2021.

DE MAEYER, Marc. Aprender e desaprender. *In*: ORGANIZAÇÃO DAS NAÇÕES UNIDAS PARA A EDUCAÇÃO, A CIÊNCIA E A CULTURA (UNESCO). *Educando para a liberdade: trajetória, debates e proposições de um projeto para a educação nas prisões brasileiras*. Brasília: Unesco; Governo Japonês; Ministério da Educação; Ministério da Justiça, 2006. p. 43-57. Disponível em: http://www.educadores.diaadia.pr.gov.br/arquivos/File/eja_prisao/educando_liberdade_unesco.pdf. Acesso em: 31 mar. 2021.

DELEUZE, Gilles. *Crítica e clínica*. São Paulo: Editora 34, 2011.

DELFIM, Marcio Rodrigo. *Breves considerações a respeito da remição da pena pelo trabalho, estudo e leitura*. Jundiaí: Paco Editorial, 2016.

DELORY-MOMBERGER, Christine. A pesquisa biográfica ou a construção compartilhada de um saber singular. Trad. Eliane das Neves Moura. *Revista Brasileira de Pesquisa (Auto)Biográfica*, Salvador, v. 1, n. 1, p. 133-147, jan.-abr. 2016.

DENARDI, Vanessa Goes *et al*. Projeto despertar pela leitura no Complexo Penitenciário de Florianópolis-SC: abordagens teóricas e metodológicas. *Revista*

Interinstitucional Artes de Educar, Rio de Janeiro, v. 5, n. 1, p. 87-102, jan.-abr. 2019.

DEPARTAMENTO PENITENCIÁRIO NACIONAL (DEPEN). Nota Técnica n.º 1/2020/GAB-EPEN/DEPEN/MJ PROCESSO n.º 08016.019685/2019-20. *Revista Brasileira de Execução Penal*, Brasília, v. 1, n. 1, p. 309-331, jan.-jun. 2020a.

DEPARTAMENTO PENITENCIÁRIO NACIONAL (DEPEN). Nota Técnica n. 1 /2020. Brasília, 2020b. Disponível em: http://rbepdepen.depen.gov.br/index.php/RBEP/article/view/175/79. Acesso em: 11 maio 2021.

DEPARTAMENTO PENITENCIÁRIO NACIONAL (DEPEN). *Relatório temático sobre mulheres privadas de liberdade*. Brasília: Depen, 2017. Disponível em: https://www.gov.br/depen/pt-br/servicos/sisdepen/relatorios-e-manuais/relatorios/relatorios-sinteticos/infopenmulheres-junho2017.pdf. Acesso em: 18 jun. 2021.

DERRIDA, Jacques. O perdão, a verdade, a reconciliação: qual gênero?. *In*: NASCIMENTO, Evando (org.). *Jacques Derrida: pensar a desconstrução*. São Paulo: Estação Liberdade, 2005. p. 45-92.

DEXTER. Quem achou estava errado. Entrevista. *Revista Trip*, 11 jul. 2019. Disponível em: https://revistatrip.uol.com.br/trip/o-rapper-dexter-divide-com-a-trip-o-que-aprendeu-com-seu-publico-e-com-outros-ex-presidiarios. Acesso em: 14 dez. 2020.

DIAS, Elizabete Oliveira. Caminho sem volta. *In*: GIOSTRI, Alex (org.). *Contos tirados de mim: a literatura no cárcere*. São Paulo: Giostri, 2016. p. 44-47.

DOSTOIÉVSKI, Fiódor. *Recordações da casa dos mortos*. São Paulo: Nova Alexandria, 2015.

DU RAP, André. *Sobrevivente André du Rap (do massacre do Carandiru)*. Coordenação editorial de Bruno Zeni. São Paulo: Labortexto Editorial, 2002.

ESCRITÓRIO DAS NAÇÕES UNIDAS SOBR DROGAS E CRIME (UNODC). Regras mínimas das Nações Unidas para o tratamento de reclusos (Regras de Nelson Mandela). 2015. Disponível em: https://www.unodc.org/documents/justice-and-prison-reform/Nelson_Mandela_Rules-P-ebook.pdf. Acesso em: 10 fev. 2021.

ESTUDOS indicam que presos leem nove vezes mais do que as pessoas em liberdade. *CBN*, 20 abr. 2019. Disponível em: https://cbn.globoradio.globo.com/media/audio/256835/estudos-indicam-que-presos-leem-nove-vezes-mais-do.htm. Acesso em: 31 mar. 2020.

FACHINI, Jaqueline M. Reescrevendo uma história. *In*: GIOSTRI, Alex (org.). *Contos tirados de mim: a literatura no cárcere*. São Paulo: Giostri, 2016. p. 23-25.

FOUCAULT, Michel. *Estratégia, poder-saber*. Rio de Janeiro: Forense Universitária, 2015. (Ditos e Escritos, v. IV).

FOUCAULT, Michel. *Microfísica do poder*. Rio de Janeiro: Paz e Terra, 2017.

FOUCAULT, Michel. Nota de apresentação. *In*: *Vigiar e punir*. Lisboa: Edições 70, 2013a. *E-book*, posição 25-283.

FOUCAULT, Michel. *O corpo utópico, as heterotopias*. São Paulo: n-1 Edições, 2013b.

FOUCAULT. Michel. *Vigiar e punir: nascimento da prisão*. Petrópolis: Vozes, 2014.

FREIRE, Paulo. *Educação como prática de liberdade*. São Paulo: Paz e Terra, 2020.

FREIRE, Paulo. *Pedagogia do oprimido*. Rio de Janeiro; São Paulo: Paz e Terra, 2019.

FURTADO, João Pinto. *O manto de Penélope: história, mito e memória da Inconfidência Mineira de 1788-9*. São Paulo: Companhia das Letras, 2002.

GASPARIN, Gabriela. Apesar de leis, ex-presos enfrentam resistência no mercado de trabalho. *G1*, 17 dez. 2010. Disponível em: http://g1.globo.com/concursose-emprego/noticia/2010/12/apesar-de-leis-ex-presos-enfrentam-resistencia-nomercado-de-trabalho.html. Acesso em: 2 jul. 2019.

GENTILE, Rogério; SETO, Guilherme. Governo Doria censura lista de livros de projeto em presídios de São Paulo. *Folha de S.Paulo*, São Paulo, 11 fev. 2020. Disponível em: https://www1.folha.uol.com.br/cotidiano/2020/02/governo-doria-censura-lista-de-livros-de-projeto-em-presidios-de-sao-paulo.shtml. Acesso em: 12 maio 2021.

GIOSTRI, Alex. Apresentação. *In*: GIOSTRI, Alex (org.). *Contos tirados de mim: a literatura no cárcere*. São Paulo: Giostri, 2016.

GODINHO, Ana Cláudia Ferreira; JULIÃO, Elionaldo Fernandes. O direito à leitura na prisão: uma experiência não escolar em presídio feminino no Brasil. *Revista Imagens da Educação*, v. 9, n. 1, p. 79-91, 2019.

GOFFMAN, Erving. *Manicômios, prisões e conventos*. São Paulo: Perspectiva, 2015.

GONZAGA, Tomás Antônio. *Marília de Dirceu*. Rio de Janeiro: Ediouro, 1995.

GRUPO EDUCAÇÃO NAS PRISÕES (GEP). *Diagnóstico de práticas de educação não formal no Sistema Prisional do Brasil*. São Paulo: Ação Educativa, 2021. p. 5-37. Disponível em: https://acaoeducativa.org.br/publicacoes/diagnostico-de-praticas-de-educacao-nao-formal-no-sistema-prisional-do-brasil/. Acesso em: 29 jun. 2021.

HORELLOU-LAFARGE, Chantal; SEGRÉ, Monique. *Sociologia da leitura*. Cotia: Ateliê Editorial, 2010.

IRELAND, Timothy. Educação em prisões no Brasil: direitos, contradições e desafios. *Em Aberto*, Brasília, v. 24, n. 86, p. 19-39, nov. 2011.

ISER, Wolfgang. *O ato da leitura: uma teoria do efeito estético*. São Paulo: Editora 34, 1999. v. 2.

JOCENIR. *Diário de um detento: o livro*. São Paulo: Edição por demanda – Produtora de livros, 2016.

JULIÃO, Elionaldo Fernandes; PAIVA, Jane. A leitura no espaço carcerário. *Perspectiva*, Florianópolis, v. 32, n. 1, p. 111-118, jan.-abr. 2014.

KAPLAN, Leslie. Raconteur des Histoire. *In:* PETIT, Michèle. *A arte de ler ou como resistir à adversidade*. São Paulo: Editora 34, 2010.

LARROSA, Jorge. *Tremores: escritos sobre experiência*. Belo Horizonte: Autêntica, 2014. *E-book*.

LEVANTAMENTO Nacional de Informações Penitenciárias (Infopen). 2014. Disponível em: http://dados.mj.gov.br/dataset/infopen-levantamento-nacional-de-informacoes-penitenciarias. Acesso em: 29 jan. 2021.

LEVANTAMENTO Nacional de Informações Penitenciárias (Infopen). 2016. Disponível em: http://dados.mj.gov.br/dataset/infopen-levantamento-nacional-de-informacoes-penitenciarias. Acesso em: 29 jan. 2021.

LEVI, Primo. *Os afogados e os sobreviventes*. São Paulo; Rio de Janeiro: Paz e Terra, 2016.

LUCAS, Fábio. *Luzes e trevas: Minas Gerais no século XVIII*. Belo Horizonte: Editora UFMG, 1998.

LUDMER, Josefina. *O corpo do delito: um manual*. Trad. Maria Antonieta Pereira. Belo Horizonte: Editora UFMG, 2002.

MADEIRA, Carla. *Tudo é rio*. Belo Horizonte: Quixote+Do, 2014.

MAIA, Clarissa Nunes; SÁ NETO, Flávio de; COSTA, Marcos; BRETAS, Marcos Luiz (orgs.). *História das prisões no Brasil*. Rio de Janeiro: Anfiteatro, 2017. 2 v.

MANDELA, Nelson. *Longa caminhada até a liberdade*. Rio de Janeiro: Alta Books, 2020.

MARABLE, Manning. *Malcolm-X: uma vida de reinvenções*. São Paulo: Companhia das Letras, 2011. *E-book*.

MARTINHO, Tiago Vinícius. A superlotação do sistema carcerário e a pandemia do coronavírus. *Justificando*, 10 ago. 2020. Disponível em: https://www.novo.justica.gov.br/news/depen-lanca-paineis-dinamicos-para-consulta-do-infopen-2019. Acesso em: 10 set. 2020.

MARTINS, Rogéria. *Educação na prisão: uma conversa para educadores no sistema prisional*. Rio de Janeiro: Gramma, 2018.

MARX, Karl. *Historia critica de la teoria da plusvalia*. México: Fondo de Cultura Económica, 1945, 3 v. t. 1

MBEMBE, Achille. *Necropolítica: biopoder, soberania, estado de exceção, política da morte*. São Paulo: n-1 Edições, 2018.

MEIRELES, Cecília. *Romanceiro da Inconfidência*. Rio de Janeiro: Nova Fronteira, 1989.

MENDES, Luiz Alberto. Entrevista. *In*: GONTIJO, Stael. *A coragem que vem de dentro*. Belo Horizonte: Gutenberg, 2010. *E-book*, posição 463-662.

MENDES, Luiz Alberto. Entrevista com Luiz Alberto Mendes. *SESC São Paulo*, 22 jan. 2019. Disponível em: https://www.sescsp.org.br/online/artigo/12904_ENTREVISTA+COM+LUIZ+ALBERTO+MENDES. Acesso em: 7 maio 2020.

MENDES, Luiz Alberto. *Memórias de um sobrevivente*. São Paulo: Companhia das Letras, 2009.

MIGLIORI, Maria Luci Buff. *Horizontes do perdão: reflexões a partir de Paul Ricœur e Jacques Derrida*. São Paulo: Educ/Fapesp, 2009.

MILLER, Jacques-Alain. A máquina panóptica de Jeremy Bentham. *In*: BENTHAM, Jeremy *et al*. *O panóptico*. Belo Horizonte: Autêntica Editora, 2019. p. 89-123.

MINAS GERAIS. Assembleia Legislativa de Minas Gerais (ALMG). *Autos da devassa da Inconfidência Mineira*. Belo Horizonte: Assembleia Legislativa de Minas Gerais, 2016a. v. 5. p. 209-210. Disponível em: https://dspace.almg.gov.br/bitstream/11037/21494/5/Autos%20de%20Devassa%20VOLUME%205.pdf. Acesso em: 24 nov. 2020.

MINAS GERAIS. Secretaria de Estado de Defesa Social. Resolução Conjunta SEDS/TJMG n.º 204/2016. Institui o Projeto "Remição pela Leitura", direcionado aos custodiados nas Unidades Prisionais do Estado de Minas Gerais e regulamenta o seu funcionamento. Belo Horizonte, 8 ago. 2016b. Disponível em: http://www.tjmg.jus.br/data/files/5B/30/9E/42/D443B510F6A902B5480808A8/RESOLUCAO-SEDS-TJMG-204-2016%20_1_.pdf. Acesso em: 1 ago. 2018.

MINISTÉRIO DA JUSTIÇA E SEGURANÇA PÚBLICA. *Depen lança painéis dinâmicos para consulta do Infopen*. 14 fev. 2020. Disponível em: https://www.gov.br/depen/pt-br/assuntos/noticias/depen-lanca-paineis-dinamicos-para-consulta-do-infopen-2019. Acesso em: 27 out. 2020.

MIRANDA, Carlos Alberto Cunha. A fatalidade biológica: a medição dos corpos, de Lombroso aos biotipologistas. *In*: MAIA, Clarissa Nunes; SÁ NETO, Flávio de; COSTA, Marcos; BRETAS, Marcos Luiz (orgs.). *História das prisões no Brasil*. Rio de Janeiro: Anfiteatro, 2017. v. 1. p. 283-314.

MORAES, Dênis de. Criação cultural, engajamento e dogmatismo: reflexões a partir de Graciliano Ramos. *In*: MORAES, Dênis de (org.). *Combates e utopias*. Rio de Janeiro: Record, 2004. p. 201-222.

MOTA NETO, João Colares da. *Por uma pedagogia decolonial na América Latina: reflexões em torno do pensamento de Paulo Freire e Orlando Fals Borda*. Curitiba: CRV, 2016.

NEDER, Gizlene. Sentimentos e ideias jurídicas no Brasil: pena de morte e degredo em dois tempos. *In*: MAIA, Clarissa Nunes; SÁ NETO, Flávio de; COSTA, Marcos; BRETAS, Marcos Luiz (orgs.). *História das prisões no Brasil*. Rio de Janeiro: Anfiteatro, 2017. v. 1. p. 79-108.

NÓBREGA, Nanci Gonçalves da. De livros e bibliotecas como memória do mundo: dinamização dos acervos. *In*: YUNES, Eliana (org.). *Pensar a leitura: complexidade*. Rio de Janeiro: Editora PUC-Rio; São Paulo: Loyola, 2002. p. 120-135.

NOVO, Benigno. A educação prisional como instrumento de recuperação. *Jusbrasil*, [2018. Disponível em: https://benignonovonovo.jusbrasil.com.br/artigos/656862751/a-educacao-prisional-como-instrumento-de-recuperacao. Acesso em: 30 abr. 2020.

O AUMENTO do encarceramento feminino no Brasil: pobreza, seletividade penal e desigualdade de gênero. *Observatório das Desigualdades*, 17 abr. 2020. Disponível em: http://observatoriodesigualdades.fjp.mg.gov.br/?p=975. Acesso em: 18 jun. 2021.

OLIVEIRA, Acauam Silvério de. O evangelho marginal dos Racionais MC's. *In*: RACIONAIS MC's. *Sobrevivendo no inferno*. São Paulo: Companhia das Letras, 2018. p. 19-37.

OLIVEIRA, Cristiano Silva de. Experiências e novas perspectivas de egressos do sistema prisional como protagonistas de suas próprias narrativas. [s.d.]. Disponível em: http://andhep.org.br/anais/arquivos/prisoes2019/GT6/GT6_Cristiano%20Silva%20de%20Oliveira.pdf. Acesso em: 21 jul. 2021.

ONOFRE, Elenice Maria Cammarosano (org.). *Educação escolar entre as grades*. São Carlos: EdUFSCar, 2007.

ONOFRE, Elenice Maria Cammarosano. Educação escolar na prisão na visão dos professores: um hiato entre o proposto e o vivido. *Reflexão e Ação*, v. 17, n. 1,

p. 1-18, 2009. Disponível em: https://online.unisc.br/seer/index.php/reflex/article/view/836. Acesso em: 10 abr. 2021.

ORGANIZAÇÃO DAS NAÇÕES UNIDAS PARA A EDUCAÇÃO, A CIÊNCIA E A CULTURA (UNESCO). *Educando para a liberdade: trajetória, debates e proposições de um projeto para a educação nas prisões brasileiras*. Brasília: Unesco; Governo Japonês; Ministério da Educação; Ministério da Justiça, 2006. Disponível em: http://www.educadores.diaadia.pr.gov.br/arquivos/File/eja_prisao/educando_liberdade_unesco.pdf. Acesso em: 31 mar. 2021.

PAN-CINEMA permanente. Direção: Carlos Nader. 2008. Documentário (83 min.).

PENNA, João Camillo. *Escritos da sobrevivência*. Rio de Janeiro: 7Letras, 2013.

PEREIRA, Edimilson de Almeida; ALEIXO, Ricardo. *A roda do mundo*. Belo Horizonte: Mazza Edições, 1996.

PERRONE-MOISÉS, Cláudia. Apresentação. *In*: MIGLIORI, Maria Luci Buff. *Horizontes do perdão: reflexões a partir de Paul Ricœur e Jacques Derrida*. São Paulo: Educ/Fapesp, 2009. p. 9-12.

PERROT, Michele. *Os excluídos da história: operários, mulheres e prisioneiros*. Rio de Janeiro: Paz e Terra, 1988 apud MAIA, Clarissa Nunes; SÁ NETO, Flávio de; COSTA, Marcos; BRETAS, Marcos Luiz (orgs.). *História das prisões no Brasil*. Rio de Janeiro: Anfiteatro, 2017. v. 1.

PETIT, Michèle. *A arte de ler ou como resistir à adversidade*. São Paulo: Editora 34, 2010.

PETIT, Michèle. *Leituras: do espaço íntimo ao espaço público*. São Paulo: Editora 34, 2013.

PINEAU, Gaston. As histórias de vida em formação: gênese de uma corrente de pesquisa-ação-formação existencial. *Revista Educação e Pesquisa*, São Paulo, v. 32, n. 2, p. 329-343, maio-ago. 2006.

PINEAU, Gaston. *Temporalidades na formação: rumo a novos sincronizadores*. São Paulo: TRIOM, 2003.

RACIONAIS MC's. Jesus chorou. *In*: *Nada como um dia após o outro dia*. São Paulo: Cosa Nostra, 2002. Álbum.

RACIONAIS MC's. *Sobrevivendo no inferno*. São Paulo: Companhia das Letras, 2018.

RAMOS, Graciliano. *Memórias do cárcere*. Rio de Janeiro: Record, 2008.

REMIÇÃO. Direção: Eli Torres e Daniel Santee. São Paulo: Focus – Unicamp, 2013. Documentário (15 min.). Disponível em: https://www.youtube.com/watch?v=TDF9XLxKW_k. Acesso em: 12 nov. 2020.

RIBEIRO, Luzineide P. da Costa *et al*. Refazendo laços: perspectivas da educação profissional na ressocialização de mulheres encarceradas no DF. *In*: SANTOS, Fernanda Marsaro dos; CANDIDO, Alberto Gomes; VASCONCELOS, Ivar César Oliveira de (orgs.). *Educação nas prisões*. Jundiaí: Paco Editorial, 2019. p. 125-142.

RIMBAUD, Arthur. *Uma temporada no inferno*. Porto Alegre: L&PM, 2016. *E-book*.

RIO, João do. *A alma encantadora das ruas*. São Paulo: Companhia das Letras, 2008.

ROCHA, João Cézar de Castro. Dialética da marginalidade: caracterização da cultura brasileira contemporânea. *Folha de S.Paulo*, 29 fev. 2004. Disponível em: https://www1.folha.uol.com.br/fsp/mais/fs2902200404.htm. Acesso em: 29 maio 2021.

RODAS DE LEITURA. *Serviço Social Autônomo*: *SERVAS*. Belo Horizonte: Halt Gráfica e Editora, 2018.

RODRIGUES, Camila da Silva *et al*. Sistema prisional registra quase 450 óbitos por Covid-19; n.º de servidores mortos é maior que o de presos. *G1*, 17 maio 2021. Disponível em: https://g1.globo.com/monitor-da-violencia/noticia/2021/05/17/sistema-prisional-registra-quase-450-obitos-por-covid-19-no-de-servidores-mortos-e-maior-que-o-de-presos.ghtml. Acesso em: 20 maio 2021.

SALLA, Fernando. A pesquisa na prisão: labirintos. *In*: LOURENÇO, Luiz Cláudio; GEDER, Luiz Rocha. *Prisões e punição no Brasil contemporâneo*. Salvador: EDUFBA, 2013. *E-Book*, posição 106-350.

SALOMÃO, Waly. *Poesia total*. 1ª ed. São Paulo: Companhia das Letras, 2014.

SALOMÃO, Waly. *Me segura qu'eu vou dar um troço*. São Paulo: Companhia das Letras, 2016.

SÁ NETO, Flávio. Da cadeia à casa de detenção: a reforma prisional no Recife em meados do século XIX. *In*: MAIA, Clarissa Nunes; SÁ NETO, Flávio de; COSTA, Marcos; BRETAS, Marcos Luiz (orgs.). *História das prisões no Brasil*. Rio de Janeiro: Anfiteatro, 2017. v. 2.

SANT'ANNA, Marilene Antunes. Trabalho e conflitos na Casa de Correção do Rio de Janeiro. *In*: MAIA, Clarissa Nunes; SÁ NETO, Flávio de; COSTA, Marcos; BRETAS, Marcos Luiz (orgs.). *História das prisões no Brasil*. Rio de Janeiro: Anfiteatro, 2017. v. 1.

SANTIAGO, Silviano. Graciliano Ramos: a forma-prisão. *In*: *Fisiologia da composição*. Recife: Cepe, 2020.

SANTOS, Fernanda Marsaro dos; CANDIDO, Alberto Gomes; VASCONCELOS, Ivar César Oliveira de (orgs.). *Educação nas prisões*. Jundiaí: Paco Editorial, 2019.

SANTOS, Fernanda Marsaro dos; LECLERC, Gesuína de Fátima Elias; BARBOSA, Luciano Chagas. Leitura que liberta: uma experiência para remição de pena no Distrito Federal. *In*: SANTOS, Fernanda Marsaro dos; CANDIDO, Alberto Gomes; VASCONCELOS, Ivar César Oliveira de (orgs.). *Educação nas prisões*. Jundiaí: Paco Editorial, 2019. p. 17-35.

SANTOS, Hugo Leonardo Rodrigues; DANTAS, Ana Cecília de Morais e Silva; WANDERLEY, Viviane da Silva; ARAÚJO, Mayara Steffany da Silva. Leitura e liberdade: práticas extensionistas junto ao programa de remição pela leitura no presídio feminino de Alagoas. *Revista Eletrônica da Faculdade de Direito da Universidade Federal de Pelotas*, v. 4, n. 1, p. 149-170, jan.-dez. 2018. Dossiê Extensão Universitária e Sistema Penal-Penitenciário: Aportes Teóricos e Experiências de Luta.

SANTOS, Silvio dos. A educação escolar na prisão sob a ótica dos detentos. *In*: ONOFRE, Elenice Maria Cammarosano (org.). *Educação escolar entre as grades*. São Carlos: EdUFSCar, 2007. *E-book*, posição 1285-1532.

SILVA, Roberto da. Por uma política nacional de educação para os regimes de privação de liberdade no Brasil. *In*: LOURENÇO, Arlindo da Silva; ONOFRE, Elenice Maria Cammarosano (orgs.). *O espaço da prisão e suas práticas educativas: enfoques e perspectivas contemporâneas*. São Carlos: EdUFSCar, 2012. p. 81-118.

SISTEMA NACIONAL DE BIBLIOTECAS PÚBLICAS (SNBP). Plano Nacional do Livro e Leitura (PNLL). 2006. Disponível em: http://snbp.cultura.gov.br/pnll/. Acesso em: 24 fev. 2021.

SOUZA, Laura de Mello e. *Cláudio Manuel da Costa*. São Paulo: Companhia das Letras, 2011.

SPIVAK, Gayatri Chakravorty. *Pode o subalterno falar?*. Belo Horizonte: Editora UFMG, 2010.

SYKES, Gresham. *Crime e sociedade*. Rio de Janeiro: Bloch, 1969.

THOMPSON, Augusto. *A questão penitenciária*. Rio de Janeiro: Forense, 1980.

TOMAZ, Patrícia de Carvalho Galieta; MARTINS, Wagdo da Silva. A remição de pena pela leitura no Distrito Federal: experiências dos primeiros ciclos. *In*: SANTOS, Fernanda Marsaro dos; CANDIDO, Alberto Gomes; VASCONCELOS, Ivar César Oliveira de (orgs.). *Educação nas prisões*. Jundiaí: Paco Editorial, 2019. p. 385-396.

TORRES, Eli Narciso. *Prisão, educação e remição de pena no Brasil: a institucionalização da política para a educação de pessoas privadas de liberdade*. Jundiaí: Paco Editorial, 2019.

VELOSO, Caetano. A tua presença morena. *In*: *Qualquer coisa*. [S.l.]: Phillips, 1975.

VELOSO, Caetano. *Verdade tropical*. São Paulo: Companhia das Letras, 2017.

WACQUANT, Loïc. *As prisões da miséria*. Rio de Janeiro: Jorge Zahar, 2001.

WACQUANT, Loïc. Explorando a metaprisão. *Pensamento Político e Criminológico*, v. 5, n. 2, p. 274-280, 2013. Disponível em: https://revistaseletronicas.pucrs.br/index.php/sistemapenaleviolencia/article/view/15793. Acesso em: 11 maio 2021.

WILDE, Oscar. *De profundis*. São Paulo: Alaúde, 2014.

WINCHUAR, Márcio José de Lima; BAHLS, Diego Paiva. A leitura como prática de (re)socialização no sistema penitenciário nacional. *Revista Educação e Emancipação*, São Luís, v. 10, n. 2, p. 147-164, maio-ago., 2017.

WISNIK, José Miguel. *Maquinação do mundo: Drummond e a mineração*. São Paulo: Companhia das Letras, 2018.

ZITKOSKI, J. J.; LEMES, R. K. O Tema Gerador Segundo Freire: base para a interdisciplinaridade. IX Seminário Nacional Diálogos com Paulo Freire: Utopia, Esperança e Humanização, 2015. Disponível em: https://www2.faccat.br/portal/sites/default/files/zitkoski_lemes.pdf Acesso em: 19 abr. 2021.

ZULAR, Roberto. O que fazer com o que fazer? Corpo e linguagem nos escritos de Waly Salomão dos anos 1970. *Literatura e Sociedade*. São Paulo: Humanitas, 2018. p. 46-59. Disponível em https://www.revistas.usp.br/ls/article/view/19618/21682. Acesso em: 16 abr. 2021.

Agradecimentos

Este livro só foi possível graças ao incentivo e à colaboração de pessoas e de instituições. Deixo aqui meus agradecimentos a todos e a todas que me encorajaram a pesquisar sobre leitura, ensino e aprendizagem.

Ao Programa de Pós-Graduação em Estudos de Linguagens (POSLING), do CEFET-MG de Belo Horizonte; em especial, à minha orientadora, Marta Passos.

Aos/às voluntários/as do projeto Rodas de Leitura, que disponibilizaram seu tempo e sua sensibilidade na busca de modos mais dignos de existência para pessoas privadas de liberdade.

Aos escritores Carla Madeira, Ricardo Aleixo e Luiz Fernandes Assis, pela parceria e disponibilidade para o diálogo com os leitores do sistema prisional.

Ao Afonso Borges – Projeto Sempre um Papo – e à Carolina Pimentel, pela idealização do Rodas de Leitura.

À Patrícia Veloso, pelo empenho e sensibilidade na coordenação do projeto do SERVAS-MG.

Aos amigos professores Guilherme Trielli, Roniere Menezes, Flávio Boaventura, Cláudio Lessa, Kaio Carmona e Sabrina Sedlmayer.

À minha companheira Laura, que, numa tarde de sábado, intuiu os caminhos que me levaram a esta obra. Sua presença, seu amor e seu carinho me inspiram a seguir, sempre.

Aos meus meninos, Henrique, Miguel e Rafael, a quem sempre vou dedicar tudo o que eu fizer de melhor nesta vida.

Ao Lauro Mendes, Eneida Souza e Jair Corgozinho (*in memoriam*): onde quer que vocês estejam, serão sempre parte dessa história.

Este livro foi composto com tipografia Adobe Garamond Pro e impresso em papel Off-White 80 g/m² na Formato Artes Gráficas.